本文受到"中央高校基本科研业务费专项资金资助"
（supported by "Fundamental Research Funds for
项目号SWU1809110

电视节目与
对外汉语教学研究

邱睿 /等著

Research on TV Programs and
Teaching Chinese as a Foreign Language

ZHEJIANG UNIVERSITY PRESS
浙江大学出版社

图书在版编目（CIP）数据

电视节目与对外汉语教学研究 / 邱睿等著. —杭州：
浙江大学出版社，2019.5
ISBN 978-7-308-19154-8

Ⅰ．①电… Ⅱ．①邱… Ⅲ．①电视节目－关系－汉语－
对外汉语教学－教学研究 Ⅳ．①H195.3

中国版本图书馆 CIP 数据核字（2019）第 092979 号

电视节目与对外汉语教学研究
邱　睿　等著

责任编辑	曾　熙
责任校对	郑成业
封面设计	春天书装
出版发行	浙江大学出版社
	（杭州市天目山路 148 号　邮政编码 310007）
	（网址：http：//www．zjupress．com）
排　　版	杭州朝曦图文设计有限公司
印　　刷	虎彩印艺股份有限公司
开　　本	787mm×1092mm　1/16
印　　张	13.25
字　　数	310 千
版 印 次	2019 年 5 月第 1 版　2019 年 5 月第 1 次印刷
书　　号	ISBN 978-7-308-19154-8
定　　价	49.00 元

序

本书采用交叉学科的研究方式，着力解决对外汉语教学中的实际问题。电视节目与对外汉语教学二者之间本不必然产生联系，但是仔细梳理，会发现二者具有千丝万缕的关联，而这种关联正是对时代发展的某种回应。本书提出了技术时代、娱乐时代、后方法时代三个大的时代背景，将二者关联投映到以上三个背景中去解读，会发现二者结合的必然性及未来的发展理路。

技术时代中，社会因技术进步而变革，教育领域的各种观念和方法也在随之演进，对外汉语教学领域也不能不对时代做出回应。如何在对外汉语教学中"充分借助技术的作用实现在传统学习中不可实现的做法"，创新教学方式？我们需要回到技术本身去思考技术带给了我们什么，以及怎样利用技术。在诸多技术中，电视媒体技术尤其值得关注。它在创设虚拟时空、设置具体生动的情境方面有诸多的经验，可以为对外汉语教学提供参考。研究电视节目，是技术时代为解决对外汉语教学问题提供的一种思考方向。

娱乐时代造就了人们的娱乐品味，今天的学生在新媒体的环境中成长，生活方式、学习方式都被打上深深的媒体印记。他们在一种由媒体制造的娱乐氛围中长大，习惯于在媒体的娱乐方式中接受问题、思考问题。传统课堂在"娱乐"方面的局限性，让新生代学生感到乏味和无趣。电视媒体有制造"娱乐"的经验，是否可以将其借鉴到对外汉语课堂也成为一种思考方向。

后方法时代所提倡的后方法理论其实是教育思想解放的一种标志。后方法理论由库玛拉瓦迪为卢于1994年提出，主要内容包含教学的三大要素和十大宏观教学原则，它针对方法带给教学的弊端，对方法加以扬弃，根据变化中的时代、动态中的教学、差别化的教与学的主体设计教学方案。这是一种摒弃预设方法和固定法则、在即时的调整中采用综合的方式进行教学的教学理念，为本书提供了理论的背景和思想的底色。

当然，以往的对外汉语教学研究并非没有关注到电视与教学的关联，但是大部分研究者都是着力于对某一个具体案例的发掘，讨论如何将某种节目应用于具体的教学活动；或是从对外汉语教学的角度对具体的节目进行研究，进而提出改进节目的方案。我们的研究需要在一个一个的个案中深入，建立一个理论意义上的宏观研究体系；也需要摆脱对节目的依赖，不仅仅是希望通过改进节目自身来迎合教学。我们需要逆向思考的方式，借鉴节目以应用于教学。所以，本书的重点在于发掘对外汉语教学、电视节目二者之间的关联，并在各种关联中归纳和提炼经验，探寻可以从节目"引纳"到课堂的内容。

本书分为七章。

第一章，挑战：新时代背景下对外汉语教学面临的新问题。本章从"三教"问题出发，试图通过对历史的梳理，阐释教师、教材、教学法在"新时代"这个时间背景下面临的挑战。从教师角度而言，教师知识的"权威性"在新的时代面临着解构的危险。时代在发展，技术使得教师靠占有文献享有的知识权威不再稳固。学生借助媒体技术可以便捷地获得知识。这就要求对外汉语教师必须重新思考自己的角色并进行相应的改变。从教材角度而言，对外汉语教材被新的技术催生出新的形态，数字化教材成为未来的一种方向。教学文本的改变也将改变教学的方式，教学关系也面临调整。从教学法角度而论，教学法是对时代发展的一种回应。传统的"方法"都是针对具体的社会环境中教育实际情况而制定的解决方案。当我们身处一个变动不居的多元发展的社会和教学环境中时，教学方法也需要做出自我更新。第一章主要阐述了研究的必要性和重要性，为开展研究设定了背景。

第二章，关联：对外汉语类电视节目与对外汉语教学。重点探索对外汉语类电视节目与对外汉语课堂的关联性。中国对外汉语类的电视节目是文化娱乐节目中的一个分支，它以外国人为参与对象，以汉语和中华文化为主要的传播内容。这类电视节目经历了两个阶段，一是教学片阶段，一是综艺节目阶段。前者利用电视媒体技术，尝试将课堂电视化，在生动性、趣味性、灵活性上创造了优势。后者是"娱乐"浪潮中电视节目自我生长的结果，考虑如何将综艺元素与对外汉语的内容相结合，以"娱乐性"赢得观众。本章也重视对历史的梳理，关注每一个阶段的发展情况，以及阶段与阶段之间的衔接。对历史的梳理主要从电视节目自身的视角进行观察，因为电视节目选择与对外汉语教学相结合，首先是节目自身发展的需要。电视媒体面向受众，它需要根据受众的需求来调整自身。当受众中产生了"对外汉语学习"的相关需求后，电视片就应运而生，当受众的审美趣味对娱乐有了更高要求后，节目也在"娱乐"上进行深度的发掘，于是就有了百花齐放的对外汉语综艺节目。在这个过程中，电视节目为了维持自己的身份标识，需要从课堂上借鉴对外汉语教学方法，保持节目的"课堂感"。从这个角度而言，是电视节目在向对外汉语教学进行借鉴。但借鉴也可以是双向的，如果对外汉语类节目取得成功，这些优势同样可以反过来为课堂所利用。于是有了第三章的研究。

第三章，引纳：对外汉语课堂如何借鉴对外汉语类电视节目。本章主要讨论对外汉语类节目有何种重要的经验可供对外汉语课堂汲取。电视课堂创设了一个虚拟的空间，它存在某种"课堂感"，这是从真实课堂中借鉴的元素。它同时又具有强烈的节目属性，可以打破线性时空的限制，将课堂空间延迟、反复、重现等，以满足观众的欣赏需求。电视课堂与真实课堂在基本课堂形态、教学过程、教学内容、教学测试、教学对象、课堂关系等方面都存在一定的差异。电视课堂也在趣味性、创造性、文化性、互动性、综合性方面，实现了对真实课堂的超越，为真实课堂提供了借鉴的经验。后方法理论指引了一种教学思想的"自由"，重视教师在整个教学活动中的主导地位，促使教师创造性地教学。这为我们借鉴电视课堂提供了一种理论背景。电视课堂可以从真实课堂取得借鉴，真实课堂也可以反过来借鉴电视课堂。电视课堂是一种媒体的虚拟空间，但是却在话题、测试、文化、趣味等方面取得了不俗的反响，以此制造出"娱乐性"，赢得观众。真实课堂可以借鉴和学习这些方面，让课堂更具有吸引力。

　　如何借鉴电视节目，不断改进和发展对外汉语课堂教学，一些探索和创设将在"实践"中被检验。第四章到第七章立足于"实践"，从话题、测试、文化、趣味四个方面切入，从具体的节目出发，设计具体的案例，发掘可能的借鉴方式。

　　第四章，实践一：谈话类汉语节目与对外汉语口语课"话题"——以《世界青年说》节目为例，总结了《世界青年说》节目的特点，梳理其与对外汉语口语课教学的关联，探索节目带给口语课堂的启示。特别是《世界青年说》在话题设置方面的经验，探索如何在口语课中设置更具趣味性、激发性、创造性的话题，让"话题"成为课堂的主要推动力。并设计具体案例进行探索。

　　第五章，实践二：竞赛电视节目与对外汉语测试——以《"汉语桥"世界大学生中文比赛》节目为例，总结了《"汉语桥"世界大学生中文比赛》节目的特点，梳理其与对外汉语测试的关联，探索节目带给对外汉语测试的启示。节目中以比赛作为基本的形式，以积分制推动了比赛的进程，考察的是参与者的综合能力。这样的测试形式，具有挑战性、趣味性，能将竞争和合作相结合，促进学生的综合发展。如何将节目特点借鉴于对外汉语课堂，以测试带动教学，是本章的研究重点。并在此基础上设计具体案例进行探索。

　　第六章，实践三：真人秀汉语节目与汉语文化活动——以《叮咯咙咚呛》节目为例，总结《叮咯咙咚呛》节目的特点，梳理其与对外汉语文化活动的关联，探索节目带来的启示。节目以真人秀的方式，展现了体验式、参与式的文化学习途径，并采用任务法，让学习过程成为一种深度的文化体验。如何将节目特点应用在对外汉语课堂，在文化教学上创新，是本章的研究重点。并在此基础上设计具体案例进行探索。

　　第七章，实践四：电视节目的趣味性与对外汉语教学——以《Hello 中国》节目为例，总结《Hello 中国》节目的特点，梳理其与对外汉语教学的关联，探索节目带给对外汉语测试的启示。节目突出娱乐观念，展示了娱乐时代节目的相关设计。娱乐理念贯穿在节目的内容与环节中，对对外汉语教学课堂颇具启示性。如何将节目特点应用于对外汉语课堂，探索教学中娱乐性的发掘，是本章的研究重点。并在此基础上设计具体案例进行探索。

　　本书是师生合作的结果。本书第四章至第七章的实践部分已作为本人指导的研究生毕业论文选题，由西南大学国际学院 2015 级学生们利用在海外实习的机会设计并实践。第四章由杨婕执笔，第五章由杨勇执笔，第六章由张艳执笔，第七章由李萍萍执笔。四人均已经通过答辩顺利毕业。在将这些案例整理成书时，除原案例设计较为完整地保留外，原文均有较大程度的删减和改写，并着力在理论阐释、主题归纳上作了深入的挖掘，以统合成书。

　　由于学力、才力、精力有限，书中定会存在不足及缺憾，恳请方家指正！

邱睿
2019 年 1 月

目录

绪　论

　　将对外汉语教学的研究与电视节目结合起来,体现了一种跨学科的研究思路。此前,有研究者关注到电视节目可能为对外汉语教学带来的启示,但主要集中于对具体案例的发掘,即尝试将一种有影响力的节目应用于具体的教学活动①,或是对具体的节目进行细致的研究,进而提出改进节目的方案②。但不论是探讨如何具体借鉴节目,还是研究如何具体改进节目,都是一种较为零散的关系梳理。事实上,对外汉语教学与电视节目之间不止于一种具体而微的关系,如果我们将两者放置于一个更广大的社会背景、媒体时空、研究思潮中去观察,会发现两者在更宏阔的角度下的关联:可以从社会的发展中找到二者关联的依据,技术时代的对外汉语教学需要探索"技术化"的解决方案,媒体技术恰是其一;可以从社会思潮中找到电视节目带给对外汉语教学的借鉴意义,娱乐时代的课堂的创新方式也许就藏在电视节目的启示之中;可以从方法论的时代演进中找到对外汉语教学借鉴电视节目的旨归,在电视节目中发现后方法时代具有教学参考意义的做法。

一、技术时代的对外汉语教学

　　教育是具体时代背景下的一种具体活动,它深受时代的影响。当下进入信息时代,社会信息化改变了人们的能力观、知识观和学习观,传统的学习方式面临巨大的挑战。"新型学习方式就是信息化学习方式,它与信息和通信技术密不可分。在信息化社会中,信息化学习方式作为信息化生存的技能之一,越来越受到人们的重视。"③"所谓信息化学习方式是指借助信息技术进行学习的方式。信息技术确实为新时代的学习带来了诸多可能,

---

　　① 此类研究可参阅:刘奕彤."汉语桥"中文大赛文化考查对文化活动教学的导向作用研究[D].锦州:渤海大学,2016;王溪.电视综艺节目在对外汉语口语课中的应用——以电视综艺节目《非诚勿扰》为例[D].北京:北京外国语大学,2014;杨玉茹.汉语教学节目与对外汉语课堂教学——以《快乐汉语》为例[D].哈尔滨:黑龙江大学,2017。

　　② 此类研究可参阅:鄢萍.电视汉语教学节目汉语教学现状与对策分析——以《快乐汉语》为例[D].成都:四川师范大学,2015;刘洋.电视教学节目《快乐汉语》的汉字教学研究[D].哈尔滨:黑龙江大学,2016;王越.电视教学节目《旅游汉语》研究[D].哈尔滨:黑龙江大学,2016。

　　③ 黄荣怀,陈庚,张进宝,等.论信息化学习方式及其数字资源形态[J].现代远程教育研究,2010(6):69.

在信息技术车轮驰过之处,涌现出许多新的学习方式,这些新的学习方式的产生具有一些共同特点,即充分借助技术的作用力图实现在传统学习中不可实现的做法。"①

对外汉语教学同样面对这样的时代问题,它需要回应来自技术的挑战。如何在对外汉语教学中"充分借助技术的作用力图实现在传统学习中不可实现的做法",创新教学方式,成为一个重要的思考方向。解决这个问题需要回到技术本身,去思考技术带给我们什么,以及怎样利用技术。

在梳理人类技术发展史的过程中,我们可以观察到教学如何在技术的力量下不断被推动。从教师的角度而论,技术在不断推动教师知识权威的内涵变迁。前文字时代,知识靠口耳相传,"经验"是教师知识权威的来源。造纸技术发明后,教师的权威在于对"文献"的占有。印刷技术的发展使得文本资源得以普及,教师的权威在于"阐明"文献。伴随着留声机、无声电影、无线电广播的发明,文本呈现方式进一步发展,教师依赖文本建立的权威进一步遭到挑战。当计算机被发明,特别是进入网络时代之后,教师的知识控制权进一步弱化。所以我们看到技术对于教学关系中教师知识权威的不断挑战,我们需要进一步思考教师在网络时代的角色定位。

对外汉语教师同样遭遇了这样的角色困境,对外汉语教师除了思考如何进行传统意义上的教学,教授拼音、词汇、语法、文化等,还需要思考如何处理自己与信息技术之间的关联,以及如何应对信息时代对传统教学方式提出的挑战。

从教材的角度而论,技术也在不断推动教材的发展。教材按照其载体大致可以分为纸质教材、数字教材,后者正在成为教材革新的方向。数字教材又可以分为静态媒体数字教材、多媒体数字教材、富媒体数字教材三类,三种类别的丰富性、交互性、动态性都在发展中不断增强。

对外汉语数字化教材的编写也逐渐引起学界的重视,且有实践性的编写成果。但是作为一种尝试和探索,仍然存在诸多问题,有的仅仅是对纸质教材的电子化呈现,并未产生实际的改进观念;有的着重发展人机交互,学生可以直接使用电子教材学习知识,教材的技术发展在某种程度上取代了教师原有的"讲授",对于教师的角色发展却没有推动意义。如何在技术的引导下进行教材的编写,并且经由教材的引导建立新的教学关系,都是需要探索的问题。

从教学法的角度而论,外语教学经历了漫长的方法时代,每一种方法其实都是特定时代的产物。不论翻译法、听说法、认知法、结构法、功能法,还是任务法,都是对于某种具体社会情境下教学的一种理论思考。所以当方法实施的环境改变了,变得更复杂的时候,方法就会遭到质疑和挑战。后方法的理论也应运而生,它为在变动不居的环境中开展教学提供了一种理论指引。

后方法理论下,对外汉语教学也需要针对变化中的时代、动态中的教学环境、差别化的教与学的主体寻求有针对性的解决方案。对外汉语的教学该如何在这样一个思想解放的时代探寻自己的"方法",技术怎样实现最大化的学习机会,怎样促进协商式互动,怎样创造情境更好地输入语言,怎样确保社会的相关性,怎样更好地与文化结合,都是未来的

---

① 李芒,陈维超.信息化学习方式的理论阐释[J].开放教育研究,2006(2):18-22.

思考方向。

　　技术时代给对外汉语教学提出新的时代命题,教师角色的发展、教材的进步、教学法的演进等都需要在后方法时代的思想解放之中探索更贴合实际的答案。如何用技术去解决技术时代的问题,是我们思考的方向。在诸多技术中,电视媒体技术是值得关注的话题。它在创设虚拟时空,设置具体生动的情境方面有诸多的经验,可以给对外汉语教学提供参考。研究电视节目,是用技术回应技术时代的对外汉语教学问题的一种途径。

二、娱乐时代的对外汉语教学

　　研究电视节目,还因其一个重要的特点:娱乐性。电视的功能很多:传播新闻、社会教育、提供服务、文化娱乐,但其最重要的功能还是娱乐。娱乐成为一种社会的潮流,大家在对娱乐的消费中进入娱乐时代,"一切公众话语都日渐以娱乐的方式出现,并成为一种文化精神"[①],在波兹曼的描述中,电视媒体改变了人们的生活方式和文化趣味。大众在电视媒体制造的娱乐狂欢中培养起来一种娱乐的品性。

　　在这个娱乐时代中,对外汉语教学也必须思考关于"娱乐"的问题。在"学生为中心"的教学关系之中,学生的需求也需要被重视。今天的学生被称为"数字土著",他们在媒体、新媒体的环境中成长,生活方式、学习方式都被打上深深的媒体印记。他们在一种媒体制造的娱乐氛围中长大,习惯于在媒体的娱乐方式中接受问题、思考问题。传统课堂在"娱乐"方面的局限性,让新生代学生感到乏味、无趣,这其实是一种技术造成的师生之间的代际鸿沟。

　　电视媒体有制造"娱乐"的经验,如何将其借鉴到对外汉语课堂,这是研究思考的方向。电视节目中有一种以外国人为受众,并以外国人为参与对象的节目,我们姑且将之称为"对外汉语类电视节目"。可以在这类节目与对外汉语教学之间搭建一座对比的桥梁,并在此基础上探寻二者彼此贯通的路径。

　　对外汉语类的电视节目包括教学片与综艺节目。教学片从 20 世纪 90 年代初开始,利用电视形象、生动、灵活的特点来教授汉语。它源于课堂,进而技术化课堂,将真实课堂的教学内容以影视方式呈现,有生词、语法、汉字、课文的展示和讲解,有的还有配套教材。教学片实现了形式上的"浅表"娱乐化。随着娱乐化浪潮的发展,教学片便很快失去了吸引力,电视综艺节目在娱乐浪潮中成为最受欢迎的形式,它包含了游戏、益智类的竞赛、真人秀、谈话等多种形式,每一种形式都创设出一个娱乐的巨大空间。对外汉语类的竞赛类节目,在竞赛的整体框架下容纳了语言类的辩论、演讲、话剧,以及文化技能类的武术、茶艺、书画、戏曲、舞蹈等各种表演,用竞赛的方式呈现出一个外国人说中文的综艺表演。对外汉语类的真人秀节目突出"文化性",也为节目带来了一种讲好中国故事的新方式。对外汉语类的谈话节目用新颖的设计让谈话变得好听好看。这都是电视媒体在对外汉语内容创设方面的成功经验。

---

　　① 　波兹曼.娱乐至死[M].章艳,译.桂林:广西师范大学出版社,2004:75.

如果电视媒体能很好地表现对外汉语课堂,那么对外汉语课堂也应该从电视节目中汲取经验。电视媒体用技术制造出一个虚拟课堂空间,它淡化了课堂性,强化了节目性,让内容变得有"吸引力"。如何借鉴电视媒体的节目内容和形式,让真实的课堂具有趣味性,这就需要探索电视媒体在哪些维度上超越了真实课堂,哪些内容构成了电视课堂的"娱乐"内涵。接着就需要探索如何将这些电视课堂的经验应用于对外汉语教学之中,有哪些原则和问题是需要注意的。

娱乐无疑是电视节目带给对外汉语课堂最大的启示。电视节目能够吸引受众的最大原因正在于其娱乐性。本书将"娱乐"理解为一种对学习的吸引力,而不是简单地对快乐趣味的满足。在对外汉语教学中,课堂需要承担教学的使命,娱乐是为了更好地教学。借鉴电视节目是为了弥补真实课堂的不足,而不是为了娱乐而娱乐。这就要求在实践中必须考虑到创新与教学的关联。要从实际的教学内容出发,尊重实际的教学规律,在此基础上进行创新性的借鉴。基于此,本书也将探索如何将"娱乐"的各种维度应用在具体的教学实践中,分别从话题、测试、文化、趣味四个方面去实践对于电视节目的借鉴,并形成相关的经验和原则。

三、后方法时代的对外汉语教学

外语教学法的发展大致经历了三个时代:方法时代、反方法时代和后方法时代。方法时代强调某种教学法对于语言教学的指导作用。代表性的方法包括:翻译法、直接法、听说法、认知法、暗示法、自然语言教学法、社团语言教学法、沉默法、全身反应法等。每一种方法都是在特定历史情境中对于语言教学问题的解决策略。反方法时代对固有的、刻板的、准绳似的方法去神圣化,从对方法的依赖走向对方法的扬弃。

库玛·拉瓦迪为卢(以下简称为库玛)于1994年提出教学的三大要素和十大宏观教学原则,标志着外语教学法进入后方法时代。三大要素即特殊性、实践性和可能性。特殊性指教师在设计教学目标及教学活动时要因材施教,因地制宜,充分考虑到学情差异和地区差异;实践性指拒绝把理论家视为知识生产者、把教师视为知识消费者的两分法,鼓励教师从实践中创造理论,在实践中实施理论;可能性是指语言教学属于教学的特殊情况,是与其他学科并存,与社会政治经济发展相适应的有机统一体。十大宏观教学原则指:学习机会最大化,感知误配最小化,提高学生自主性,促进协商式互动,激活直观启发,培养语言意识,情境化语言输入,综合语言技能,确保社会关联性,提升文化意识。[①]

后方法时代的观念其实是一种针对变化中的时代、动态中的教学、差别化的教与学的主体进行教学设计的解决方案,是一种摒弃预设方法和固定法则、在即时的调整中采用综合的方式进行教学的教学理念。

国内的外语教学界对后方法研究给予了积极回应。对外汉语教学作为外语教学的一个分支,也在这个后方法时代中,思考自己的发展路径。目前,对外汉语界对如何在对外

---

① 库玛.超越教学法:语言教学的宏观策略[M].陶建敏,译.北京:北京大学出版社,2013.

汉语教学中结合后方法理论进行了研究。刘珣等学者提出了在对外汉语教学中应该重视后方法理论①；有的学者借助后方法理论从宏观角度思考教学模式的改革，如司红霞《后方法时代汉语教学模式改革刍议》②，或是从资源建设的角度进行宏观讨论，如崔永华《试论后方法时代的汉语教学资源建设》③；有的立足于讨论如何解决教学的具体问题，如吴方敏《从后方法视角看对外汉语课堂专题讨论交际任务的实施》④和《后方法视野下的小组合作学习与教学策略研究》⑤，郭修敏、刘长征《基于后方法理论的"汉字－词汇"二元动态教学模式探索》⑥，郑雨辉《后方法理念下基于四种组合策略的速成汉语教学研究》⑦，厚瑞瑞《库玛后方法教学理论在汉语口语教学中的应用研究》⑧；也有的借助后方法理论进行针对教师的具体研究，如吴勇毅、段伟丽《后方法时代的教师研究：不同认知风格的汉语教师在课堂教学策略运用上的差异》⑨；还有学者对后方法理论在对外汉语教学中的应用进行反思，如鲁健骥《有感于"后方法时代"》⑩，陈申《东张西望：后方法观念的启示》⑪等。

　　对外汉语界对后方法理论已有自己的研究和反思，但如何以后方法理论为引导，引纳电视节目的经验，还尚乏研究，本书希望在这一角度有所探获。后方法时代其实成为一种教学思想解放的标志，教师的身份由一个方法的执行者变为探索者和发现者，其实是一种赋权，让教师把教学变为创造性的活动。这其实也在某种程度上模糊了教学活动的边界。教学作为一个动态的体系，它的指向是教学的目标，在这个过程中，任何"方法"都是可以采纳和尝试的。如果说"方法"可以自主地建构，那么借鉴就未必来源于教学理论本身。电视课堂提供的有效的"方法"是可以反过来为真实课堂提供借鉴的。库玛提出的十大宏观策略在电视课堂中恰有应用，正可以成为真实课堂方法的一个生发点。

①　刘珣."结构—功能—文化相结合"的汉语教学理念再思考[J].国际汉语教学研究,2014(6)：19-27.

②　司红霞.后方法时代汉语教学模式改革刍议[J].中国大学教学,2017(12)：47-55.

③　崔永华.试论后方法时代的汉语教学资源建设[J].国际汉语教学研究,2015(2)：71-76.

④　吴方敏.从后方法视角看对外汉语课堂专题讨论交际任务的实施[J].科教文汇,2018(8)：57-68.

⑤　吴方敏.后方法视野下的小组合作学习与教学策略研究[J].云南师范大学学报(对外汉语教学与研究版),2016(6)：1-7.

⑥　郭修敏,刘长征.基于后方法理论的"汉字－词汇"二元动态教学模式探索[J].学术论坛,2016(5)：177-180.

⑦　郑雨辉.后方法理念下基于四种组合策略的速成汉语教学研究[D].沈阳：辽宁大学,2015.

⑧　厚瑞瑞.库玛后方法教学理论在汉语口语教学中的应用研究[D].兰州：兰州大学,2018

⑨　吴勇毅,段伟丽.后方法时代的教师研究：不同认知风格的汉语教师在课堂教学策略运用上的差异[J].语言教学与研究,2016(2)：40-52.

⑩　鲁健骥.有感于"后方法时代"[J].国际汉语教学研究,2016(2)：12-15.

⑪　陈申.东张西望：后方法观念的启示[J].国际汉语教学研究,2016(2)：15-17.

第一章

挑战：新时代背景下对外汉语教学面临的新问题

本章将对外汉语教学放置于时代语境下进行解读。"新时代"是一个相对的概念,它是社会不断发展中的一个时间段。它有其发展的历史过程,所谓"新时代"的特点都是在历史发展中形成的,本章从"三教"问题出发,描述了教师、教材、教学法在"新时代"面临的挑战。

第一节　对"教师"的挑战与对外汉语教学关系新走向

新的时代语境对对外汉语教学的挑战之一是教学主体的新辩证关系。教师为主体的教学关系结构建立于教师的权威之上,而教师权威是一个动态变迁的指标,在新的时代语境之下,教师权威遭到挑战,传统的以教师为主体的教学关系也随之需要调整。对外汉语教学回应时代的浪潮,又有自己的教学规律,探索新的教学关系是对外汉语教学研究的一个重要内容。

一、教师的"权威"

涂尔干说,教育本质上是一种权威。[①] 在经典的教育理念中,权威成为教学关系建立的基础,也成为师生关系类型的基础。教学活动本身也存在角色的分配,师与生的角色关系关涉到教学中的主体关系问题,也就是谁在教学活动中起主导作用。在传统的教学理论中,教师被认为是教学活动的主体,其权威决定了教师在教学中的主导地位。

权威是什么? 哲学上的定义是:"得到普遍承认的组织集团或者个人对一定的社会生活领域所起的影响。这种影响所产生的后果是,其他人在自己的生活和观点中服从或依赖于这个组织、集团或个人。从这种意义上说,权威是一种社会关系,这种关系保障人们的活动服从于社会确立的目标和规范,在一切社会形态中发挥作用。权威的意义在于保

---

① 爱弥尔·涂尔干.道德教育[M].陈光金,等译.上海:上海人民出版社,2006:245.

障了社会活动的顺利性,它的特点是产生服从。"①这个解释揭示了"权威"的社会意义,因为社会活动缺乏统摄和服从将很难顺利进行。

马克斯·韦伯指出权威有三种类型:合理型、传统型与魅力型。② 合理型权威是一种法理的权威、制度化的权威,是合法受命的权威;传统型权威是一种习俗化、惯例化的权威,建立在传统的神圣性和由传统授命实施者的合法性基础上的权威;魅力型权威是因个人非凡品质而被追随者承认的权威。美国学者克利夫顿(R. A. Clifton)与罗伯茨(L. W. Roberts)根据教师权威来源的不同途径将教师权威分为两大类型:教师的制度性权威及教师的个人权威,其中教师的制度性权威又分为两个维度,由学校传统决定的教师"传统权威"及由学校行政领导决定的教师"法定权威"。教师的个人权威则包括两方面:教师的"知识权威"与教师的"感召权威"。③ 知识权威由教师的学识、专长构成,感召权威源于教师自身人格的魅力。教师的个人权威源于教师的个人修养与教学魅力,教师可以通过不断地提高自我知识水平和道德修养,获得更多的"权威"。

我们可以看到,对于教师权威的分类可以被视为对权威分类的一种衍生,权威来源于社会及个人,教师权威也来源于这两个维度,一个是源于社会制度、文化传统的法定权威与传统权威,一个是源于教师的个人因素的感召权威与知识权威。从这两个维度来看,教师权威是充满可变性的,因为社会因素会发生消长,个人因素也会存在差异,这些可变性正是师生角色变化的基础。

表面看来,法定权威和传统权威受到社会变化的影响更大,知识权威和感召权威则更多由教师的个人因素所决定,受到的社会影响相对较少。事实上,这些充满个人因素的知识权威也在社会的发展中不断发生变化。其推动力,就是我们讨论的"技术"。技术改变了知识的载体形态,改变了知识的获取方式,改变了知识的传递方式,这些都让教师作为"知识"的传授者这一身份遭到挑战。教师作为知识的传授者,其权威的建立基于对知识的掌握,"师有生无"的知识信息差构成课堂的潜在背景,也是教师作为主导角色的教学结构的基础。但是这一状况在新的时代语境下发生了变化。

二、教师知识权威的时代挑战

社会文化风潮的转移又需要回到历史文化的语境中去解读。社会在发展,技术在进步,教学的环境也随之变化。教师的权威,也在不断地转换其内涵。

在前文字时代,文化靠的是口耳相传,经验是传递的主要内容。于是富有经验的"老人"成为"师"的主体。古代的学校庠、序,便是养老机构。"有虞氏养国老于上庠,养庶老

---

① 阿·辛科.马克思列宁主义哲学辞典[M].郭官义,俞长彬,黄永繁,等译.北京:东方出版社,1991:285.

② 马克斯·韦伯.经济与社会:上卷[M].林荣远,译.北京:商务印书馆,1998:241.

③ 吴康宁.教育社会学[M].北京:人民教育出版社,1998:209.

于下庠。夏后氏养国老于东序,养庶老于西序。"①传统的尊老思想里其实含有农业社会对于经验的尊崇,那些富有生产、生活经验的老人被集体供养,他们也担负着教育下一代的责任。农业社会相对稳定,经验是重要的知识,而经验的获得依赖时间的积累,所以社会赋予老人以师的"权威"。

　　文字时代,在印刷术与造纸术大规模应用之前,书籍是稀缺资源。老师掌握书籍文献,也就掌握了知识。教师也因对于知识的控制而获得权威。学生缺乏获得知识的渠道,也因此决定了教师的话语权与学生的服从态度。如荀子说:"言而不称师谓之畔,教而不称师谓之倍。倍畔之人,明君不内,朝士大夫诸涂不与言。"②教师的社会地位与这一时期教师的知识权威形象紧密相连。这一阶段,文本的完整传递显得很重要,教师的一个工作就是将文本完整地记诵并训练学生的记诵。秦始皇焚书坑儒后文献能够留存,就是因为仍有儒生能记诵文本。

　　当造纸术、印刷术被大规模应用后,书籍的获得相对容易,此时教师在教学中的角色又面临调整。教师从对于记诵的强调转向对知识的阐释,"传道、授业、解惑"者的角色得到彰显。教师虽不再垄断文本,但是教师在文本阐释中的意义得到凸显。教师的权威仍然被推崇。

　　20 世纪初期,留声机、无声电影、无线电广播开始应用于教学。1913 年,托马斯·爱迪生宣布:"不久将在学校中废弃书本……有可能利用电影来教授人类知识的每一个分支。在未来的 10 年里,我们的学校将会得到彻底的改造。"③20 世纪 40 年代,幻灯、电影、无线电、电视等技术进入教育领域。教育观念进一步革新,当教学资源以超文本方式呈现后,教师的知识权威中的一个因素变为能够熟练地操作使用新的技术以适应教学。那些掌握多元方式并在教学中熟练使用媒体技术的教师,被认为是知识权威的一部分。

　　1946 年,计算机问世。计算机的意义超越了此前一切技术发展带来的对教师权威及对师生关系所造成的冲击。爱邦·伊力奇在 1971 年出版的《脱离学校的社会》一书明确提出废除学校,用一种学习网的形式代替学校。美国另一位教育家塞宾兹从教育技术现代化的发展角度预言:"电子计算机将取代教师。"随着科学技术的深入发展和电脑在教育领域的广泛使用,学校不复存在,教师也不再被需要,青少年及想要学习的人可以坐在家里,打开电子计算机终端,从事学习。④

　　这一阶段,教师中心论正在逐渐遭受质疑,教师知识控制权的弱化,学生知识获取渠道的增加成为教师权威瓦解的社会性动因。教师的知识权威不再是一个仅仅与个人勤奋修为有关的教师品质,而是不断被社会性潮流修正的内涵。

　　前述塞宾兹的设想到了网络时代就具备了真实的条件。自 20 世纪 90 年代以来,多媒体与网络技术迅速发展,新的教学观念被这一技术力量进一步催生。学校是否会被取代?教师是否会被取代?这些成为学者越来越多讨论的问题。在 21 世纪的初期,我们至

　　①　七十子后学.礼记·王制[M].钱玄,等注译.长沙:岳麓书社,2001:189.
　　②　荀况.荀子[M].廖名春,邹新明,点校.沈阳:辽宁教育出版社,1997:131.
　　③　尹俊华.教育技术学导论[M].北京:高等教育出版社,1996:22.
　　④　温梁华.教育未来学[M].昆明:云南大学出版社,1991:138-141.

少看到网络对教师的冲击日益明显。教师的权威弱化即是其一。网络使得知识的获取极为便捷和经济,知识不再是一种稀缺资源,不再由教师独占,所以教师知识权威中的很重要的一部分被抽离,以至于人们需要重新考虑教师权威的支撑问题。

网络进入教学领域有很多教师无法比拟的优势。过去教师需要皓首穷经才可以达到的知识修为,在网络上只需通过搜索引擎就可以实现;网络知识具有共享、不受时空限制、非线性、传递迅捷等特点,可以轻松实现过去需要口传心授或是面对面教授才可以实现的教学活动,更重要的是网络的知识共享性让"弟子不必不如师,师不必贤于弟子",所有人都有可能成为知识的发布者;网络超文本、多元化的特点,使得网络的趣味性超越了教材文本,甚至是教师的阐释。网络改变了教学资源的获取方式,教师很难靠占有知识来获得权威。"知识从绝对真理变成了信息汇集,从静态复制变为动态变化,从客观变为带有主观意义。知识由精英化变得扁平化,作为知识代表人物之一的教师,其权威自然受到消解。"①

技术进步的社会风潮,使得教师知识权威的内涵发生了根本性的结构调整。教师靠占有稀缺知识资源树立的权威形象遭到解构。知识不再是一种年龄垒砌的经验和皓首穷经的博学,所以教师的权威树立方式需要进行调整。

三、网络时代对外汉语教学的困境与应变

在对外汉语教学的领域,师生关系也与时代相呼应,出现了教师权威消解的问题。一方面,这是一个时代的共同困境;另一方面,它又有着学科的自身症结。所以,解读困境与探索出路需要从宏阔的时代与自身的特点出发。

(一)对外汉语教师知识权威的消解

技术的进步,一次次改变了信息传递的方式,从口耳相传,到文字时代,到媒体时代,再到网络时代,资源的获取越来越便捷与多元,经济与省时。教师作为人类知识传递中的一个因子,在不同的时代语境下其责任和功能发生了迭变。在新的时代语境下其责任与功能如何定位?

对外汉语教师其实也遭遇了知识权威消解的困境,但是这种困境带有其学科的印记。对外汉语教学作为一个学科兴起相对较晚,它从 20 世纪 70 年代开始兴起,尚有前媒体时代的某些特质,如教材匮乏,教学资源匮乏,新媒体方兴未艾等,都使得对外汉语教师尚有独占知识的权威特质。教师对于教材的讲解,对于语法结构的阐释,都是初期教学的特征,故教师的权威在这种由教师主导的课堂中树立起来。

20 世纪 90 年代以来,媒体技术被大规模应用于对外汉语教学领域,它在改变课堂形态的同时,也改变了教师的能力范围。随着媒体时代的到来,教师在课堂上的知识被视为

---

① 黄启兵.教师权威的消解与学生自主性的确立——论教育技术对师生关系的影响[J].教师发展研究,2018(2):51-55.

一种综合的教学能力,包括语言知识、文化知识、教学技能、媒体的应用能力等。教材的编写规模进一步扩大,教材的类别和内容都更丰富,师生对于教材的依赖相对于之前有所降低。学界对于教材的看法也发生了改变,教材被视为一种"例子",成为说明语言问题的范例,它不再是教师话语权的载体。由教师主导课堂的教学关系开始遭到质疑。

由于对外汉语教学的对象是汉语非母语的学习者,在语言学习过程中需要创设情境来帮助理解,现代的媒体技术在创设情境的生动性、形象性方面有其优势,在对外汉语教学中得到广泛采用,如电视技术在对外汉语教学中的应用就很普遍。网络时代到来后,利用互联网(internet)、内联网(intranet)及更小的 BBS 网络等进行教学活动成为可能,网上图书馆、专题网站、教育专家个人网页、专题新闻组、专业学术组织的网站、专业电子杂志、教学 app 等个性化教育资源使得学习者获取知识的渠道非常多元。教师的权威遭到具体而实在的冲击。首先,教师的课堂教学内容不具有唯一性。所有的教学内容都可以独立于教师的讲授而自主获取。语音、词汇、语法、汉字等都有海量而廉价的学习资源可以获得。例如,汉字教学中关于字形、字义、笔画、笔顺、偏旁、部首等都有专门的 app 提供教学。其他的知识性的内容也可以自主学习。第二,知识文本更加的多样。教材仍然是目前教学的主要知识载体,这在网络时代是缺乏趣味性的,因为网络所能提供的音像、图片等资源更为生动和有趣。这虽然促成了教材的改革,越来越多的教材倾向于与新媒体结合,推出配套动画等多媒体功能,但是这种配套功能也并不是开放和具有延展性的,和无限的网络资源相比仍然不够丰富。对挑剔的"网络一代"学习者而言,现有的教材已逐渐不能满足新时代对外汉语教学的要求,也已成为明日黄花。第三,学生的知识获取具有开放性。网络使得学生的学习与教师教学可能是不同步的,学生会从网络上获得超越课文的知识量,他们的学习问题可能来源于非课堂。所以他们会以更强烈的知识诉求来要求老师"解惑",这其实是协同整个网络来"挑战"老师的知识权威。最终的结果是我们需要重新评估爱邦·伊力奇在 1971 年发表的《脱离学校的社会》中的设想:学校是否将被取代。那么,如果学校还想在滔滔洪流中存在,它的特殊价值在哪里?课堂的特殊价值在什么地方?教师的特殊价值何在?

其实教师权威消解的背后是对外汉语教学课堂扁平化的问题,教师以语言教学为主题,而知识的获取已经极为便捷,教师在这一环节的存在意义遭受的挑战最为突出。换句话说,需要重新思考教师的课堂意义。如果说教师的权威不再是建立在知识的独占之上,那么教师对知识的灌输就需要淡化,需要调整自己的课堂角色。那么新的课堂角色又是什么呢?

(二)前喻文化时代对外汉语教师的角色调整

传统教师知识权威的预设是教师占有知识资源,应该主导课堂,但是在新的时代背景下这种预设遭到挑战,学生在网络上已经或者可能获得教师教授的内容,并且在趣味性和丰富性上超越了教材,那么学生会对课堂失去兴趣,这是教师知识权威旁落的必然结果。问题是,如果教师尚未意识到这一点,对于自己职业生涯的质疑就会发生。其实,我们必须意识到教师是一种角色,他的使命是时代赋予的,不管是口传心授的经验积累者,还是文本复制的知识保存者,或是阐释文本的解读者,抑或各种综合技能的持有者。网络时代，显然一切都不同了。

米德在《文化与承诺》一书中，将人类文化划分为前喻文化、并喻文化和后喻文化三种基本形式。① 传统教育是后喻文化形态的文化传递模式，表现为教师向学生传授知识。网络的发展改变了文化传递模式，人类网络知识技能、网络文化意识的传递，彰显出前喻文化的特点，即长辈反过来要向晚辈学习。从前喻文化到后喻文化的发展过程中，会发生文化反哺。所谓文化反哺是指："在疾速的文化变迁时代所发生的年长一代向年轻一代进行广泛的文化吸收的过程。"文化反哺意味着年轻一代具有了超越年长一代的文化资本，年长者的知识与经验不再是独有独享的，年轻者更游刃于新的科学技术。这样的背景下，教育角色不可避免地发生调整，教师不再天然地是"权威"的角色，也不再那么轻而易举地得到青年的实际认可。②

对外汉语教学实际环境中，代际的差异同样存在。在网络时代，代际差异不是以年龄作为划分标准，而是以实际的网络技术能力和接受能力为准的。所以年长教师也可能与学生没有网络的代际差异，年轻教师也有可能与学生存在网络的代际差异。总之，网络时代的教师需要调整自己与学生之间的代际差距，以防止自己权威的旁落。"当各种基于计算机媒体的教学模式、基于计算机网络的个别化教学模式、计算机支持合作学习模式等层出不穷，甚至像电子导师、智能网络、Internet Lite 个人终端、可以在教室和远距离使用的交互式多媒体系统等教育技术崭露头角时，教师毫无疑问会陷入'网络时代社会适应'的困扰中，'适者生存'的法则同样考验着教师。仅仅具备网络意识、网络文化适应意识还不够，应加强网络知识和以计算机网络技术为核心的现代教育技术的学习，掌握多媒体网络化教育环境下进行多媒体网络教学的基本知识技能，利用计算机多媒体进行教学设计的知识技能等。"③

技术的学习减弱了教师在知识权威旁落过程中的落差感，但是更深层次的改变是来自教学理念的变革。教师对于教材文本的执着和网络技术的落后将成为消解教师权威的实际力量。我们在解读课堂失去吸引力这一类问题时，应该关注这样的社会背景，文化反哺现象也出现在对外汉语教学的课堂。学生已经是"网络一代"，他们的技术能力已经大大提高了其自学能力并降低了对课堂的依赖。他们在网络技术方面甚或超越了教师的能力，并且他们的知识结构也有可能超越教师的知识储备，以至于反哺文化下，师生的关系其实是复杂的。汉语课堂的预设是学生对语言知识和文化知识的缺乏，但是这种课堂预设变得并不那么可靠。学生的知识学习在技术的帮助下变得更加自主，对教师的依赖降

---

① 米德.文化与承诺[M].周晓虹，周怡，译.石家庄:河北人民出版社，1987.该书中，米德借代沟的形成阐释了当今世界发生的巨大变化。在后喻文化中，年长者是不容置疑的权威，凝聚着千百年的文化、智慧、价值观。并喻文化作为一个过渡阶段，产生于世界上不同地区的后喻文化的接触与碰撞过程中。前喻文化则是二战之后出现的史无前例的阶段。代沟源于年轻人的世界不再是老年人世界的样子。与以往不同，世界共同体已经形成，全世界的年轻人形成"同盟"，所以不再是个体化的家庭内部的代际问题。年轻人拥有新世界的知识，面向未知的未来，而所有的权力和资源仍然掌握在对当下和未来不甚了然的成年人手中，引致年轻人的反叛。米德呼唤成年人向年轻人学习。

② 弓丽娜.论文化反哺视野下教育者权威的建构[J].继续教育研究，2010(10):160-162.

③ 杨跃.网络时代教师教育意识的转换[J].南京师大学报(社会科学版)，2001(1):69-75.

低了,甚至在某些知识的获取上展示出超越教师的能力。所以,传统的师生关系进一步被质疑,师生之间不必然是一种单向度的授予,双向的互动更多地出现于课堂。

(三)主体间性与教学主体的关系走向

在对外汉语教学领域,关于师生课堂主体关系的讨论一直存在,但是谈论的核心仍然是语言的特点,即在语言的教学中怎样的教学关系更加适合课堂教学。我们强调教师在语言教学中应该减少灌输,学生应更多地发挥主体作用,强调他们应该在课堂上用更多时间进行语言的操练。这样的讨论还仅仅限于学科内部。将讨论置于宏大的社会历史背景下时,我们发现,讨论似乎更为迫切,因为这不仅仅是学科教学的一种要求,更是时代发展中不得不应对的现实:师生主体关系走向民主。

在此引入主体间性的概念。主体间性是 20 世纪西方哲学中的一个重要范畴,最早由胡塞尔提出。他将之解释为群体性、社会性、互为性、共在性、共同性等。主体间性是主体与主体在交往活动中所表现出来的以"交互主体"为中心的和谐一致性,它意味着双方的共同了解,不仅了解自我,而且了解他人;它是以个人主体性作为基础的,强调双方均具有主体性,主体之间是建立在民主、平等、和谐基础上的相互尊重、理解及沟通的交往对话关系,民主平等是主体间性的基础前提,交往对话是主体间性的本质属性。[①] 在教育领域,主体间性理论认为教育教学的过程,是教师与学生相互影响、相互作用的过程。教师作为一个主体,他将自己的知识、技能和思想的文本呈现于学生面前,而学生是否接受或接受的程度如何,教师是不起决定作用的,学生作为主体参与教育活动是否充分发挥自身的创造性才是关键。[②]

主体间性师生关系提出了一套有别于传统师生课堂主体关系的系统解释。传统的师生关系存在"主—客"的二元对立,教师享有权威,并在教学中占据主导地位。学生相对被动,接受来自教师的知识传授和解释,也接受基于此的思想塑造。这种教学关系相对来说是缺乏活力的。主体间性教育强调的是一种民主观念,是多个主体所共有的教育,是一个双向互动的过程。师生在教育教学过程中共在、共享、共创、共长。

这套规则非常符合网络时代汉语国际教学的状况。所谓"共在",教学过程中教师和学生都处于平等的主体地位,强调一种民主的关系,这是对传统意义上教师自然享有权威的扬弃。这是所有教学活动开展的观念基础,基于此,在所有的语言教学中我们才能清楚而有原则性地分配我们的教学角色。所谓"共享",强调师生对于知识的共同分享,网络时代教师对知识的占有不可能穷尽,而"弟子不必不如师",这是对知识反哺现象的一种回应。从生词教学到语法解释,教师和学生可以共同分享他们对于知识的已有认知,之间的信息差是共享的基础。所谓"共创",强调一种创造力的调动,教师需要创新性地组织课堂,而学生本身将成为创造课堂的一部分。所谓"共长",这也是网络时代的学习目标,终身学习成为可能,学生在发展语言能力文化水平的同时,教师也在实现自我发展。

我们看到主体间性师生关系可以为网络时代对外汉语教学中新的课堂主体关系提供

---

① 王晶.师生主体间性视域下的中学德育课教学过程探析[D].济南:山东师范大学,2011.
② 吴岳军.论主体间性视角下的师生关系及其教师角色[J].教师教育研究,2010(2):40-43.

一种思考方向。既然权威被解构,知识不再被独占,知识反哺成为一种现象,那么课堂的民主将成为一种趋势。教师的职责现在已经越来越少地传递知识,而是越来越多地激励思考……教师将越来越成为一位顾问,一位交换意见的参与者,一位帮助发现矛盾论点而不是拿出现成真理的人。他必须集中更多的时间和精力去从事那些有效果的和有创造性的活动:互相影响、讨论、激励、了解、鼓励。[1] 教师的课堂角色定位将越来越倾向于一个顾问、组织者、激励者和参与者,教师需要考虑的不是怎样将知识教授得更好,而是怎样将知识进行交互,探索组织课堂的能力。

师生关系其实可以被视为一种角色分配。教学是动态的,每个参与者都应有其自己的角色。关系认知影响到角色分配,直接决定师生的教学态度,影响到教育的过程、方式,最终决定教育的效果。对于教师权威的讨论,其实是对教学活动中角色分配关系的讨论。权威的彰显或隐退,权威的强调或淡化,其实都是在对教学关系变化的可能走向进行讨论。在网络时代背景下,教师的知识权威遭到前所未有的挑战,对外汉语教学也是如此,教学内容轻松、廉价、便捷的获取方式,冲击了既有的教学资源,教师对教材的占有意识及教师自身网络技术技能的低下将成为瓦解教师权威的直接动力。学生依靠技术超越教师成为可能,形成教学上的反哺现象。师生关系需要调整,首先是观念上的调整,进一步是教学的调整。这是一种时代转型,对外汉语教师必须重新定位教学主体的关系,并进而思考自己的使命和价值,从而为课堂教学指出一条异于网络学习的路径,让课堂教学具有网络无法取代的独有价值。

我们还在集中力量讨论对外汉语教学中,教师如何提高语言水平、教学技巧、跨文化能力以更好地进行教学,其实应该用一些精力来思考教师新的角色定位。教师将不再是一个传统意义上的"传道、授业、解惑"者,教师的课堂组织能力将成为一项更具有核心竞争力的素质,这种能力有别于传统意义上的课堂管理,教师不是一个简单的纪律维持者,而是一个能够将课堂内外学生的知识真正整合起来的人,他可以将课堂变成一个互动的空间,让师生、生生能够在语言练习的同时实现共在、共享、共创、共长。

第二节　对"教材"的挑战与对外汉语教材新理念

新的时代对教材的挑战源于技术,技术改变了传统纸媒时代的阅读方式、阅读习惯,也在改变以纸媒为依托的传统课堂形态。讨论教材问题,不仅要研究教材与技术的关联,也要关注由此带来的教学观念的发展。

---

[1]　联合国教科文组织国际教育发展委会员,国际教育发展委员会.学会生存——教育世界的今天和明天[M].北京:教育科学出版社,1996.

一、历史：对外汉语教材的发展理路

（一）对外汉语教材理念与编写的历史路径

对外汉语教材作为教学的文本载体，是文化交流的一种成果。汉代佛教传入，围绕学经、讲经的汉语教学便已经开始；隋唐时期的遣隋使、遣唐使，明清的传教士，近现代的汉学家等，都为汉语教材编写贡献了自己的智慧。

将对外汉语教学视为一个独立学科，并开展专门的教材编写，是从20世纪50年代开始的，伴随对外交流的需要，在对外教学中逐步推动教材的改进。关于这期间教材的编写历史，学界比较有代表性的有程相文的"内容分期说"、齐沛的"时间三段说"、程棠的"三个时代说"、赵贤洲的"三阶段"等学说。目前学界比较流行的是刘珣的"教学法理论分期说"，他认为教材编写可分为20世纪50—70年代的结构法教材时期、八九十年代的结构与功能相结合时期、21世纪的结构—功能—文化相结合的时期。李晓琪的划分更为细腻，她将其分为20世纪50年代应运而生、20世纪六七十年代艰难成长、20世纪80年代自觉自立、20世纪90年代至21世纪初日趋成熟、2005年后迎接挑战几个时期。刘珣的分法发表于2000年，李晓琪2013年的分法可以说是对刘珣理论的某种补充，她提出的"迎接挑战"的时期其实指出了汉语教学的新的时代语境。根据学界的共识，我们可以简单勾勒出对外汉语教材的发展理路。至今已至少经历了三个阶段，并已经迈入新的历史征程。

20世纪50年代到70年代是第一个阶段。1950年，罗马尼亚、保加利亚、匈牙利等东欧国家与中国互换少量留学生，以政治任务的形式开启了最初的对外汉语教学。教材便是这一具有开拓意义的事业的一部分。然而教材编写尚无定本可循，在借鉴西方模式和外语教学经验并结合实际教学与历史语境的基础上，中国第一部对外汉语教材《汉语教科书》于20世纪50年代后期正式出版。该书采用语法翻译的教学法，以语法为纲，注重阅读能力，同时全面训练听说读写技能。这一阶段除《汉语教科书》外，20世纪70年代由北京语言学院专家和教师编写的《基础汉语》《基础汉语课本》等，也是一个时代的经典。这些教材也是立足结构法，但受到听说法的影响，体现了对听说能力的强调。

20世纪80年代是对外汉语教学和出版事业发展的第二阶段。随着中国对外汉语教学事业的发展，王力先生提出"对外汉语教学是一门学科"，其地位越来越得到承认。高等学校和教育机构加入到对外汉语教学和研究领域，为教材的发展注入活力。吕必松提出"语言教学的目的是培养学生运用所学语言进行交际的能力"，这是对外汉语教学的"交际性原则"。这一原则推动了对外汉语教材编写的改进。由北京语言学院编写的，体现结构与功能相结合原则的《实用汉语课本》，成为80年代世界上使用最多的基础汉语教材之一。它突破了五六十年代结构法的固境，让教材朝着实用和应用的方向演进。李晓琪研究指出 80 年代的教材还有"系列化、立体化"发展的特点。① 这是对外汉语教材对来华留学生数量增多,留学类型和学习目的逐渐多元化的一种反映。

20 世纪 90 年代至 21 世纪初,对外汉语教学和出版事业发展进入第三阶段。"汉语热"是中国在世界范围影响力逐步增大的一种文化反映,中国政府也加大了帮助外国人学习汉语的力度,孔子学院和孔子课堂成为海外汉语学习的重要机构。对外汉语教育学科也渐成体系,其内部的课程体系、教材体系等都得到不断发展;教学方法与具体实践呼应,越来越多样,任务法、视听法、认知法等,都在催生新的教材编写实践。《中国全景》《体验汉语》《博雅汉语》等堪为代表,体现了这一时期"结构—功能—文化"相结合的编写理念。这一时期体现了教材作为教学载体,在各种教学法、语言学理论指导下的多元尝试。

2005 年被视为一个转捩点,这一年召开了世界汉语大会。大会主题为"多元文化框架下的汉语发展",它标志着汉语教学的六大转变:一是从对外汉语教学向全方位的汉语国际推广转变;二是从"请进来"学汉语向汉语加快"走出去"转变;三是从专业汉语教学向大众化、普及型、应用型教学转变;四是从教育系统内推进向系统内外、政府民间、国内国外共同推进转变;五是从政府行政主导为主向政府推动的市场运作转变;六是从纸质教材面授为主向充分利用现代信息技术、多媒体网络教学为主转变。② 这些变化的表述背后是对于对外汉语教学新形势的判断,也是对于教材编写新方向的引领。有学者指出,教材编写的新方向"一是为来华留学生和各类人员(商务工作者、旅游人员等)编写适合他们使用的各类教材;二是编写适应各国使用的国别教材"③。还有学者认为新时期教材编写应该"加强教学理论创新研究,实现'课本'向'资源'的转变;加强教材编写基础研究,实现'静态'向'动态'的转变;加强教材编写的类型和国别研究,实现'多用'向'多元'的转变"④。

根据"全球汉语教材库"的统计,2004—2016 年出版各类汉语教材多达 12002 册,而 1995—2005 年则仅有 5440 册。⑤ 2005 年作为一个时间标识,见证了汉语教材爆发式的增长。在这个过程中,教材对于教学有回应,有引领,也有缺憾,有不足。在六大转变中,我们注意到第六个转变明确提到,从纸质教材面授为主向充分利用现代信息技术、多媒体网络教学为主转变。这个角度阐述的是更为细致的教材内容的呈现方式,是时代发展对教材更为具体的要求。从这个角度我们似乎可以重新梳理自 20 世纪 50 年代以来的教材史。

---

① 李晓琪. 汉语第二语言教材编写[M]. 北京:北京师范大学出版社,2013:19.
② 许琳. 汉语加快走向世界是件大好事[J]. 语言文字应用,2006(S1):8-12.
③ 李晓琪. 汉语第二语言教材编写[M]. 北京:北京师范大学出版社,2013:28.
④ 耿直. "构建人类命运共同体"对国际汉语教材建设的新挑战[J]. 云南师范大学学报(对外汉语教学与研究版),2018(5):12-17.
⑤ 全球汉语教材库由国家汉办中山大学国际汉语教材研发与培训基地研发,可提供全球汉语教材的检索资源。本文所引数据统计来源于该基地主任周小兵教授 2016 年 12 月 10 日在复旦大学第二届汉语跨文化传播国际研讨会上所做的大会报告"教材库与教材研发"。

(二)对外汉语教材的载体与编写的历史路径

当 2005 年的六大转变明确提及现代信息技术、多媒体网络教学时,对纸质教材的编写挑战也随之凸显。纸质教材曾经在漫长的教材史上占据了绝对地位,但随着技术的发展,单纯的纸质教材已经不能满足学习需求,对教材的改革也成为教材编写的新方向。总的来说,教材形式从纸质向数字教材不断发展,数字教材成为教材革新的方向。"从数字教材的概念来看,数字教材内容的承载介质是数字阅读终端设备而非传统图书;数字教材的内容资源包括图文动画、影音交互,形式更加丰富多元;区别于一般电子书,数字教材的内容编排依据教学目标和课程体系,更加具有系统性;出版形式采用的是电子化、数字化出版,更易实现按需出版和按需阅读。"①从媒体特征来看,数字教材经历了静态媒体数字教材、多媒体数字教材和富媒体数字教材三种形态,而且随着技术的发展,其媒体资源的丰富性、交互性、动态性不断增强。② 依据教材的媒体特征,我们可以将对外汉语教材的发展史重新梳理为四个阶段。

第一阶段,20 世纪 50 年代至 80 年代,可以视为纸质教材时期。这一阶段,对外汉语教材的编写理论跨越了结构法时期、结构和功能结合时期。无论受到什么教学理论、教学模式、教学方法的影响,教材文本都是以纸质形态出现。纸质教材具有极强的稳定性,教师和学生可以随意翻看和标注。

第二阶段,20 世纪 90 年代,为静态媒体数字教材时期。个人电脑的兴起促进了数字教材的产生与发展。数字教材以文本、图形、图像等无交互特性的静态媒体作为主要的内容形式,强调纸质教材内容的数字化还原。随着电子墨水(E-Ink)技术和专用电子书阅读器的出现,基于专用电子书阅读器的数字教材也应运而生。这一时期,静态媒体数字教材可以被视为对纸质教材的某种复制,它在悄悄改变阅读方式和习惯,但对教学来说并无实际优势,更不足以带动教学变革。对外汉语教学界的教材编写和研究可谓筚路蓝缕,对于教材的关注点仍在内容的探索之中,尚未在形式上追赶潮流。

第三阶段,随着互联网与多媒体技术的发展,进入多媒体数字教材时期。多媒体数字教材能够支持丰富的动态媒体形式和灵活的排版布局,可便捷部署于各类网络教学平台,有效支持在线协作学习与网络教学,也被称为"网络教材"③。网络教材的出现解决了一系列教育的问题,如远程教育,为应对教学的时空局限贡献了方案。在对外汉语教育迅速发展的背景下,汉语想要走出去就必须解决教学的时空局限问题,怎样让外国学习者享有不受时空局限的教学资源?网络教材在一定程度上支持了网络汉语教学活动。

但是对外汉语的多媒体数字教材,并未脱离纸质教材而存在,更多时候,它作为一种纸质教材的补充或者扩展形式,依托纸质教材内容,以交互式电子白板、大屏幕一体机等

---

① 李雅筝,周荣庭,何同亮.交互式数字教材:新媒体时代的教材编辑及应用研究[J].科技与出版,2016(1):75-79.

② 胡畔,王冬青,许骏,等.数字教材的形态特征与功能模型[J].现代远程教育研究,2014(2):93-98.

③ 罗蓉,邵瑜.电子教材的应用与管理[J].中国电化教育,2005(9):89-91.

作为硬件设施,这类多媒体数字教材主要面向海外课堂教学,在生动性、形象性上具有优势,但交互性仍然有限。学习者只能对资源进行简单的单向控制,并被动接受媒体资源信息,难以真正地参与教学情境。《长城汉语》《乘风汉语》可以作为此类教材的代表,作为以海外学习者为使用对象的对外汉语教材,它是一个基于互联网建构的大型教学管理平台,为互联网环境下的教材编写提供了一个样本。

第四阶段,为富媒体数字教材阶段。富媒体与多媒体的本质区别在于,富媒体注重用户的交互体验,而多媒体注重资源的呈现形式。"富媒体数字教材媒体资源设计能够充分利用终端设备的功能特性,实现学习者与媒体资源之间自然丰富的人机交互,提升学习者的沉浸感、参与度和资源黏合度。富媒体数字教材具有强大的信息表现能力和交互特性,能够创设更加复杂、真实的教学情境,促进主动、有效地学习。"①丰富的媒体表现形式较纸质教材的静态内容更加生动,能够承载和传达更加立体全面的教材内容,使学生能更加立体直观地学习。

教材载体的演变其实体现了技术对于人类生活的改变,在数字化时代,"人们的能力观、知识观和学习观都发生了剧烈的变化,学习方式由原来的知识精加工学习逐渐向知识贯通式学习转变"②。富媒体的教材能够满足贯通式学习对于教学的需求。对外汉语教学的方式也在发生变化,教材的呈现方式也无法滞留于纸质文本的时代,也将走上数字化之路。但是富媒体的教材仍在研究与编写的探索之中,在对外汉语界也尚未应用于实践,仅在研究范围有零星讨论。

二、现状:对外汉语教材的实然问题

在对外汉语界,教材研究自 20 世纪 50 年代以来,主要聚焦于纸质教材的编写问题。研究重点包含编写原则、编写基础、编写理论、编写程序、教材评估、类别化教材编写、国别化教材编写等。数字化教材的编写近年才逐渐成为为研究方向。

关于对外汉语教材的数字化问题,有学者认为教材现代化是一种教育理念的转变:"教材的现代化不在于形式,它不是简单地把纸质教材搬到网上,更不是重复开发低水平的多媒体教材,而是一种教育方式的转变,它需要教育技术与教育实践的深层融合,需要研究如何用现代教育思维做好顶层设计,运用现代教育技术支持编写过程,运用现代教育手段推动教材的使用。"③有学者将大数据与国别化教材研发结合起来:"大数据是教材内容的唯一来源:第一,从收集语料数据的范围来看,能提供完整的语料;第二,从抽选语料数据的内容来看,能提供跨学科研究的语料;第三,从国别化教材研发的理论与方法来看,能应用跨学科的研究成果;第四,从抽选的语料数据的类型来看,能提供文字、语音、图像、

---

① 傅伟.富媒体技术在数字化学习终端上的应用探索[J].远程教育杂志,2011(4):95-102.
② 黄荣怀,陈庚,张进宝,等.关于技术促进学习的五定律[J].开放教育研究,2010(1):11-19.
③ 耿直."构建人类命运共同体"对国际汉语教材建设的新挑战[J].云南师范大学学报(对外汉语教学与研究版),2018(5):12-17.

电影、动漫等五官能接收的全息信息;第五,从语料数据存取及处理技术来看,能融合各类语料存储、处理及使用的技术,如云计算、数据挖掘等;第六,从汉语语料库继续建设来看,有能让使用者自行更新的智能分布式系统。新科学技术的应用,学习者可以采用全媒体的方式接触到广泛的跨学科知识。"①

虽然学界的研究提出了对外汉语教材数字化的未来方向,但是目前的教材却滞后于时代潮流。虽然研究体现了对于新媒体应用于教学的思考,但是更多是一种形式上的革新,而非教学理念的发展。呈现的教材有以下两方面情况。

第一,电子教材复制纸质教材,推动对外汉语远程教学。

静态媒体数字教材时期,对外汉语教材的特点是"复制性",它强调纸质教材内容的数字化还原。这是最简单也是最浅层次的"改进",将纸质的内容——课文、生词、练习电子化,以网页形式呈现。对应的教学方式相对传统的课堂突破了时空局限,教师可以将授课内容录制下来,做成可以随时点播的课件,以供学习者在网上随时浏览;教师也可以在本地学习中心面授,外地学习站的学生在网上实时收看。这在目前的对外汉语教学中应用较广,汉语学习者分布较广,电子教材配合时空分离的教学环境,让教学者和学习者都能更为自如地分享教学内容。目前,教材的静态数字化非常普及也很容易从技术上实现。更多的研究者已经开始着手教材资料库的建设,这可以说进一步完善了静态媒体数字教材的网络化。

中山大学"建设数字化国际汉语教学资源库"的实践很有代表性。其资源涉及"各国、各地区、各教学机构,甚至个人所使用的面向海外的各类汉语教学资源(纸质、多媒体资源,教材、教参、辞书、网站),重点是在全球、某母语区、某国、某地有一定影响的教材。教学资源涵盖古今,重点是当代正在使用的教材"。其目标之一是"数字化处理,方便查询使用。资源库可通过多层面多路径进入,也可网上查询。在版权允许的情况下,对教学资源进行图文、多媒体等全方位展示,如可以进行扫描、展示封面等操作,也可使用说明、目录及典型样课等。购买了版权的客户,可网上使用教学资源,也可全部或部分下载资源,或者进行全部或部分的内容查询(可以小到一个词语的解释,一个声母的教学等)"②。这一资源库将资源查询检索功能发挥到最大,有助于最大限度地利用和研究教材内容,为教学和科研提供了支持。

教材的电子化,对远程教学和教材的电子检索等内容提供了支持,但是回到教学问题上看,这种复制性教材其实只是实现了将真实课堂迁移到网上的效果,学生对教师、教材的依赖性仍然很大,教师讲课、学生听课的模式仍然沿用。教材并没有实现对师生互动性的推动和对学生学习自主性的发掘。

第二,电子教材的互动功能增加,推动自学汉语方式的发展。

当对外汉语教材进一步扩展其多媒体功能,增加了交互式电子白板、大屏幕一体机等硬件设施后,这类多媒体数字教材的互动性就大大增加了。此类教材在音频、视频材料的

---

① 郑通涛,曾小燕.大数据时代的汉语国别化教材研发——兼论教材实时修订功能[J].海外华文教育,2016(3):291-302.

② 周小兵.建设数字化国际汉语教学资源库[J].华文教学与研究,2010(1):1.

丰富性上也有极大的优势,学生可以通过点读功能学习语音,通过视频功能学习汉字书写,教材也可以是动画或短片的形式。作业布置也可以实现机器操作。《长城汉语》《乘风汉语》等教材体现了这种数字教材的优势。教与学的环节可以被延长,教师可以利用教材的优势,充分调动学生预习、复习的热情,将课堂上有限的时间延伸到课外。学生对教师的依赖程度降低,对教材的利用率提升。

这种方式虽然在提升"以学生为中心"的教学思想和实践上有所进步,但是教师的功能和纸媒时代相比却没有发生本质的改变,教师通过媒体教材,获得更多的便利,掌握更灵活的资源,但是教材没有体现出教师在教学活动创造性和交互性上的作用。在具体教学中,一方面,有的教师依旧把数字教材作为课堂展示及课后学习的内容,这样的教材仍旧是传统课堂的某种延伸;另一方面,教师利用教材优势,让学生自己去阅读和学习,希望借此形成翻转课堂。而学生往往因为这种学习的盲目性很难实现自学效果。网上学习强调学习者发挥主动性进行自主学习,但是自主学习不等于自学。尤其是语言学习,它对实践性、互动性的要求很高,缺乏相关设计的教材很难帮助学习者从枯燥的学习材料中发现问题并解决语言困难,也无法通过与教师及时讨论和交流得到反馈。

对外汉语教材数字化已然进行了多种实践,在某一阶段或某种教学研究情境下取得了成功,但是离对外汉语教材数字化的理想之境尚有差距。

三、 未来:对外汉语教材的应然向度

研究者们提出了自己设想中的数字教材的样态。有的研究者指出教材的设计原则:"在教材设计之初,利用语料库和需求分析方法精心安排语言和话题内容;在教材编写之中,运用教育技术充分体现教与学的互动;在教材使用中,运用大数据、云计算、在线学习等工具,使教学过程更符合习得规律。"[1]有的研究者具体而微地指出教材的构成:"出版与数字化教材相配套的纸质教材;开发移动终端 app;开发点读笔、点读机、学习电脑;建设资源网站,储备教学资源和学习资源;加快不同类型的汉语教材的数字化建设;注意不同意识形态和信仰的内容选择与设计;建设数字教材平台。"[2]有的研究者指出了数字化教材的各种终端设备的形态:"教材应研发有多种识别格式,可供不同电子终端使用,如HTML,iBook(iPad and MaciOS),ePub(Android tablets),MOBI(Amazon Kindle)。学习者通过各种终端设备(如移动手机、笔记本电脑、iPad 等)可以随时随地学习,同时可连接学习者与教材研发的数据。"[3]也有学者开始研究增强现实技术与对外汉语教学的关

① 耿直."构建人类命运共同体"对国际汉语教材建设的新挑战[J].云南师范大学学报(对外汉语教学与研究版),2018(5):12-17.

② 张会萍.对外汉语教材数字化编写刍议[C]//数字化汉语教学.北京:清华大学出版社,2018:149-165.

③ 郑通涛,曾小燕.大数据时代的汉语国别化教材研发[J].海外华文教育,2016(3):291-302.

联,将之应用于汉语听说、汉字、文化教学之中。① 有的研究者已经将技术应用于教材建设之中,"选用美国惠普公司的'HP Veal'作为辅助对外汉语教材实现立体化的技术依托",并进行了相应的尝试。② 上述研究者提出了各自对对外汉语教材未来设计的理念。

未来的对外汉语教材应该与信息时代整个学习方式的转变相呼应。信息时代人们的能力观、知识观和学习观都在面临巨大挑战,传统的观念已经过时。"新型学习方式就是信息化学习方式,它与信息和通信技术密不可分。在信息化社会中,信息化学习方式作为信息化生存的技能之一,越来越受到人们的重视。单纯'消化'书本知识的学习方式将成为过去,而与虚拟世界结合的参与式活动体验学习和小组问题解决等或将逐渐成为主流学习方式。"③

传统的学习方式被称为"知识精加工教学方式",强调对知识的掌握,强调学习的顺序,强调教授者的输出和学习者的内化。相对而言,学习方法是单一的,学习模式也是单一的。在教与学的两极,容易出现我们所说的知识权威,出现一种带有强制性的传输和被动接受的模式。而信息化学习方式是指借助信息技术进行的学习。信息技术可以实现在传统学习中不可实现的做法。信息化学习方式将以知识贯通式学习为主。"所谓知识贯通式学习,就是学习者在规定的时间内,在同一学习目标下从了解知识来源和知识结构出发,逐步掌握关键性知识内容,对所学内容进行整体掌握的过程。"④贯通式学习方式强调学习者的主体地位,强调交互式的学习方式,强调学习者之间的协作,强调知识与应用的关系。

从纸媒到目前的对外汉语数字化教材,仍然是受传统知识精加工教学方式的影响,对教学的互动性和以学生为中心的自主性学习的关注不够。对于纸质教材的简单复制,对纸质教材的影视化呈现,以及对于纸质教材内容的资源扩充,在过去的时间中占据了对外汉语教材发展的历史。

信息化学习方式为对外汉语教材设计的理念带来原则上的改变,未来的对外汉语教材应该体现自主、互动、协作、发展的理念。

"自主"体现的是以学生为中心的学习观念在教材中的进一步升华,教材设计能满足学生在语言学习上的自我设计、自我监控、自我发展、自我评价。教材应该具有清晰完整的结构,让学生容易建构自己的学习计划;教材应该具有人机互动功能,例如,提供口语互动模块,实现人机对话的学习交互。提供文字输入的人机交互,实现书写的实时纠错等,在此过程中学习者可以充分实现自我学习状况的监控和评估,并能自主设计下一步学习计划。

"互动"体现的是教师与学生存在于课堂内外的不同样态的即时和延时的互动关系,

---

① 曾丹,吉晖.增强现实技术的汉语教学研究[J].语文学刊,2017(5):163-166.

② 焦燕.基于增强现实技术的对外汉语立体化教材建设初探[C]//数字化汉语教学.北京:清华大学出版社,2018:357-363.

③ 黄荣怀,陈庚,张进宝,等.论信息化学习方式及其数字资源形态[J].现代远程教育研究,2010(6):68-73.

④ 黄荣怀,陈庚,张进宝,等.论信息化学习方式及其数字资源形态[J].现代远程教育研究,2010(6):68-73.

教材起到的作用是引导教学成为一种动态过程,让语言交流的维度和频度更为饱满。教材可以通过嵌入网络社区功能,来实现师生间的答疑辅导、个性化指导、测验批改等交互功能。通过多元化交互模块来整合教材资源、学习活动、测评和学习档案,以丰富数字教材的功能、形态与应用方式。

"协作"是学习者之间关系的体现,新的对外汉语教材应该在学习者之间建立关联,这是一种社群组织的理念,让学习群体能够在课堂内外成为一种彼此关联和促进的存在。教材可以提供这样的互动模块,让学生可以就学习问题展开讨论,并能实现语音联系的社区功能。

"发展"指的是教材的富媒体特征能整合和激发学生多重学习欲望,对外汉语教材固然是要实现语言的学习,但是在强大的技术支持下,实际上能够实现学生在知识信息、社会实践、媒体技术等多重维度上的学习和发展。"发展"的另一维度是教材的自我更新。传统纸质教材更新速度很慢,以至于教材语料陈旧过时,在信息时代还在教授"邮局寄东西"等在现实情境中极少应用的交际话题,而对时代发展呈现的新的语料和话题却难以跟进。理想的数字化教材能够快速实现教材内容的更新,并通过网络传输及时地将更新后的教材版本送达教材的使用者,从而能够保证教材内容与新的语料同步。

理想化的数字对外汉语教材的重要特征是能集成文字、图片、视音频和动画等富媒体内容,并具有深度的用户交互、动态驱动与网络应用等特性。富媒体特点使得教材能够更为生动和丰富,使得教材内容立体化。它是新的教学环境和教学观念的反映。

我们可以看到,研究者们已经注意到对外汉语教材对于时代的回应问题,无论是教学理论的变迁,还是教学对象的变化,或是教学内容的扩展等,都在教材中有所体现。语言教材不再是传统意义上的语言范本或语言知识课本,教材应该是引发学生学习和交际反应的刺激物,应该为学生提供各种有利于他们接触所学语言的活材料和应用与体验该语言的机会。① 对于技术的挑战,对外汉语教材正在探索回应的方式。如何将技术与教材深度结合,实现教学理念的变革,将是教材发展的方向。在此目标之下,教材的研发需要立足教学,而不是炫耀技术;对外汉语数字化教材的研发应该着眼于整个教学理论的革新,着力于现代信息技术如何与对外汉语教学深度融合,建立新的对外汉语教学的课堂模式。

第三节 对"教学法"的挑战与对外汉语教学的后方法时代

汉语作为第二语言教学,历史溯源久远。现代意义上的汉语作为第二语言教学始自20世纪20年代;而对外汉语作为一门学科,则始自20世纪50年代。在这段历史中,时代语境更迭变换,对外汉语学科也在对时代的适应与呼应中摸索、创立、调适自己的教学方法。当下的时代语境又对对外汉语教学提出了新的挑战,对外汉语的教学法也需要给出新的答案。

---

① TOMLINSON B. *Material Development in Language Teaching* [M]. Cambridge:Cambridge University Press,1998.

一、外语教学的"方法"演进

汉语作为第二语言教学,在方法观上深受外语教学法的影响,在外语教学法的演进过程中,对外汉语教学对之进行了选择性的吸收。

外语教学法的发展大致经历了三个时代:方法时代、反方法时代和后方法时代。

(一)"方法"时代

方法时代,以法国人古安(F. Gouin)于1880年撰写的《语言教学艺术》(后译为英文版 *The Art of Teaching and Studying Languages*)为标志。方法时代强调某种教学法对语言教学的指导作用。代表性的"方法"包括:翻译法、直接法、听说法、认知法、暗示法、自然语言教学法、社团语言教学法、沉默法、全身反应法等。每一种方法都是在特定历史情境中对于语言教学问题的解决策略。

在方法时代,语法翻译法有着深远的影响。翻译法最初被应用于中世纪以前的希腊文、拉丁文教学。它以翻译作为基本的教学手段,把语法规则作为主要的教学内容。它从翻译法、语法法和词汇翻译法发展而来。20世纪初,它在第二语言教学中仍占主导地位,它以详尽地阐释语法而使学习者掌握扎实的语言理论基础著称,然而因其忽视对现实交际能力的培养,逐渐无法满足第二语言学习实践性越来越强的社会需求。

应运而生的直接法产生于19世纪后半叶,资本主义工商业发展催生了对翻译人才的需求,实用成为需求的旨归。直接法强调使用目的语作为教学语言,不借助学习者母语,也不借助翻译,其教学目标不是纯正的书面语,而是实用的口语。直接法将第二语言教学的目标由书面语引向口语,促进了语言应用性目标的实现。直接法借鉴于幼儿学习的经验,但事实上幼儿学习母语和成人学习第二语言有着学习机制的差异,该方法仍然存有缺陷。

20世纪40年代的美国诞生了听说法。二战爆发后,美国军方急需大批翻译人才,需要在短期内培养大批口语娴熟的士兵。听说领先、句型操练、对比分析成为教学的根本原则。该教学法取得了极大成功,基于对传统翻译法的反思,该教学法倡导提出了实用主义和便于操作的有规范的教学流程。但该法抑制了学生在学习中的主体地位,影响了学生主观能动性的发挥,且强调听说忽视读写。

20世纪60年代产生于美国的认知法,对前述教学法有所改进,它反对听说法的"结构模式论",从学习者出发,注重学习者在学习外语过程中的主动性和创造性,尝试从听、说、读、写等方面对学生进行全面的语言能力培养。认知法开始关注到学习者,改变了传统教学理念以教师为中心的角度。

20世纪70年代起源于西欧的功能法,进一步关注语言的功能和交际作用,可以说是对语言实用性的进一步强调。它以语言的功能项目为纲,有针对性地培养学生的交际能力。

20世纪80年代产生于美国的任务型教学法强调有目标的语言交际活动,在教学活动中,教师扮演指导者、组织者和监督者,学生则是交际者,学生学习的自主性较强。它强调学习的动态过程,将真实的语料引入学习环境。

在"方法"时代,各种方法回应了时代对语言教学的要求,语言的应用性在整个方法流变的过程中越来越凸显,学生的主体地位也越来越受到重视。可以说,"方法"体现了流变中的教学理念。它体现了每一个时代对特殊教学规律的探索,希望以可操作、可推广的方法来解决教学中的实际问题。

19世纪末到20世纪末,从翻译法独占江山到各种方法论的涌现,"方法"提出的频率也在逐渐加快,其实它体现了这样一种现象,即时代的更新对于语言教学提出的问题越来越密集,所以用"方法"来回应的速度也在加快。此外,在那个方法盛行的时代,方法与方法之间,并非此消彼长的关系,而是新的方法不断涌现,旧的方法仍在别择中使用的阶段。例如翻译法,一直都存在于教学中,只是它的绝对地位被新的方法所分化,也就是说方法时代,也是一个越加多元的教学发展时代。

(二)反方法时代

但"方法"的问题在于它归纳的规律与实际教学中的个性特征是矛盾的,当时代对个性化提出更高需求的时候,提倡共性归纳的"方法"时代也走向了另一个维度,即"反方法"时代。这一阶段强调对固有的、刻板的、准绳似的方法的去神圣化,不希望依据某种方法完成教学的实践。反方法可以说更为人本主义地从教师和学生的角度出发,将教学视为一个动态的、个性化的、交际的过程。它推崇教学者针对教学内容、教学对象、教学环节,对已有的教学法进行整合。

反方法时代的来临让我们看到了其合理性,在时代发展的脉搏中我们听到更为个性化、多元化的诉求。反方法的观念给外语教学进一步松绑,让它走向一种极度的自由。但是由于其方法的疏离,使得教学的行为过分散漫,缺乏可循的规律和可以操作的规则,让教学变为一种纯经验的产物。教学者教学理论和操作能力的差异使得教学效果极难控制。

(三)后方法时代

方法时代的教学积累及反方法时代的教学观念,其实需要一种调和观让教学能够更务实。后方法时代可以说对前述的问题有所修正。库玛于1994年提出教学的三大要素和十大宏观教学原则,标志着外语教学法进入后方法时代。三大要素即特殊性(或特定性)、实践性和可能性。特殊性指教师在设计教学目标及教学活动时要因材施教,因地制宜,充分考虑到学情差异和地区差异;实践性指"拒绝把理论家视为知识生产者、把教师视为知识消费者的两分法,鼓励教师从实践中创造理论,在实践中实施理论"。教学理论及理念应是来源于施教者的教学实践,理论的产生应该是自下而上的过程。理论与具体的、特定的教学实践相结合,理论的内涵不是一成不变的。教师应该结合实际不断验证和完善相关理论,并形成一套因地制宜的教学理论及教学方法。可能性是指语言教学属于教学的特殊情况,是与其他学科并存,与社会政治经济发展相适应的有机统一体。① 后方法时代的观念其实是一种针对变化的时代中的教与学的理念、动态中的教学过程、差别化的教与学的主体而提出的教学解决方案,是以一种摒弃预设方法和固定法则、在即时的调整中,采用综合的方式进行教学的教学理念。

我们看到外语教学法在发展过程中经历了方法时代、反方法时代、后方法时代。在静态化的时代,"方法"归纳出可操作的解决方案,在这个过程中,教师的权威得到推崇。随着社会发展的加速,语言教学需要满足不断变化的社会需求,人才培养的目标越加务实和多元,教学法也越加实际和多样。我们看到"方法"在加快更新速度的同时,其多元化也被普遍接受。但社会的个性化和多元化越来越让人感到"方法"的束缚,反方法时代把对个性的强调放在首位。学生的主体地位进一步被重视,教学中无论教师还是学生,其个性也得到充分尊重。但是"反方法"对于"方法"的反感,使得方法时代积累的教学经验未得到应有的重视。后方法时代的到来,用一种"综合"的理念,试图解决新时代提出的教学问题。虽然仍有各种批评,但却是目前时代发展的一种响亮的回应。

对外汉语教学其实也是一种外语教学,它也在外语教学发展的浪潮中沉浮。对外汉语教学在实践中体验了各种方法的优劣,也获得了自身的演化。

二、对外汉语教学"方法"的历史演进

赵金铭先生将对外汉语教学法成型时间追溯至 20 世纪 20 年代。他指出了几个重要的历史事件:1925 年,上海商务印书馆出版了赵元任为外国人学习中文而著的《国语留声机教程》(*A Phonograph Course in Chinese National Language*);1922—1924 年,赵元任在哈佛大学教授汉语;1938 年,赵元任在夏威夷大学再一次教西方人学汉语。在这个过程中最早的对外汉语教学法则被确立。二战期间,美国为适应战时需要,解决海外外语人才问题,进行了大量的语言培训。20 世纪 40 年代,对外汉语教学被政治和军事推向"方法"的实验场。1943 年 8 月到 1944 年 12 月,赵元任为二战期间美军的战时翻译培养人才,在哈佛大学办了两期汉语训练班,每期 10 个月。1947 年,时任北京大学西方语文系教授的王岷源指导印度政府派来北大的 11 个学生的汉语学习。②

到了 20 世纪 50 年代,因师承谱系,邓懿先生在清华大学教学时,延续其师赵元任的教法,"其教学设计为每周 24 学时,上午 4 学时,第一节是语法讲授课,其余 3 节是练习课和复习课,讲与练的比例是 1:3;下午则为听力训练和个别辅导"。"在针对语言结构的语法意义进行讲解时,使用英语;而在对语法结构本身的讲解过程中,使用汉语。"③

20 世纪的 20—50 年代,正是"方法"的黄金时期,这一时期的教学法以翻译法、直接法、听说法为主,希求快速实现语言教学的成效。早期的对外汉语教学借鉴了上述"方

① 库玛.超越教学法:语言教学的宏观策略[M].陶建敏,译.北京:北京大学出版社,2013.
② 赵金铭.对外汉语教学法回视与再认识[J].世界汉语教学,2010(2):243-254.
③ 赵金铭.对外汉语教学法回视与再认识[J].世界汉语教学,2010(2):243-254.

法",实践于教学领域。

到了 1979 年,钟梫将 15 年的教学经验总结为"相对直接法","所谓综合者,指的就是语音、语法、词汇三者综合在一种实践课内,这种实践课既管语音,也管语法、词汇,而提携这一切的纲就是'精讲多练,反复巩固'。在教学安排上,它必须适当划分阶段——语音为主的阶段,语法词汇为主的阶段,巩固扩大词汇的阶段,提高听、说、读、写的阶段,等等。"①

20 世纪六七十年代的教学,可以说是赵元任时代教学理念的进一步中国化,它仍然强调一种短期的突破,"当时的教学效果十分明显。三个半月内,学生从完全不会汉语提高到掌握 900 个左右最常用词汇、汉语的基本语法和基本语音知识,而且还会写组成那900 词的 750 个汉字"②。它也仍然强调教师教学计划的周密和彼此配合,两个教师合教一个班,一个上"讲练",一个上"复习、练习"。它也仍然强调翻译法、直接法、听说法的方法意义。这一阶段,社会对对外汉语教学的要求没有突破性的发展,教学法也在承袭中继续摸索。

20 世纪 80 年代时逢改革开放以后留学人员大幅增加,社会风潮的更迭,使得对外汉语教学的方法观也在进一步调整。1987 年,跨校组成的教材研究小组提出了关于汉语教学法的报告:"集传统法、听说法、句型法、直接法、功能法等理论与实践于一身的、互为补充的、以结构和功能相结合为主的方法,对于汉语作为第二语言教学来说,从理论到实践,看来是可行的。"③

报告中对于"结构"和"功能"的教学定位,可以说是对世界范围内教学原则大讨论的回应。此时恰逢世界范围的对外汉语教学的讨论,这一讨论从 20 世纪 80 年代初开始,讨论围绕着重"功能"还是着重"结构"这一语题展开。美国学者有的提出教学应完全采用交际法和任务法,代表人物是俄亥俄州立大学的吴伟克教授和夏威夷大学的任友梅教授等,其典型的观点是,"纯粹的形式练习不能获得运用这些形式的能力,形式只有在任务式练习中学得最快"。另一派学者以普林斯顿大学的周质平教授为代表,认为"中文教学努力迎合西方外语教学法",是"洋理论"对中文教学的"冲击"。他认为"首先要说对","不能用流利代替正确性",首先必须让学生掌握句子结构。

两派争论的实质是汉语教学界的"结构派"与"功能派"之争。结构派在教学方法上强调语法翻译法和听说法,功能派在教学方法上强调交际法和任务型教学法。事实上,对于方法的选择体现了各个流派对于社会语境下对外汉语教学意义的判断。我们在梳理方法时代、反方法时代和后方法时代的教学方法时就已经指出,每一种理论都有自己的社会历史机理,语言越来越呈现应用性和实践性,但是在这个目标之下,语言的正确性也需要"方法"来规范。

---

① 钟梫.钟梫对外汉语教学初探[M].北京:北京语言大学出版社,2006:1-30.
② 钟梫.钟梫对外汉语教学初探[M].北京:北京语言大学出版社,2006:1-30.
③ 对外汉语教学研究会教材研究小组.建国以来对外汉语教材研究报告(赵贤州执笔)[C]//第二届国际汉语教学讨论会论文选.北京:北京语言学院出版社,1987:590-603.

20 世纪 80 年代中国学者提出"以结构和功能相结合为主的方法"①,即用中国人常有的中庸思维来到达一种平衡。既需要功能派的实用,也不舍弃结构派的扎实。这种教学思想在 20 世纪 90 年代进一步走向成熟。这就是"结构—功能—文化相结合"的综合法,即在传统的结构与功能之外,以文化加以圆融和提升。"结构是形式,是基础;功能是目的,是导向;文化是内容,是条件。"②教学者要平衡这三者的关系。

目前"结构—功能—文化相结合"的综合法以其务实的教学目标、扎实的教学步骤、灵活的教学观念在对外汉语教学界受到较为普遍的认可。这一理念意味着一种对变化中的社会背景的及时调整与回应。

三、后方法时代对外汉语教学法的观念维度

正如讨论教师权威的变化、教材编写的变化一样,教学法也在时代变迁中遭遇挑战。最大的挑战依然来自信息化时代对学习方式的冲击。对这一问题的研究虽然方兴未艾,但目前已经有学者在思考怎样在对外汉语教学中进行信息化整合。有学者认为"信息技术与对外汉语课程整合,就是要做到在先进的教育思想和理论指导下,能够将以计算机和网络为核心的现代信息技术全面应用到对外汉语的教学过程中去,来营造一种具有丰富语言情景的语言学习环境,能够激发学习者的汉语学习兴趣,突出交际性训练及强调个别化学习的特点,形成充分体现学习者的主体作用的教与学方式,培养学习者运用汉语处理各种信息的能力,优化对外汉语教学,最终实现在世界范围内更好地推广汉语"③。

展望未来,对外汉语教学面临很多新的模式,"当前,我们应该特别关注线下与线上相结合的混合教学模式,以及在线听说教学模式。以混合教学模式为例,线下教学部分更加注重传统课堂教学和面授教学优越性的发挥,而线上教学部分更加注重个性化自主学习和练习(如利用 MOOC 资源,看视频讲座、听播客、阅读电子书,以及在网络上查阅资料、与同学讨论等);具体地,如果把常规的课堂教学中课文生词学习和朗读练习安排在网上并让学生课前完成,课堂上老师利用更多的时间集中组织学生练习口语,那么相对于传统课堂口语教学过程或课程安排来说,就是一种翻转课堂"④。教学活动越来越多地与技术融合,这将对教学方法提出更多的要求。

---

① 陶炼.结构—功能—文化相结合教学法试说[J].语言教学与研究,2000(4):38-44.根据陶炼的整理,在 1987 年举行的第二届国际汉语教学讨论会上,已有明确的"结构—功能—文化背景的结合"的提法(杨光俊,1988),刘英林、李景蕙也在会上预言将形成"结构—功能—文化"三位一体的教学法新路子(赵金铭,1987)。中国对外汉语教学学会汉语水平等级标准研究小组在《汉语水平等级标准和等级大纲编制说明(1988)》中也有相应提法。20 世纪 90 年代以来,任远(1994)、杨庆华(1995)、刘英林(1995)、刘珣(1997)都曾撰文阐述三者结合的教学方法。

② 刘珣."结构—功能—文化相结合"的汉语教学理念再思考[J].国际汉语教学研究,2014(6):19-27.

③ 罗立祥.信息技术与对外汉语课程的整合[J].长江学术,2008(4):150-155.

④ 郑艳群.技术意识与对外汉语教学模式创建[J].华文教学与研究,2014(2):14-18.

一方面时代在持续挑战对汉语教学活动,一方面对外汉语教学本身又存在自身的规律和特性。我们在前述对外语和对外汉语教学法的历史梳理中得出这样两个根本性的结论。首先,教学法是对时代命题的回应,每一种教学法盛衰的背后都有具体的历史原因。随着历史语境变化速度的加快和程度的加深,教学法更新的速度越来越快,多元化的程度也越来越高。第二,时代对教学者双方的个性化、对教学过程特殊性的尊重,让教学法拥有一种更为融通的态度,即倾向于在动态的过程中寻求综合的解决问题的方案。

中国对外汉语界提出的"结构—功能—文化相结合"的综合法也可以说是对世界语言教学理论走向后方法时代的某种回应。"'结构—功能—文化相结合'的综合法,一方面汲取了交际法、任务法的主要优点,即强调培养交际能力的目标;强调调动学习者的主动性;强调教学内容的真实性和实用性;强调课堂的活动和互动,包括最高的任务式的活动。同时,从汉语教学的特点出发,又继承了语法翻译法和听说法的主要优点:强调以语言结构的教学为基础,强调认知和掌握语言规律的重要性,强调(特别是基础阶段)必要的操练以获得正确性。"[①]共同的理念都是对方法的整合。后方法时代背景下,有 10 条外语教学理念和原则:"学习机会最大化,感知误配最小化,提高学生自主性,促进协商式互动,激活直观启发,培养语言意识,情境化语言输入,综合语言技能,确保社会关联性,提升文化意识"[②],使教师能够在特定的教学目标下根据学生的具体情况决定特定方案和课堂技巧。

在这两个方法理念之下,我们可以寻找到对外汉语教学法的未来发展方向。

(一)应用各种方法,利用技术手段,最大化学习机会

在新的时代背景下,学习机会意味着一种多元化的学习延展性。它既包含课上的学习机会,也包含课下的学习机会。这些机会除了传统的教学法可以创造之外,还可以通过技术手段实现延展。例如微课、慕课的流行,让课前预习、课后复习更为容易。教师可以在整个过程中扮演主导和监控角色。这个过程并不排斥方法的存在,例如,任务法就可以很好地融入技术性的教学过程。而创造出来的更大的课堂空间则可以交还给学生,用以进行操练性和提升性的交际。

(二)关注学习者的自主学习和发现学习,促进协商式互动

信息化时代的教学理念在于一种发展性学习和终身学习。语言学习也是如此。教师需要思考更多的手段以促进学生掌握自主学习的方法。今天的信息技术具有极强的自我生成性,能极大地支持自主学习。语言教学不同于简单的知识传授,它有极强的实践性。学习者如何将知识内化为自身的语言能力,特别是语言在正确的语法规则之下却可能生成错误的表达,教师在这个过程中采用何种方法有效引导学生发现和走向更为有效的途径,需要继续思考。

在这个过程中,自主与互动恰成互补。语言的交际性使得学生在学习过程中需要不

---

① 刘珣."结构—功能—文化相结合"的汉语教学理念再思考[J].国际汉语教学研究,2014(6):19-27.

② 库玛.超越教学法:语言教学的宏观策略[M].陶建敏,译.北京:北京大学出版社,2013.

断地交互以实现自我纠错和彼此纠错，教师的教学法也应该包含多重身份之间的交互促进。师生互动、生生互动，应该成为提升课堂教学质量的一个途径。相对于传统意义上的课堂互动，后方法时代的互动强调的是一种自主学习与协商互动的互补效果。

(三)在情境中输入语言，探寻提高学习者综合语言技能的方法

创设情境是对外汉语教学中一个重要的教学方法，在信息技术的支持下，创设情境变得更为容易，目前已经有学者在研究增强现实技术在对外汉语教学中的应用，还有更多的技术可以应用于教学中，如何不"以技妨道"，让情境成为教学的有机部分，而不是对技术的炫耀，并且最终促进语言综合能力的提高，也是一个课题。

(四)确保语言与社会的相关性，发展文化意识

对外汉语教学中的文化教学一直是一个值得研究的课题，在结构法盛行的时期，文化往往有所偏废，但是随着时代语境的发展，文化成为语言学习的指向，语言成为文化的载体。教学策略上也强调要把学习者看作平等的文化信息提供者，在"后喻文化"时代，应该寻求一种方法鼓励学习者实现语言对于文化的讲述，并尝试进行文化间的比较。

后方法时代其实是一种时代提醒，它不是反方法，而是时代对于语言教学的一种新要求。有学者指出，"后方法理论不是不要方法，而是要求教师针对自己的教学实际，自主地运用、开发适用的教学方法。这样，教师就不仅是教学理论和教学方法的实践者、消费者，也是教学理论和教学方法的研究者、探索者，要把自己的教学经验理论化，从宏观上掌握教学理论和教学法发展的趋势"①。后方法将教学活动引向一种与教学实际相调适的动态发展中，它是在今天这个教学环境越加多元、复杂、变化的情况下必需的解决路径。对外汉语教学界提出的"结构—功能—文化相结合"的综合法与后方法时代有着千丝万缕的关系，也是在以一种多元开放的教学心态应对日趋复杂化的教学环境。

从方法时代、反方法时代到后方法时代，研究者一直在寻求不同时代语境中语言教学的应对方案，在这些方案中，我们看到时代对于教学的要求，在朝着应用与实践、个性与多元的方向发展。这使得我们越来越倾向于将教学视为一种在各种情境中动态发生的过程，需要教学者根据不同的情况实施综合性的解决方案。信息时代更颠覆了传统的教学理念、教学主体地位、教材的形式内容等，"教无定法，贵在得法"的对外汉语教学观念背后，是一种超越方法的呼声。60多年来，我国对外汉语教学大体上经历了三个时期：20世纪50—70年代的结构法时期；八九十年代的结构与功能相结合时期；90年代末至今的"结构—功能—文化相结合"时期。教学法的这一发展路径和中国的时代发展也是彼此应和的。"结构—功能—文化相结合"的综合法和后方法时代的理念其实都是源于元时代对于教学的更高要求。

---

① 刘珣."结构—功能—文化相结合"的汉语教学理念再思考[J].国际汉语教学研究，2014(6)：19-27.

小 结

本章试图通过对历史的梳理,对对外汉语教学相关的问题进行描述性的阐释,从而梳理出"新时代"这个时间背景的历史样貌。本章从"三教"问题出发,描述了教师、教材、教学法在"新时代"面临的挑战。从教师角度而言,教师的知识"权威"在新的时代面临着解构的危险。技术的发展使得教师靠占有文献享有的知识权威不再稳固。学生借助媒体技术可以便捷地获得知识。这就要求对外汉语教师必须重新思考自己的角色并进行相应的改变。从教材角度而言,对外汉语教材被新的技术催生出新的形态,数字化教材成为未来的一个方向。教学文本的改变也将改变教学的方式,教学关系也面临调整。从教学方法角度来说,教学法是对时代发展的一种回应。传统的"方法"都是针对具体的社会环境教育情况而制定的解决方案。当面对一个变动不居的多元发展的社会和教学环境时,教学方法也需要进行自我更新。本章对对外汉语教学的背景性问题做了分析。

第二章

关联：对外汉语类电视节目与对外汉语教学

第一章梳理了"新时代"的背景，重点探讨了技术对教学的影响。它影响到教师角色，师生关系；影响到教材形态，课堂内涵；影响到教学方法，思维模态；等等。后方法时代的思想解放，为我们打开了一扇学习借鉴的门。当对外汉语教学自身出现困境的时候，可以尝试从别的学科，甚至领域去寻找启迪。上述"三教"问题的核心在于对外汉语教学对"技术"的回应。如果对外汉语教学对技术的回应较为困难，那似乎可以回到技术去探索技术的问题。电视媒体作为技术的一种重要方式，与对外汉语的课堂教学有很多相似性和相关性。特别是电视媒体在娱乐时代，本身就是娱乐潮流的顺应者和制造者。当对外汉语课堂面临"缺乏趣味性"的困境时，电视媒体，似乎可以为其提供某种程度的借鉴。本章将梳理对外汉语类电视节目与对外汉语教学之间的离合、异同，探寻二者之间的关联。

电视节目根据内容大致可分为新闻类节目、财经类节目、体育类节目、文化娱乐类节目、教育类节目、生活类节目、军事类节目、科技类节目等。对外汉语类节目并未在此范围之内，它具有教育类、文化娱乐类节目的某些特征，又有自己的特点。本书将之定义为以对外汉语相关内容为节目的主要呈现内容，参与者包含外国人的一种节目。它按照呈现形式又可以分为对外汉语教学片和对外汉语类综艺节目。二者在与对外汉语教学的关联上各具特点。

第一节　对外汉语教学片与对外汉语教学的离合

对外汉语教学与电视的"联姻"，最早的形态是教学片。教学片可以被视为教室教学的一种电视化。它将教学内容以可视的方式呈现，成为对外汉语教学的一种新形式。汉语热促生了汉语学习的需求，在学习群体突增和学校教育有限的教育资源之间，在学习需求多元化和学校教育形式单一之间，产生了亟待解决的矛盾。电视媒体以其传播的受众面广、呈现形式多元的特征，为对外汉语教学提供了一种课堂外的有力支撑，也造就了电视教学片的黄金年代。

一、对外汉语教学片的发展历史

对外汉语教学片在与教学的离合之间经历了从发轫、发展,到成熟、探索的各个阶段。

(一)发轫、发展期:课堂为本

对外汉语教学与电视节目结合,可以追溯到 20 世纪 90 年代初,中国中央电视台两次播出了《你好 北京》节目。该节目是在前中国国家对外汉语教学领导小组办公室和中国中央电视台的大力支持下编写和摄制的,它是中国大陆第一档以电视录像的形式教外国人学汉语的节目。节目播出后反响强烈,由中国广播电视出版社出版的教材销售一空,后北京语言大学出版社又将其内容制作成 DVD 光盘,并出版了新版教科书。

《你好 北京》为电视教学的最初尝试,有很多摸索的痕迹,它将学习内容融入剧情,将视觉和听觉融入教学,利用电视媒体进行了教学的创新,可以说是一次勇敢而成功的开拓。

这一时期最重要的特点是以课堂为蓝本,电视教学片的着眼点是如何将教学电视化。《你好 北京》将受众定位为来华的外国人,内容以初级汉语为主。其内容来源于初级汉语的课堂,主要包括"你好""谢谢""对不起""再见"等日常用语,问价格、问路、借东西等生存汉语,是最基础的汉语内容。这符合 20 世纪 90 年代的教学需求,即基础与生存。这些初级阶段课堂的内容,被影视化呈现出来,在语言情境的设置上颇具"新意"。但这一时期的电视教学片缺乏连续的剧情,在影视的"完整性"上尚未达到用一致的人物来"讲故事"的水平,"讲课"的感觉比较明显。且制作上难免粗糙,仍然需要继续调动电视媒体的优势。

(二)成熟期:情景剧的"故事"

在《你好 北京》以后,以情境承载内容的摄制模式在很长时间内被继续沿用。2000 年 8 月,中央电大在中央电视台教育频道制作播出了《跟我学汉语》节目,继续采用了情景剧的模式,然而制作上开始产生"人物"概念,用延续性的人物来维持节目的一致性和整体性。这一特点在《快乐汉语》节目中,慢慢走向成熟。2009 年 8 月 3 日开始,中央电视台中文国际频道(CCTV-4)推出了一档推广汉语和中国文化的汉语教学节目——《快乐汉语》。它代表了对外汉语电视教学的一种成熟样态,它以完整、有趣、连贯的情景剧设计,成为一个经典。

《快乐汉语》第一季讲述美国女孩苏珊在中国舅舅家的生活故事。舅舅家是一个典型的三世同堂的大家庭,家庭成员有舅舅、舅妈、麦苗、大伟、刘雅、小伟、乐乐。节目涵盖了各个年龄层次:小孩儿、青年人、中年人和老年人。每一集讲述一个独立的小故事,集与集之间又具有连贯性,展现中国式的日常生活。从第一集的《远方来客》到最后一集《情人节的表白》,各种故事由浅入深,纳入问好、感谢、致歉、请客、问路等语言点,融合了中医、书法、节俗等文化内容。

这一时期,情景剧成为电视教学片的主流,将各种对外汉语教学的语言点与剧情融合。这是一个情景剧逐渐精细化的时代，媒体开始思考如何"讲故事"，情景剧体现了电视传媒的设计性。讲"好"故事，成为节目质量的关键。电视的媒体视野进一步开拓，不再仅仅是教观众"说"，也让观众"看"，节目除了实用性之外，娱乐性也在被逐渐凸显。

这一时期还有一个特点，就是节目根据受众群体，进行了精细化的设计。如 2008 年北京奥运会期间播出的一套系列汉语节目《轻松汉语》，针对奥运期间来华人士，教他们一些方便实用的汉语口语，特别呈现了许多奥运元素。2010 年 8 月 2 日在中央电视台英语新闻频道 CCTV-9 首播的《成长汉语》，以青少年为主要受众。该系列一共推出 100 集。以来自美国的中学生迈克（Mike）为主要人物，围绕他在中国的生活和学习展开。以情景剧的方式将中国的学校生活、日常生活及风俗文化等内容呈现给青少年汉语学习者。同时将 Flash 动画手段与主持人爱华的幽默讲解相结合，尽可能提高受众的学习兴趣。

情景剧的娱乐性和多样性，意味着对外汉语教学片的进一步发展，在纯熟地使用技术的同时，电视语言的语境创设也越来越有经验。但是这种电视语言的设计性，让故事有了很多预设的框架，电视情境的"真实性"成为探索的一个方向。

（三）探索期：旅游汉语

如何在真实情境与教学预设之间搭建桥梁，成为电视媒介进一步"教学化"的探索。教学片开始将背景从情景剧的舞台搬向真实的中国社会，以旅行的方式带动镜头，以文化为底色，带领掌握者学习在中国的山水之间穿行所必需的语言和文化知识。

《快乐中国——学汉语》栏目于 2006 年 7 月 31 日全面改版，推出"万里海疆快乐行"大型系列节目。节目采用自备行装，自驾出游，边行边学，边拍边播的纪实手法来完成摄制。以中国著名的风景名胜、旅游城市和列入世界遗产名录的景区为背景进行汉语教学。根据当地的自然风光、人文历史进行编剧、创作，并赴各景区实地拍摄，将拍摄地的特色风光巧妙地融进语言教学当中。

2010 年 5 月 31 日《快乐汉语》第二季《旅游汉语》播出，教授在中国旅游途中的实用汉语。每一集选择具有中国特色的代表性城市，每个城市拍摄一个系列，选取每个城市最具代表性的建筑、工艺、美食、舞蹈等，由两个外景主持人通过"一唱一和"的方式，完成每集必要的教学任务，再由演播室的主持人进行引导，总结语言点，完成一集的教学目标。

《快乐中国——学汉语》和《旅游汉语》的设计思路较为相似，可以被视为情景剧汉语教学的升级，它在形式上不脱离情景剧的模式，但是它在媒体理念上进一步发挥了电视的真实性，特别是融入了更为浓郁的文化元素，让学习走向娱乐和休闲，实践了"快乐学汉语，轻松又好记"的节目口号。值得注意的是，走向娱乐和休闲，是对于传统情景剧电视教学的一种调节，也是教学性对于电视媒体的一种妥协。作为节目，它与教学之间的关系在万里海疆风光的呈现中被冲淡了。

教学片创造了这样一种学汉语的方式，它顺应了时代的发展，搭乘了媒体技术的潮流，它将课堂媒体化，试图将汉语的教学内容用更为主题化、情景化的方式呈现，具有易于传播的特性。也正因如此，教学片钟爱情景剧，从发轫初期的《你好 北京》就采用了情景剧的方式，直至情景剧的成熟样态《快乐汉语》第一季的出现，再到探索期《旅游汉语》等对于情境真实化的进一步发展，展现了媒体对教学片如何设置"情境"的思考。

二、媒体视角下的对外汉语教学片的发展解读

教学片说到底是一种对社会发展的回应和对市场需求的满足。有学者依据媒介技术定义,将人类媒介技术发展史分为五个阶段:口传时代、手抄文字时代、印刷时代、电子传播时代、数字传播时代。电子传播时代从 19 世纪 30 年代至今,"以电视为代表的电子传播媒介对社会传播生态环境主要有两方面影响:第一,信息以电子的速度传播,世界缩小成了一个'地球村';第二,从文字书写进入到影像书写时代,人类表达从单纯的文字表达进入到语言、音乐和画面共同表达的视听时代"①。

电视的优势为媒体创新教学形式带来一种振奋人心的活力,当世界上其他国家将电视引入教学时,中国也不例外。20 世纪 90 年代,正值中国远程教育发展的黄金期,教学突破了原有的时空限制,在 face to face(面对面)的模式之外,凭借技术的支撑实现了视频化。这一阶段,和电视同属电子传播媒体的还包括磁带、录像带、DVD 等,它们共同支撑了一种新型的教学形式。电视教学已经成为新技术展示自己活力和魅力的一种方式。

对外汉语教学也在这一社会潮流中感受到技术的力量,同时对外汉语教学的发展也在 20 世纪 90 年代进入一个井喷期。留学人员增加的同时,到中国经商、旅游的人员也大幅增加,形成一个巨大的汉语学习市场。学校式的汉语学习一方面并未面对市场做好充分准备,并且学校式的汉语学习在时间、空间上的限制也无法满足多元化的学习要求。电视媒体应时而起回应了对外汉语教学市场的这一需求。

从对外汉语电视教学片的兴起背景而论,它是以一种教学的补充样态出现的,它的目标是"教学",所以在兴起之初娱乐性居于一个淡弱的位置。《你好 北京》的情景剧剧本其实就体现了一种教材的编写思路,从"你好""谢谢""对不起""再见"等日常用语的教学,到问价格、问路、借东西等功能项目的操练,其实就是以电视媒介为载体的可视化教材。并且,这档节目后续出版了配套教材,在形式上更进一步向教学靠拢。后续的教学片《成长汉语》《快乐汉语》《体育汉语》也都有跟进的配套教材。

在纸质媒体和电视媒体的结合之中,我们看到了对外汉语电视教学片的设计思路,它源于课堂,进而技术化课堂,将原有的课堂以影视的方式呈现,有着生词、语法、汉字、课文的展示和讲解,有配套教材。相较于传统课堂,它最大的创造性在于利用视听技术将对外汉语教学的语言"可视化",更加形象、生动、直接和灵活。

但是,在这场视听运动中,人们致力于利用技术改变课堂形式,其实并没有带给学校教育实质的变革。"只有那些支持双向对等交流的媒介技术,才能给传统的学校教育带来彻底的革命性变革。从这个角度看,电子传播媒介对教育的影响类似于手工抄写,它的主要使命是探索影像书写的技巧、积累影像书写资源,准备迎接互联网革命的到来。"②电视教学虽然"颇受欢迎",但是只是一种时代的幻象,它是对学校教学的一种形式上的迁移和

---

① 郭文革.教育的技术发展史[J].北京大学教育评论,2011(7):137-157.
② 郭文革.教育的技术发展史[J].北京大学教育评论,2011(7):137-157.

补充,并不能取代学校教育。事实上,自 20 世纪 90 年代以来,对外汉语教育无论是在实践领域还是研究领域,都还在以学校教育为主体扎实推进。

更重要的是,随着电视教学节目的发展,其弊端也逐渐显现。在一个以娱乐为电视节目的考量标准的时代,一档节目若在内容上与教学混同,其生存将受到挑战。而且,网络时代的到来,将影视教学的时空局限进一步打破,受众已经养成了根据个性化的需求自由选择学习频率、学习材料的习惯。守候电视教学节目学习汉语的时代已经一去不复返。

这一时期,媒体人从电视节目自身出发,要求厘清电视节目与教学的关系。"电视节目不能与教学混同",这是媒体人自省的结果。有研究者提出:"教育电视台是媒体,不是学校;教育电视节目是教育特色的电视节目,不是教材;电视受众渴望文化素质的提升,更需要身心的娱乐放松。"①

教育电视台康宁台长说,"教育电视台本质上还是一个媒体,不是学校,仍要按照传媒规律和特点来办台"②,将电视台与学校做了区分;孙宝国在 2007 年版的《中国电视节目形态研究》中定义"教育电视节目是以知识教育、思想教育、文化教教育、道德伦理教育、技能教育等为主要服务内容的电视节目形态"③。教育的内涵阐释也从"学科教育"转为"社会教育",电视节目与学科专业性的关系被进一步抽离。尼尔·波兹曼在《娱乐至死》中说"一切公众话语都日渐以娱乐的方式出现,并成为一种文化精神"④。在这个崇尚娱乐的时代,以课堂为蓝本的教学节目势必淹没在众声喧哗的全民狂欢之中。

当电视教学片走过情景剧的教学黄金期之后便走向消歇,并非简单的形式上的落潮,教学片也尝试过自我突破,在情景剧中引入更多的文化元素,走向更广大的中国社会现实,寻求真实和文化的结合。但是当新的媒体兴起和新的传播语境产生时,显然,寻求突破需要更大幅度的转身。这就是第二节将要讨论的对外汉语教学在"娱乐"时代的突围。

三、教学视角下的对外汉语教学片的历史发展和未来路径

无论是从媒体的视角还是从教学的视角出发,对外汉语教学片发展的路径和编写的模态都是有区别的。从媒体的视角出发,固然有教学的需求作为推动,但是终究是电视节目,需要考虑电视节目的特点;从教学的视角出发,固然采取了电视节目的拍摄手法,但终究是教学材料,需要考虑教学的整体安排。所以,媒体的发展路径和教学的发展方向天然有别。

教学片兴起的背景是一个"课荒"的年代,媒体用技术优势,照顾了更广大的受众。课

---

① 石晓雯,龙艳.教育电视节目的娱乐化——兼评中国教育电视台《职来职往》[J].东南传播,2013(2):64-66.

② 康宁,于丹.在媒介角色变更中提升 CETV 的媒体品格——中国教育电视台台长康宁与北京师范大学传媒艺术系主任于丹对话录[J].中国广播电视学刊,2006(2):27-30.

③ 孙宝国.中国电视节目形态研究[M].北京:新华出版社,2007:69.

④ 波兹曼.娱乐至死[M].章艳,译.桂林:广西师范大学出版社,2004:75.

堂被搬上电视,课堂被技术化,但是却很少有实质意义的改变。如果说汉语教学片是在以技术的方式回应时代多元化教学的需求的话,对外汉语教学课堂的教学方法却很少受到教学片的影响,教学法的研究和发展依然是针对传统的课堂。但是,在对外汉语教学的发展中,也不是没有受到电视媒体的影响,"视听说课"的出现便是例证。

视听说课作为一种课程设置,其发展历程反映了对外汉语教学模式的调整。对外汉语的课程设置受到教学模式的影响。目前对外汉语界仍流行"分技能教学"模式,该模式从1986年至今仍占据对外汉语教学的主流,是"讲练+复练+小四门"模式的发展和完善,是一种复合型模式。这一模式将对外汉语的技能训练以"听、说、读、写"进行分类并按照实际需求分别加以训练。在教材和课程设置上就体现为"一套三本",即教材是一套有"共核"的三本书,包括读写、听力、说话三种单项专用教科书;"三门课"是读写、听力、说话课;四种技能分摊在三门课中。[①]

上述分技能的描述,其实是课程设置的指导,在具体的课程设置中,大多数院校仍然采用了"综合课+读写课+听说课+汉字课"的模式。"视听说课"其实是传统"听说课"的一种延伸课型,在传统的"听说"外加上"视",呈现出一种电视媒介的影响痕迹。视听说课最重要的是借助视听媒体技术来进行教学,文本选择多元,包含情景剧、电影、电视剧、广告等易于电视呈现的内容,有完整的教材、配套的音像材料、练习册、教师用书等教学材料。

视听说课作为一门课程与电视节目的离合关系直观地体现在教材编写的思路上。如果从教材的文本与影视资源相依倚的关系而论,有学者根据视频内容的来源将视听教材分为三大类。A类:为外国人学汉语拍摄的汉语教学片,之后或同步出版教材;B类:纸本教材成功之后追加拍摄的教学片;C类:直接选用现成的影视作品编成教材(包括文艺片和纪录片),并指出"现成的影视作品最适合作为视听教材的视频素材"。[②] 如果从教材编写者对影视资源主观建构的程度而论,本书将对外汉语视听说课教材分为两种,即"拿来主义"和"建构主义"教材。

(一)"拿来主义"教材

视听说课作为一种课型存在以前,早就已经有教师在零星地、自发地尝试将电视素材用于教学。对外汉语教师自然不会错过这样一个通过电视媒体制造情境训练交际的时代。但是自发和零星的尝试在难度上并不会太大,只有当对视频的需求成为一种持续的、整体的课程需求时,才会为教师的备课造成难度。那就需要有专门的教材来满足教学的

---

① 宗世海详细梳理了对外汉语教学模式的发展过程,他指出:"实践这一模式的代表性教材有两种,一是以鲁健骥主编的《初级汉语课本》为代表,包括精读课本、听力理解课本、汉字读写课本和阅读理解课本,授课方式为"精读+精读+听力+汉字(阅读)";二是以李更新、李德津主编的《现代汉语教程》为代表,包括读写课本、听力课本、说话课本,授课方式为"读写+读写+听力+说话"。"技能驱动的分技能教学模式"首先考虑的是如何进行语言技能的训练,然后按照语言技能训练的要求组织和编排教学内容。其最初的形式可以概括为"一套三本、三门课、四种技能分摊训练"。可参见宗世海.我国汉语教学模式的历史、现状和改革方向[J].华文教学与研究,2016(1):18-39。

② 王飙.中国大陆对外汉语视听教材评述与展望[J].世界汉语教学,2009(2):252-253.

需要。

我们现在还可以从一些材料中获知 20 世纪 90 年代教师们备课的难度:"选材是电视实况视听说课预备阶段中的第一步,也是十分重要的一步。顾名思义,电视实况视听说的选材,就是从电视中选取那些有语言实况特征的录像材料。这便要求教师要用大量的时间看电视,特别是电视节目中的纪实、采访等实况节目,如中央电视台的'东方时空''焦点访谈',以及各地方台类似的节目。由于事先不了解节目的具体内容,为了避免遗珠之憾,我们宁可多录少用。据粗略统计,在看过的十段内容中最多有三四段有录的价值,在录下的十段内容中最多有三四段可用在教学上,而这些可用的材料相当部分是一次性的,可以重复使用的不多,这是因为这门课具有极强的时间性和新闻性。"①

当教师需要大量的投入才能为课程寻找到合适语料的时候,也就意味着视听说课亟待解决的是教材问题。最初,最便捷的方式就是直接引用电视资源,也就是我们所谓的"拿来主义"。前述电视教学片的发轫期,其实是电视传媒勃兴和汉语教学双重驱动的时期,因此,也呈现出极强的"课堂性"。在设计情景剧时,节目都有较强的课堂前驱意识,以教学内容为文本依据,且针对外国人设计,所以,它们也有较强的对外汉语课堂"适应性"。它们的台词在与教材的衔接上较为顺利。如前述在中央电视台播出过的《你好 北京》《旅游汉语》《商务汉语》等,都有后续的配套教材,可以作为课堂教学的资源。

从电视教学片到课堂,教学的内在建构的需求进一步加强,不再满足于"有",更呼唤"精"。这种"精"体现了一种更为精致化的需求。它不仅仅是语言点的视觉化呈现,更是一种有目标意图的"编制"。② 这一时期的"拿来"更多是一种有意图的选择和加工。这一时期的特点也表现在"拿来"的丰富性上,它不再局限于针对外国人编制的电视节目,也采纳了针对中国观众的节目,且将视野伸向更加丰富的电视素材,文艺节目、纪录片等都开始被纳入选择视野。例如,选用文艺片《秦淮人家——中高级汉语视听说教程》《中国百姓身边的故事——初中级汉语视听说教程》《走进中国人的生活——中高级汉语视听说教程》;选用电影、动画、电视剧《家有儿女》《跟大头儿子和小头爸爸学汉语》《看电影学汉语》;选用纪录片《中国城市名片——中高级汉语视听说教程》《中国人的故事——中级汉语精视精读》等。

在如何选择和整合材料的问题上,研究者在持续的实践与探索中寻找"标准"。最重要的标准是:能否贴合教学。研究者也对教材的编选提出了一系列的标准。有的学者强调选材的针对性和多样性、话题的完整性和连贯性、教学及影视时长的阶段性。③ 有的学者在针对汉语视听说教材的语料难度分析中提出了五个语言难度要素:平均每百字句长、平均每百字非常用词数、平均每百字生词量、平均每百字语言点数和平均每百字语速。④

① 孟国."电视实况视听说"课的教学实践与理论探讨[J].天津师范大学学报,1996(6):74-78.

② 有研究者专门强调了教材是"编制"而非"编写"的观点。见刘立新,邓方.基于"真实"材料的视听说教材编制[J].华文教学与研究,2018(3):31-37。

③ 郝红艳.对外汉语视听说课的选材探析[J].云南师范大学学报,2004(3):20-23.

④ 张璐,彭艳丽.基于影视作品改编的中高级汉语视听说教材语料难度分析[J].世界汉语教学,2013(2):254-266.

还有的提出更具体的选材原则："内容贴近生活,生动有趣,指代幽默丰富;戏剧冲突巧妙,语境展现充分;难度适宜,长度适中,复现充分,适合进行语言教学;语言标准,自然流畅,适合模仿。"①

在对标准的探索上,我们看到交际法、情景法、沉浸式理论对于教材编写的影响,教材着力将影视与课堂相协调,将时长、单词量、语速等方面的标准进一步精细化,体现了课堂对影视材料更加主动的控制诉求。

与此同时,"趣味性"也成为一种越加强烈的需求。"拿来主义"进一步发展,会打破电视与教学的边界,电视可以"快乐学汉语",教学也可以"学汉语快乐",我们看到实践和研究中教学素材的范围越来越大。如果说"拿来主义"在初期对"剧情和文化"更为侧重的话,在发展过程中它越来越关注对"趣味与文化"的考量。《非诚勿扰——高级视听说教程》可以作为一种"趣味与文化"的代表。《非诚勿扰》是一档电视相亲节目,它因为参与人员的复杂性将观众带入了一个纷繁多样的中国现实社会。相对于剧情的关联,它更多表现的是嘉宾和主持人的语言碰撞。它为对外汉语教学在素材的选取上开辟了更为广阔的世界。教材分为正文内容、文化导航、生词介绍、文化热点、单元练习等部分,着力在文化性和趣味性上下功夫。当《非诚勿扰》这样的综艺娱乐节目也成为教材的时候,我们看到教学与电视节目的边界又进一步模糊了。

(二)"建构主义"教材

所谓的"建构主义"教材,是相对于"拿来主义"教材而言的,它降低了对于材料整体引用的程度,更强调编制者按照自己的意图主动选择。"拿来主义"的教材虽然也存在选择性,但不论是电视教学片、纪录片、电影、电视剧,还是综艺节目,对节目的利用比较强调完整性,因此是一种整体性的"拿来"。例如,《家有儿女》保留了情景剧的整体性,《中国城市名片》保留了一档节目的完整性,《跟大头儿子和小头爸爸学汉语》保留了动画片内容的完整性,完整的"拿来"使得教材不再将节目进行切割。虽然在具体的编制中,它也强调从教学的课型、学生水平、教学目标等出发进行建构性的选择,但是从编写的主动意识和对于电视节目的综合性而言,这种建构性还不够鲜明。

综合性的视听说教材,体现了更加明确的建构意图,它从教学出发,对于电视节目进行无界限的择取,内容囊括了中国人的思想道德、学习工作、日常生活等,节目形式涵盖了新闻、专题片、生活纪录片、语言访谈、娱乐节目、影视剧、广告、歌曲等方方面面。

20世纪90年代,当时北京语言学院的冯惟钢等人编写的《对外汉语视听说课本》就是这种建构主义思路的体现。该教材的内容"以反映现代中国社会题材的影视作品为主体,结合教学目的和外国学习者的特点,选取了部分最能反映现代中国人思想道德、精神风貌、学习工作、日常生活等方面情况的优秀影视作品,还精选了一些表现中国的自然风光、地理环境、风俗习惯、文化艺术等方面内容的影视片及少量的新闻报道片。它包含影视剧10个、小品4个、传统风俗片5个、风光片2个、新闻报道片2个、人物传记片2个、

---

① 刘立新,邓方.基于"真实"材料的视听说教材编制[J].华文教学与研究,2018(3):31-37.

文化艺术片 1 个,共计 26 个"①。

这种对于综合性建构的尝试,体现了一种编写的"主动性"。这种主动性建立在一种对材料更加广泛和积极的选择态度上。如果说《家有儿女》《秦淮人家——中高级汉语视听说教程》是一种对于整体素材的零散切分,那么"建构主义"教材则是对零散材料的整合利用。

在这一方面,《中国微镜头》系列可被视为视听说教材的新兴代表。它是一套专门针对汉语视听类课程设计的立体化综合语言教材,视听素材选自反映当代中国社会的新闻、专题片、生活纪录片、语言访谈、娱乐节目、影视剧、广告、歌曲等。它利用丰富的线上视频资源,结合"视""听"双重语言输入渠道实现教材立体化,强调对学习者语言整体捕捉能力及语言逻辑表达能力的训练,将汉语学习与了解中国现实融合于一体。

该系列教材根据视听材料的难度分初级(上、下)、中级(上、下)、高级(上、下)6 个级别,每个级别包括社会、经济、科技、教育、生活、爱情、艺术等多个主题。主题下又分若干专题,每个专题独立成册,每册教学容量约 2 课时,语言方面覆盖各类常用交际功能与场景。师生可根据需要自由组合感兴趣的专题内容形成个性化教材,既可用于独立的视听课程,也可用于综合课、口语课或听力课的辅助视听训练。

当"结构-功能-文化"模式成为对外汉语教学公认的模式时,视听说课也不可避免地被打上这种模式的烙印。视听说教材在承载文化这个问题上有天然的优势。从《中国微镜头》的教材文本中,我们可以看到强烈的文化自我意识。相对于最初的《你好 北京》开拓的汉语教学内容引导电视内容,到《家有儿女》对影视资源的选择性利用,再到《中国微镜头》对综合化的影视资源有体系地建设和对文化的着意渲染,对外汉语教学在对电视媒体的利用上,走过了单纯形式的创新发掘到结合教学实际有意识地建构阶段。教学材料逐渐打破了来源上的限制。视听说教材的建构理路就是在这种持续的松绑中走向自主和自由。

小　结

我们说电视教学片是为了弥补学校教学的缺憾,借助媒体技术进行了课堂教学的延伸,最初的教学片是作为一种课堂之外的教学形式而存在的,它强调形象、生动、直接、灵活的展现方式。随着对外汉语教学的发展,情境法成为一种越来越被强调的方法,课堂教学中的情境需求也越来越强烈,课堂教学又反过来开始利用成熟的教学片。这些教学片也在发展中配制了相应教材,成为一种成熟的教学"文本"。从这个角度而言,视听说课是传统听说课的一种延伸,而非全新的课型,它的创新在于电视媒体技术对语言交际的呈现方式的改变。

从教材的角度而言,从早期的视听说教材《你好 北京》,到以已有电视媒体内容为文本的《家有儿女》,再到以综艺娱乐节目为内容的《非诚勿扰——高级视听说教程》,越来越

---

① 冯惟钢.视听说教学及其教材的编写[J].世界汉语教学,1995(4):95-100.

体现出对外汉语教学者对"文化＋娱乐"的选择。电视媒体介入对外汉语教学,从一开始就以展示方式的形象与生动著称。这一优势在文化的呈现上更加明显。随着"结构－功能－文化"教学模式的发展,对外汉语教学对于文化的强调更推动了教学对电视媒体呈现方式的利用。视听说课由于"视"的加入,让文化在语言呈现的过程中更具可感性。所以,在电视教学片与对外汉语教学的"联姻",越来越朝着视觉的文化承载性方向发展,也反映了对外汉语教学对真实性、娱乐性、文化性的进一步需求。

在对外汉语教学中,可以预见的是,电视教学片将会继续在市场中缩减。教学的"形象、生动"等需求,已经不再依赖于电视媒体,而是有了更多的信息化媒体的支撑。在电视上学汉语,时间的局限性、交互性的缺乏、文本的不稳定等缺点都越来越为人所诟病。电视节目在"娱乐至死"的时代,必须给自己一层娱乐的底色才能在充满挑剔受众的市场中分一杯羹。另一方面,对外汉语教学也在与电视教学片的离合之中,摸索出一套"用而不泥"的方法,它越来越按照自己的教学需要来"编制"电视节目,以教学的对象、层级、内容、节奏等来整合各种样态、题材、类型的电视节目,当然,也不可避免地带上"文化＋娱乐"的新特点。但是,无论如何,教学片、视听说教学在"娱乐"的突破上都是有限的,真的电视狂欢时代到来后,也会为对外汉语教学带来新的启示。

第二节　中国电视节目的娱乐化进程

当代电视的社会功能一般分为传播新闻、社会教育、提供服务、文化娱乐等方面。[①]但在电视的功能需求上,娱乐成为一个逐渐引人注目的词汇。"思考无法在电视上得到很好的表现,这一点电视导演们很久以前就发现了。在思考过程中,观众没有东西可看。"[②]娱乐成为一种社会的潮流,大家在对娱乐的消费中进入娱乐化时代,"一切公众话语都日渐以娱乐的方式出现,并成为一种文化精神"[③]。波兹曼对电视媒体的判断准确而犀利,当电视媒体兴起后,它改变了人们在印刷时代形成的思维方式和性格品质,它让整个文化的趣味变得浅俗。因为"读文时代"所需的严肃艰苦的知识训练被"读图时代"的轻松便捷所取代。人们在这种轻松与便捷制造的精神欢愉中走向对娱乐的无限制地追求中。

早在2003年,对北京地区随机抽取的1100人进行收视行为与心理的调查结果显示:观众的收视需求排序依次为娱乐、消磨时间、获取资讯。满足娱乐需求成为人们收看电视的主要目的。[④] 中国电视节目的娱乐化,似乎是电视市场的必然走向。在读图时代的环境下,电视成了大众娱乐文化的引导者、参与者和缔造者。

① 阎玉.中国广播电视学[M].北京:中国广播电视出版社,1990:54-56.
② 尼尔·波兹曼.娱乐至死[M].章艳,译.北京:中信出版社,2015:109.
③ 尼尔·波兹曼.娱乐至死[M].章艳,译.北京:中信出版社,2015:75.
④ 刘建鸣.电视受众收视规律研究[M].北京:北京师范大学出版社,2010:165.

一、中国电视节目的"娱乐"类别发展

为实现娱乐功能,电视节目在不断思考自己的呈现形态,也因此形成了不同的节目样态,它们也在时代的发展中不断进行自我更新。

(一)综艺娱乐

在一个娱乐方式匮乏的年代,电视借助技术的力量,将小范围的娱乐事件扩大为全国范围的联欢。1983 年的中央电视台春节联欢晚会成为一个标志性的开始。"联欢"是 20 世纪 80 年代流行的集体娱乐形式,在各个单位、群体的集体活动中广泛存在。但是其参与者、观看者都是有限的。春晚则利用新兴的电视媒体技术,让受众面扩大,形成全国范围的影响力。

春晚的基本形态是综艺节目,以歌舞、曲艺、小品、相声等为主。这种综合杂烩的娱乐形式,满足了特殊阶段观众的娱乐渴求,能够一次性观看到各种形式的表演。且春晚借助中央电视台的特殊资源,将明星汇聚于荧屏,也让观众看到"众星璀璨"的场面。这种"明星+表演"的形式让舞台成为最炫丽的存在,是民众集体摆脱平庸生活的不多的渠道之一,由此形成了极大的影响力。各个地方电视台也纷纷效仿,制造地方的集体"娱乐"。

但这一时期各种综艺节目的"舞台"是电视观众可望而不可即的神圣权威,"明星"是隔着屏幕的偶像,观众此时仅是"看客"和"他者"。此时的联欢并没有带给电视受众在"观看"之外更多的参与互动。

(二)游戏娱乐

20 世纪 90 年代,民众对电视娱乐的需求超越了仅仅"观看"舞台上的表演,受众对娱乐的参与热情激发了电视在形式上的自我革新。1997 年,湖南电视台模仿港台节目制作了《快乐大本营》,堪称一个时代的经典。该节目延续了"综艺娱乐"时代的歌舞表演,但是加入大量的游戏活动,观众的参与性和互动性也有所增强,现场观众有时有直接参与节目的机会。其"快乐至上"的理念将娱乐思潮带入一个新的阶段。

1999 年 6 月中旬,当时的国家广电总局总编室召开广播电视文艺研讨会,其提供的材料显示,中国省级电视台开办娱乐节目的有 33 家,地市级电视台开办娱乐节目的有 42 家,之后又有 32 家电视台开办或引进了娱乐节目。1999 年,北京电视台《欢乐总动员》亮相,江苏省广播电视台推出《非常周末》,福建电视台推出《开心 100》,安徽广播电视台推出《超级大赢家》等,宣示了一个新的"娱乐"时代的到来。大家的娱乐路线较为相似,都是以游戏来支撑一种新的娱乐概念。"明星+游戏"在推动新的娱乐时尚的同时,电视媒体的同质化也很快让受众产生"审美疲劳";游戏固然轻松有趣但是也有"稚化"的问题,它让荧屏充满热闹但也带来热闹后的空虚。被"稚化"对待的受众也会像孩童一样,疯狂爱上一种游戏又很快转向新的游戏,节目必须自我发展来满足观众新的娱乐口味。

(三)益智娱乐

相对于纯游戏娱乐节目,益智节目呈现出一种调和式的发展,它在某种程度上保留了游戏节目的形式,却在"稚化"的游戏中加入知识性的元素,并且增加了"互动性",现场和场外观众都可以参与竞猜,让观众有更高的参与度和获得感。节目引入"竞赛"形式,让观众在悬念和紧张中获得新鲜和刺激感,开辟了娱乐心理的新领域。

中央电视台 1998 年推出的《幸运 52》与 2000 年推出的《开心辞典》可谓中国内地益智类节目的代表。同时,竞猜节目、益智类节目由于创意、制作的技术门槛不高,引起了地方频道的竞相模仿,比如贵州电视台的《世纪攻略》、上海东方电视台的《财富大考场》、广东电视台的《赢遍天下》、重庆电视台的《魅力 21》、江苏省广播电视台的《一站到底》等。这类节目,很大程度上已经淡化了"明星"效应,让更多的民众在节目中展示"自我",也为真人秀娱乐打下了很好的大众基础。

(四)真人秀娱乐

真人秀娱乐以广东电视台的《生存大挑战》、北京维汉文化传播公司的《走入香格里拉》等野外生存挑战类节目为先行者。2004 年《超级女声》《我型我秀》和《梦想中国》引发了选秀类节目的全民参与热潮。《非常 6+1》《星光大道》《快乐男声》《快乐女声》《加油!好男儿》《绝对唱响》《化蝶》《第一次心动》等节目将中国内地电视节目带入真人秀的时代。近年出现的《爸爸去哪儿》《奔跑吧兄弟》《极限挑战》等节目更是将电视真人秀节目推向高潮。

"真人秀",也称真人实景秀、真实电视、Reality TV,需要普通人在规定的情境中,按照预设的游戏规则,为了达成某个目标而采取行动,制作者通过电视对整个过程进行真实记录和艺术加工。真人秀强调真实,但是戏剧化的电视呈现却将人性充分暴露,满足观众的窥探欲。同时,屏幕内外,明星与平民的界限被打破,我们可以看到明星最真实的表演,也可以见证一个普通人如何成为明星。在厌倦了电视节目脚本的规定设计后,观众能够通过真人秀节目在观看选手本真自由的表现中享受"娱乐"。

二、"娱乐"时代的忧虑与突围

"娱乐"这个概念在中国电视综艺节目的发展过程中经历了嬗变,这种嬗变与观众对电视节目的期待的发展变化有关。

电视与电视技术在普及之初颠覆了人们对娱乐形式的认知。传统的娱乐形式虽然也存在各种歌舞曲艺的综艺形式,但是参与和影响范围都是有限的。当电视节目出现在人们的闲暇时间里时,民众感到一种"新鲜型"的娱乐,这种依托技术制造的娱乐与传统的娱乐方式有极大的不同。在电视初入民众生活的阶段,综艺性的春节晚会一次性满足了民众对于歌舞、曲艺、相声、小品等的观看需求,技术也让全民观看成为可能。一场表演能够通过电视媒体技术制造真正的集体娱乐。

但"全家观看"背后也是电视媒体对传统传播方式的一种颠覆式影响。"娱乐"被直接而轻松地传播，突破了时空的局限，它扩大了受众面，也打破了受众的年龄壁垒。年龄不再是成人与儿童之间娱乐的界限，娱乐的"全民化"浪潮由技术开辟了一条新路径。

这也正是研究者的忧虑所在。波兹曼在《娱乐至死》中极其深刻地阐释了这种担忧：在电视的"全民"娱乐浪潮中，成人与儿童被混同起来，人类活动会被电视带入一种"幼稚化"氛围，人类会迎来"童年的消逝"。因为在口传时代和印刷时代，人类在童年时期需要花费大量精力才能够学习属于成人的知识与"秘密"，在电视时代，儿童不需要长期的识字训练就可以与成人一起分享来自电视的信息。技术模糊了成人与儿童之间的文化分界，由此导致"童年的消逝"。事实上，波兹曼担忧的核心不是"童年"的长短，而是由此导致的文化危机。

如果说印刷术的文化意义是在创生"童年"的同时也创生了"新成人"（文字人），那么可以进一步说，电视在消解童年的同时，也消解了"新成人"（文字人）并创生了"新新成人"（视觉人）。电视节目在这个过程中扮演的虽然是一种技术角色，但是对文化的塑造力量却是颠覆性的。在儿童时代钟爱的游戏，此时成为电视的新宠。"游戏娱乐"类电视节目的流行也可以被视为"娱乐"发展的必然。

根据席勒－斯宾塞理论，游戏是人的一种本能，人类将这种过剩的精力运用到没有实际效用、没有功利目的的活动中，体验一种自由的"游戏"。在追求娱乐的过程中，与其说电视"发现"了游戏，不如说"游戏"一定会进入电视。游戏节目帮助电视迎来了新的受众。大家沉溺于游戏制造的娱乐氛围中，让电视内外、平民与明星的距离更近。游戏由于"易于模仿"，也很容易延伸到电视之外，成为民众自我娱乐的一部分。在各种单位活动、教学活动、联谊活动之中，"模仿"成为电视观众最好的追捧游戏娱乐的方式。

波兹曼认为，在儿童与成人"合一"成为电视观众的文化里，人们的政治、商业和精神意识都发生了孩子气的蜕化降级，成为娱乐，成为幼稚和肤浅的弱智文化，使印刷品时代的高品级思维及整个特征面临致命的威胁。1985年波兹曼出版《娱乐至死》时正面临美国文化发生巨变的时期，随着电视的发展，政治、宗教、教育等领域的表达方式都被电视重新定义。一切公众话题都以娱乐的方式呈现，并成为一种文化精神。一切文化内容都心甘情愿成为娱乐的附庸，而且毫无怨言，甚至无声无息。

波兹曼的言论是电视媒体兴起之初一种超前式的预言，他对电视的"娱乐"特征看得透彻，但是并未见证电视媒体的自我演进及电视媒体对"娱乐"概念的开掘。电视媒体虽然有波兹曼所指出的一些先天的弱点，但是也在发展中不断地修正。一方面，由于电视节目受众的混同可能产生的对受众的不良反响，电视娱乐在受众的精细化定位上不断发展，将儿童与成人受众区别对待，产生了更具针对性的节目定位；另一方面，对于"娱乐"的轻松浮浅可能导致的浅俗问题，试图加入更多"知识性"的内容。电视媒体虽然在本质特性上与印刷媒体有别，但是它也在渐渐思考和发展一种"成人化"的特征。电视不能呈现思考过程，但可以将思考过程娱乐化，益智节目在知识与娱乐之间"走钢索"，当达到平衡时，就赢得了厌倦纯"游戏娱乐"受众的欢迎。如果说"游戏"是电视节目在"稚化"地消解儿童与成人世界的界限，那么"益智""竞赛"等节目就是电视在调和"稚化"所带来的弊端，让成人受众获得与之匹配的更高程度的"娱乐"。"益智节目"可以说也是"娱乐"观念发展的一种结果。

随着全民娱乐时代的到来,电视内外、平民与明星之间的界限进一步被打破。"娱乐"观的思考方向不再是是否消解了儿童和成人之间的界限,而是是否消解了荧屏和现实之间的界限。观众早已不是电视媒体初兴时期守候"联欢"的看客,也不仅仅是游戏和益智节目中参与活动、参与答题的场外看客了。他们希望更多地介入媒体制造的狂欢之中。"真人秀"的兴起满足了观众这样的需求。观众参与选秀、参与活动,借助电视这个平台超越平庸,蜕变为"明星",电视媒体也由此找到了一种新的娱乐大众的方式。

明星在电视前展示真我的平凡,成为"民众",民众也在电视前展示真我的不凡,成为"明星"。电视越来越成为一种介质,在真实与虚幻之间搭建桥梁。从这个角度而言,电视媒体已经远非波兹曼提出的成人与儿童这个维度的文化分解角色,而成为体现文化空间差异、现实与虚幻这一新维度的桥梁。从这个维度而言,对于电视的诟病也许远非"浅俗"与否,而是"即时"与否。民众不仅仅需要娱乐,更需要随时随地便捷的娱乐,要求在真实与虚幻之间自如地切换。受众慢慢地不再习惯于守候电视节目的被动娱乐方式,不再满足于经历漫长赛程的比赛或是环节重重的冒险,而是需要自由地在现实与虚幻之间随时切换。而这种自由、随时的切换是以受众个人的需求为指标的,也就是说"即时"其实指向的是一种个性化的娱乐体验,是一种个人的真正"参与"。

当"即时"成为娱乐的新关键词时,"造星"更不再是电视的专利。步入2016年,快手、抖音等app的火爆,印证了新全民娱乐时代的到来,民众找到了新的媒体方式来制造娱乐。电视媒体在新媒体面前显露出一种局限性。民众可以通过软件展示自己的才艺、天赋、喜好等,以此来收获粉丝。在自己的舞台,自己就是明星。当电视真人秀还在为是否"侵犯隐私"而争论不休的时候,网络时代的自我暴露,比电视真人秀更彻底,电视真人秀所能满足观众的"窥私欲"似乎显得微不足道了。新媒体的娱乐保证了一种随时的、个人体验式的参与,也对电视媒体提出了新挑战。

20多年来,电视综艺节目的发展历经变迁,一方面,娱乐节目形式由简单变得越来越丰富,另一方面,娱乐的受众由观看者变为参与者及制造者。娱乐成为民众在这个时代的一种参与方式、表达方式及存在方式。电视制造了娱乐也积累了娱乐的经验,电视节目的娱乐化体现出某种大众娱乐的发展,也提供了娱乐与电视媒体结合的借鉴。

第三节　娱乐时代的对外汉语综艺节目

有关电视教学片的研究已经提到,电视教学片在与对外汉语教学的"联姻"过程中,越来越向着视觉的文化承载性方向进行开掘,也反映了对外汉语教学对真实性、娱乐性、文化性的进一步需求。但教学片在"娱乐"的突破上是有限的,当电视狂欢时代到来后,也对对外汉语教学提出新的要求。当对外汉语类电视节目形态从教学节目走向综艺节目时,整个节目呈现的风格、特点、内容、环节等都完全不同,带上了娱乐时代的印记。

在电视教学片的时代,对外汉语教学立足于"教",着眼于课堂如何与电视节目结合的问题。电视媒体对课堂教学的创新意义也显而易见,它打破了时空的限制,创设的情境真实、生动、有趣。但是在电视媒体的发展理路上,教学片离娱乐之境尚有距离。在综艺节目日趋赢得受众的时代,对外汉语教学在与电视媒体结合时也开始关注综艺节目。综艺节目在娱乐大众方面积累了丰富的经验,无论是歌舞曲艺的形式,游戏活动的方法,还是益智竞赛紧张感的制造,又或是真人秀的悬念感和对观众窥私欲的满足,都为对外汉语综艺节目提供了成熟的借鉴,但最关键的还是如何将之融入语言文化的教学之中。

"电视综艺节目是充分调动电子技术手段,运用独特的电视表现手法,如声光效果、独特的视觉造型等,广泛融合音乐、舞蹈、戏剧、曲艺、杂志、游戏、竞赛等艺术形式或非艺术形式于一体,对各种文艺形式进行二度创作,以满足广大观众多方面的艺术审美和休闲娱乐等需求,给观众提供文化娱乐享受的电视节目形态。"①根据节目内容,电视综艺节目包括电视综艺晚会、以游戏娱乐为主要内容的电视综艺节目、以益智类节目为主要特色的电视综艺节目,以及以真人秀节目为主的电视综艺节目。"对外汉语综艺节目"其实是一个超越传统分类的概念,它不是从节目内容进行定义,而是从节目的参与者和受众角度提出的分类。从广义上而论,以外国人为参与者和接受者的节目都可以称为"对外汉语"综艺节目。目前有一些节目专以外国人为参与者,如《汉语桥》《Hello 中国》《世界青年说》;也有一些包含外国参与者的节目,如《中华诗词大会》《叮咯咙咚呛》《汉字英雄》等。这些节目有对外国人进行汉语及文化教授的意义,某种程度上可以理解为"对外汉语教学"的一种电视化呈现。将之统称为"对外汉语"综艺节目虽未必十分恰切,但是由于目前对于此类节目学界并无明确定义,故暂借对外汉语学科名来对此类节目作一名称上的界定。

娱乐化的电视节目中,对外汉语综艺节目只是一个分支,是浪潮中的一朵浪花。一方面,它在这个娱乐化浪潮中随波而动,另一方面也带有自己的个性。对外汉语综艺节目,它有着综艺节目的特征,但是内容却具有教授汉语的作用,相对于其他的综艺节目,对外汉语综艺节目在内容上有其辨识性;对外汉语综艺节目强调形式所能制造的娱乐效果,相对于对外汉语教学片,在形式上也有其辨识性。对外汉语综艺节目也有很多收视率颇高、成为经典的节目,梳理它们在整个电视节目娱乐化过程中如何顺应时势,又带有自我特征的突围而起,可以看到对外汉语综艺节目的"娱乐"性是如何一步一步发展起来的。

一、从《汉语桥》到《Hello 中国》:竞赛类节目的自我发展

如果要追溯对外汉语综艺节目的开始,可以从《汉语桥》算起,这是一个自诞生起便成为经典的节目。

《汉语桥》由中国孔子学院总部/国家汉办主办,从 2002 年开始举办赛事活动。意在为世界各国爱好和学习中文的青年人提供学习交流的平台,搭建世界青年交流的舞台。《汉语桥》共包括三个部分:《"汉语桥"世界大学生中文比赛》、《"汉语桥"世界中学生中文比赛》和《"汉语桥"在华留学生汉语大赛》。三类比赛均为每年举办一次,考查选手们的汉语语言能力、中国国情知识、文化技能和综合学习能力。比赛形式包括笔试、主题演讲、才

---

① 王玉,乔武涛.电视节目形态解析[M].北京:国防工业出版社,2015:100.

艺展示和知识问答等。

该节目甫一播出便受到好评。2002 年国内综艺节目正走向成熟,距离 1997 年湖南电视台《快乐大本营》首播已有 5 年,距离 1999 年北京电视台《欢乐总动员》播出已有 3 年,各个地方电视台的综艺节目已经培养了一大批综艺受众。当湖南电视台成为"汉语桥"世界大学生中文比赛的合作者时,它已经在综艺节目制作上积累了丰富的经验。它将比赛以综艺的形式进行设计,是一种创新。传统的比赛方式严肃、刻板,已经没有办法赢得观众,所以,当"汉语桥"世界大学生中文比赛从布景到赛制以综艺节目的方式进行包装之后,观众在比赛与表演的双重呈现中获得"娱乐"感。汉语比赛的综艺化是对观众需求的一种满足。

从这一角度说,《汉语桥》不仅是为外国汉语学习者准备的知识文化的检验舞台,也是为国人准备的表演。只是背后呈现的中国社会文化心态已经发生变化。国人对于异国"他者"的"观看",已经从最早期的看西洋镜,到看来华外国人跨文化冲突的"笑料",发展到观看外国汉语水平佼佼者的"出众"表现。国人观看心理的变迁包含了中国在发展过程中文化自信的增长,观众们乐于见到外国人汉语的出众、才艺的不凡、对中国文化的了如指掌。所以,节目不能简单地以对外汉语教学的语言检测为目的,一定要有文化的结合,更有深度地呈现外国人的汉语水平。

《汉语桥》的发展可以说展示了整个中国综艺节目的发展进程。如前所述,中国综艺节目可以分为综艺娱乐节目、游戏娱乐节目、益智娱乐节目、真人秀娱乐节目等类型,《汉语桥》节目也在不同时期添加了不同的元素。2002 年《汉语桥》开播之初,赛事中着力于歌舞、舞台剧的表演,以此承载文化和语言知识。参赛者的个人才艺包含武术、唱歌、舞蹈、书画、茶艺等,情景剧也设置了历史故事、当代小品等,观看者在熟悉的综艺节目氛围中"娱乐",只是表演者从明星变为了外国人。

随着节目的发展,益智答题的形式也开始被借鉴,自 2015 年开始,《一站到底》式的问题抢答形式就在比赛中得到应用。[①] 如 2015 年的第十四届"汉语桥"世界大学生中文比赛的冠亚军之争所采用的方式就是知识问答,比赛规则为:比赛前选手积分全部清零,两位选手各有 90 秒的答题时间,两人轮流答题,答对多者获胜。3 分钟包含了 43 道题目,内容涵盖俗语、传统节日、成语寓言、神话传说、当代金融等。题目设置、答题节奏、赛制规则等,都让人联想到《一站到底》等益智节目,这是一种益智元素的融入,让观众在紧张的比赛进程中观看外国人应答中国知识的熟练程度。

随着真人秀的兴起,《汉语桥》比赛也添加了相应元素。从 2004 年的比赛开始,对真实情景的体验开始得到强化。与最初的以舞台提供情境的方式不同,节目更多地把选手推向真实的中国社会,以体验式的任务来构成比赛的内容。如 2008 年的职场体验,2010 年的感受世博会,2011 年的发现城市家,2013 年的古城体验,2014 年的岳麓书院体验等活动。节目采用了真人秀的内在戏剧化特征,如人物、悬念、竞争、动作、规定情境、冲突

---

① 《一站到底》于 2013 年 3 月 2 日在江苏卫视开播,该节目是一档全新益智攻擂节目,挑战者将通过限时回答与守擂者比赛,挑战成功者将获得奖品并成为新的擂主。回答的问题涉及知识面极广,使节目具有一定的文化内涵。

等。"节目的所有参与者不是演员，没有剧本，一切都要临场发挥，于是真人秀的剧情更加开放生动，充满各种偶然、各种可能、各种结果，观众可以和参与者们一起像玩游戏一样边看边猜甚至可以边当裁决人，共同走向故事的结局。"[1]真人秀以其真实性、悬念感、故事性著称。比赛中将此引入，也为比赛增加了娱乐性。

《汉语桥》的真人秀既有室内录制，也有室外录制，尤其是室外真人秀将整个"观看"的范围扩大，让表演在比赛的悬念中更加吸引观众。仍以 2015 年的第十四届"汉语桥"世界大学生中文比赛为例，户外比赛以"丝绸之路"为主题，地点包括北京、长沙及"丝绸之路"的途经地泉州和大理。在泉州，参赛选手的任务是在泉州木偶剧院体验传统木偶戏表演，在泉州湾古船陈列馆参观宋代"福船"，在涂门古街寻找百年前建成的宗教建筑，以及寻找 500 年前锡兰王子的后裔"锡兰公主"。在大理，参赛选手重走"茶马古道"，尝试当地小吃"竹虫""蜂蛹""蚂蚱""蝉蛹"。同时，参赛者住进"汉语宿舍"，接受 72 小时不间断拍摄，在此过程中全程展示参赛者的日常活动。

2002—2018 年，《汉语桥》成为一种经典和标识，它对对外汉语教学和对外汉语类的电视节目来说都堪称典范。它的成功在于这样一种思维：以综艺的方式办比赛，让节目具有"娱乐"性，它自身也是在随着娱乐节目的发展而不断地自我更新，添加更为丰富的娱乐元素，让比赛成为一种娱乐。

其实从《汉语桥》以来，有很多节目可以视为它的一种发展衍化。《汉语桥》的成功指明了这样一种方向：竞赛式汉语节目。此类节目中由广东卫视播出的《Hello 中国》也颇受欢迎。该节目于 2014 年开播，每期选择四位外国人作为嘉宾进行比拼，形式上一般设有五个环节："热身赛""中国大调查""中国真奇妙""敢拼就会赢""高墙挑战赛"。

"热身赛"中，参赛者一般采取"击鼓传花"或者"击鼓抢凳子"的游戏形式获得参赛资格；"中国大调查"前五期叫"中外大不同"，该环节通过演员现场进行表演的方式，将中国日常情境搬上舞台，选手结合自己国家的文化进行跨文化的比较分析，是一种跨文化的知识较量；"中国真奇妙"将中国民间技艺、非物质文化遗产等搬上舞台，参赛者现场学习比拼成果；"敢拼才会赢"中，选手们需要抢答来获得积分，争夺冠军，题目包罗甚广，涉及天文、地理、历史、民俗、美食、文学、艺术等；"高墙挑战赛"的环节中，每期积分最高的两名选手将会到高墙上进行答题比拼，高墙上会不断地出现障碍物，参赛者需一边答题一边维持身体平衡以防从高墙掉落。

《Hello 中国》也在真人秀的潮流中进行了自我更新，于 2015 年 2 月在改版后新增了一个"户外特派员"的环节。每期节目派出两位外国学艺特派员去一个具有中国文化特色的地方，学习一门传统工艺或传统文化，并在 VCR 中设置相关问题考查演播厅选手的中华文化知识。

我们看到，《Hello 中国》也采用了大量综艺节目元素来充实自己的竞赛内容。无论是在歌舞才艺的展示上，还是在"击鼓传花"等游戏的引入，或是"高墙挑战赛"这种惩罚式综艺娱乐的采用上，都在尽力发掘自己的特色，寻求自己的辨识度。该节目对文化的呈现极为重视，它把各种文化形式搬上舞台，比赛仿佛是文化展示的一种副产品，镜头语言更

像在为观众描述文化的样貌。《Hello 中国》在改版后又采用了真人秀形式来充实竞赛，也是基于让中华文化的展示维度更为丰富多元这样一种考虑。

相对于《汉语桥》，《Hello 中国》将输赢结果更为淡化了，而将更多的注意力引向了各种综艺手段下的中国文化展示。它探索了各种维度的展示方式，用外国人参与的竞赛引导所有的观众了解和探究文化的样态和实质。所以它在"娱乐化"的程度上比《汉语桥》更为彻底，让所有人在过程中"娱乐"。

二、"竞赛＋真人秀"的蓬勃兴起与自我成长

《Hello 中国》播出的时期正是"竞赛＋真人秀"节目蓬勃兴起的时间段，有一系列与汉语相关的节目同时呈现于荧屏。2013 年中央电视台推出《中国汉字听写大会》《中国成语大会》，河南卫视推出《汉字英雄》《成语英雄》节目，河北卫视推出《中华好诗词》节目；2014 年中央电视台推出《中国谜语大会》节目，贵州电视台推出《最爱是中华》节目，云南电视台推出《中国灯谜大会》节目，四川电视台推出《我知道》节目，黑龙江电视台推出《最爱中国字》节目，江西广播电视台推出《挑战文化名人》节目，浙江电视台推出《中华好故事》节目；2015 年河南广播电视台推出《文学英雄》节目，陕西广播电视台推出《唐诗风云会》节目；2016 年中央电视台播出《中国诗词大会》节目。

在这些蓬勃兴起的节目背后，是一种竞赛娱乐的指向。竞赛可以让观众产生充分的代入感，答案的唯一性可以让所有的观看者成为参与者。新媒体的兴起更令全民参与成为可能，各种即时的、线上线下的互动，将观众拉入比赛之中。而参与正是"娱乐"的一部分，观众由单纯的观看者成为参与者，可以打破荧屏对于身份的限制，让每个人从过去仰望明星，到全民造星，到"我"是明星。而比赛中的真人秀因素更好地辅助了电视平民化的进程。普通民众成为节目的主角，鼓励他们参与到节目中来，让大众可以在观看的时候有更高的参与度，这是新兴的电视娱乐的方向。

这些节目在"竞赛＋真人秀"的形式之下，还有一个重要的共同点：指向传统文化。如果说节目在形式上顺应了电视节目娱乐化的趋势，那么节目在内容上找到了娱乐的新坐标：文化。文化作为一个时代命题，电视媒体捕获了这一信息并将其作为节目制作的思路。相对于《汉语桥》和《Hello 中国》中体现的综合文化，节目在发展方向上包含更为细致的分类，汉字、灯谜、成语、文学、谜语等成为主题。并在每一种主题下进行深入的文化挖掘，制作出具有特色的节目，如《中国诗词大会》《中国汉字听写大会》《成语英雄》《中国谜语大会》，等等。

这些节目汇成一种"现象"，引发了广泛关注。我们看到，在电视节目的娱乐性主导节目走向的同时，文化性也在引导电视娱乐的转向，让"娱乐"的内涵产生了变化。所以，我们不仅看到电视节目仍然在"竞赛＋真人秀"的形式上追求各种突破，也看到它在文化的发掘上实现自我生长。

这些以文化为内核的节目放到今天"泛娱化"的环境中去看，就更能清楚其意义所在。娱乐本是电视的一种正常功能，但"娱乐化"代表的是一种事物发展的进程，它是指"某件

事物(一般原先不带有娱乐性特点,或具有娱乐性相反的特性)在经历一些变化后带上了娱乐性的特点,从而使人变得快乐;或是原本一件严肃的事情经过一个变化过程如今成了一件快乐有趣的活动"①。当以娱乐作为电视的目标而忽视其他功能的时候,娱乐化会走向一种极端,而导致文化的"愚乐"。波兹曼在《娱乐至死》中宣告了对电视节目娱乐的批判:如果一个民族分心于繁杂琐事,如果文化生活被重新定义为娱乐的周而复始,如果严肃的公众对话成了幼稚的婴儿语言,总而言之,如果人民退化为被动的受众,而一切公共事务形同杂耍,那么这个民族就会发现自己危在旦夕,文化灭亡的命运就在劫难逃。② 目前电视节目的状况似乎印证了波兹曼的预言,具体而言,媒体的泛娱乐化表现"一是娱乐新闻和节目、栏目的过度泛滥和低俗化,二是主流、严肃新闻的娱乐化倾向"③。

当"泛娱化"电视婚恋节目、电视游戏节目、电视谈话节目、电视真人秀节目充斥荧屏的时候,深度的思考、文化的温度、历史的深度都从其中被抽离,当厌倦同质化的娱乐却又不愿放弃娱乐的时候,娱乐至死的态度延伸出扭曲的审丑文化,刻意追求感官刺激、粗鄙搞怪。2011年10月,当时国家广电总局代表官方出台"限娱令",要求"2012年1月1日起,34个上星综合频道要提高新闻类节目播出量,同时对部分类型节目播出实施调控,以防止过度娱乐化和低俗化倾向,满足广大观众多样化多层次高品位的收视需求"④。电视节目如何在娱乐方向上突围?2013年,湖南电视台推出《我是歌手》,上海东方电视台推出《舞林争霸》,浙江电视台推出《中国好声音》等节目,挖掘了真人秀的潜力,探寻娱乐的新坐标。也正是在2013年,中央电视台的《中国汉字听写大会》《中国成语大会》,河南卫视的《汉字英雄》《成语英雄》,河北卫视的《中华好诗词》等节目成为娱乐突围的另一支生力军。相比于《我是歌手》《舞林争霸》《中国好声音》在"竞赛＋真人秀"形式下对于"歌舞"表演的包装,《中国汉字听写大会》《中国成语大会》凸显了"竞赛＋真人秀"形式下的"文化"内核。据央视索福瑞调查数据统计,《中国汉字听写大会》从第4期起收视已经破2,这意味着全国观众观看节目达到1.2亿人次。《汉字英雄》平均收视率达到0.6%,最高时突破0.8%,同时段收视位列第七,最好收视排全国前四。在泛娱乐化时代,以文化为内核的节目借助娱乐的外壳实现了一种突围和成长。电视媒体在思考如何为受众提供娱乐的同时,也在思考这种娱乐性应该具有的实质性内容。

《中国汉字听写大会》等节目的兴起既是电视媒体的反思之举,也是时代的潮流所致。当"国学"作为一种潮流重新兴起,其实是民族文化自我认同的一种复归。当一个民族淡化舶来,注重传统的时候,也是一种自信的体现。这是一种时代的节奏。民众在泛娱乐化的电视环境中呼唤文化的底色,这是娱乐批判的必由之路;民众在呼唤文化知识内涵的时候,瞩目于传统,这是文化自省的必由之路。由此,我们理解了2013年以来竞赛类电视节

---

①　张爱凤,李钧."电视娱乐化批判"之批判[J].电视研究,2009(1):47-49.

②　尼尔·波兹曼.娱乐至死[M].章艳,译.北京:中信出版社,2015.

③　时统宇.媒体泛娱乐化现象批评[J].新闻实践,2006(2):23-25.

④　参考2011年广电总局对上星卫视下发的《关于进一步加强电视上星综合频道节目管理的意见》。

目异军突起的社会文化底色,也明白了对外汉语综艺节目的发展方向。

如果按照参与者身份分类,这些综艺节目大致可以分为两类:一类以外国人为主要的参与者,一类是中外参与者兼而有之。

以外国人为主要参与者的,以《汉语桥》《Hello 中国》为代表。节目中外国人是主角,他们参与游戏,参与比赛,参与表演。他们的竞赛有一种文化陈述力:中国文化与语言对异国学习者可以达成何种吸引力。中国观看者可以在他者的文化认同基础上找到自己的文化自信;外国观看者可以在这些"外国人"身上看到汉语学习可能达到的层次。特别是"真人秀"部分,外国学习者亲身地感受和学习中国文化和技艺,这种"任务"在各种明星真人秀中也有,但是相对而言,本国人的学习更有致敬传统的意味,而异国人的学习有一种用世界眼光"发现"和"欣赏"中国传统文化的意味。这是另一种文化的声音。

中外参与者兼而有之的情况,也可以分为两种。一种是中外兼重,如《叮咯咙咚呛》中中韩明星各半,一起到各地学习传统戏曲,以跨国、跨文化为节目的看点。一种是中国参与者为主、外国参与者为辅,如《中华诗词大会》《汉字英雄》等。这些节目强调的是在本国民众中制造文化的盛宴,但是也兼顾到了异国者的参与。中国文化在与其他文化的互动中的过程中,会产生一种吸引力,吸引本国人和外国人前来了解。在竞赛中,各种类别的参与者就代表了各种身份的人对文化的认可态度。改版后的《中华诗词大会》第三季就体现了这样一种态度,将主会场百人团设置为少儿团、青年团、百行团、家庭团、外国团,意在将各种年龄、各种身份、各种国籍的人都纳入这场诗词的文化展示之中。《汉字英雄》也在节目之初选择了外国参赛者。这样的媒体语言其实是相同的,以外国人的视角讲述文化吸引力所能到达的广度。

在这些综艺节目中,我们看到外国人或是担纲主角,或是作为"群众演员"参与其中,作为汉语节目,其呈现的是一种中国文化的样貌和魅力。"竞赛＋真人秀"的形式保留了电视节目娱乐化的发展势态,却因为注入了文化内核,在泛娱乐化的环境中实现了突围,让娱乐成为一种精神的愉悦。

三、谈话类节目的突围

在泛娱乐的环境下,所有节目都在思考如何让自己的形式更"娱乐"。电视作为视听媒体,以视为主,如果电视媒体在发掘自己的娱乐方式时,将电视节目的接受方式变得以"听"为主,会让人感到充满新意。这也许正是电视节目突围的某种途径。2014 年是一个谈话类节目自我突围的年份,《奇葩说》的爆红证明了谈话类节目可以以"语言"赢得受众。《奇葩说》依托网络,但是却开启了谈话节目的新思路。2015 年《世界青年说》登陆江苏省广播电视台,创了汉语类跨文化谈话节目的收视高峰。同期播出的还有湖北电视台的《非正式会谈》。2018 年《汉语世界》节目在中央电视台播出,采用了双语谈话的形式。谈话类节目逐渐在荧幕上赢得关注。

把电视变得可以"听"是一种为观众在视听疲劳中寻找新鲜感的方式,"谈话类节目作为一个非常重要的节目类型,有游戏类、真人秀类节目不可取代的特性,它的基础是语言,它的价值在于讨论和思辨；加之国外脱口秀节目在中国的落地生根，以及网络自媒体谈话节目的发展，都说明了只要创新、全面打开思路和视角，将更加丰富的形式和手段运用其中，就有可能重新找到 2015 年谈话类节目的正确打开方式"①。

江苏省广播电视台《世界青年说》获得韩国《非首脑会谈》节目授权，引入后采取了中国本土化策略，讲述中国故事，呈现中国文化。嘉宾被称为"TK11"，意思是"关键 11 人"，他们就各种热点话题展开讨论，展示跨文化视野下的各种观点的精彩碰撞。湖北电视台制作的《非正式会谈》也是模仿了《非首脑会谈》，由 11 个不同国家的青年和 4 个主持人围绕青年关注的问题进行跨文化的讨论。

两类节目在同质化的设置下也有着相似的突围理路。两个节目都将"娱乐"的理念引入了节目，让节目兼具"谈话"与"综艺"的元素。谈话类节目基础是语言，但是作为一档节目，怎么样能吸引观众在这长达一个多小时的时间内完整地"听"完辩论？如果沿袭传统辩论类节目以语言交锋为中心的设置，那么它的受众势必是狭窄的，只能和前述汉语教学片的发展相类似，在自己的节目功能和有限的受众之间负重前行。《世界青年说》《非正式会谈》都是依托汉语，通过讨论的方式展示思想和文化的碰撞，语言是节目的灵魂。

《世界青年说》和《非正式会谈》在嘉宾选择上都着眼于文化身份和个性标签。《世界青年说》第一季节目的嘉宾是来自 11 个国家的青年代表，节目全面改版后，又增加了来自以色列、刚果、土耳其等国的青年，实现了五大洲全面覆盖。这些嘉宾可以形成一种文化的碰撞力量，"尽量包括发达国家和发展中国家，尽量覆盖全球的各个大洲，同时还能搭配出一些国家之间的小组合，如北美组、英联邦组、亚洲组、美伊组等"②。《非正式会谈》也是强调全球文化代表性地域的选取，一日代表更是覆盖了德国、瑞士、丹麦、马来西亚、巴西、印度、南非、加拿大等 20 多个国家和地区。

除了文化身份，嘉宾的社会身份也涵盖甚广。因为定位于"青年"，也都选择了青年中具有偶像潜质的嘉宾。学历包括了本科、硕士、博士，职业涵盖公司主管、足球教练、律师、主持人等。在青年代表的选择上，让各种性格、各种风格的嘉宾组成一个极具差异化的团体。相对而言，《世界青年说》力图"打造世界青年文化偶像男团"，创造了一个高颜值的嘉宾阵容，节目组严格按照"高身高、高颜值、高学历"进行筛选，运用当下偶像组合的方式组成一个团体。《非正式会谈》更关注嘉宾的个性标签，甚至在普通话是否标准问题上也颇具弹性。其中有"最不像博士的博士"的伊朗代表华波波、说普通话舌头打卷儿的美国代表"酒窝少年"左右、第 12 届"汉语桥"总冠军澳大利亚的贝乐泰等。标签让两档节目在同质化之中具有一些各自的辨识度。

嘉宾们汉语纯熟，能用汉语流畅地讨论问题。他们才艺丰富，能在节目中融入各种表演，让辩论充满可观性。所以，当一群外籍帅哥用中文流畅地谈论中外文化，议论当代中国问题时，本身就是一种"娱乐"。辩论类节目"听"的是针锋相对，但是却可以在一个娱乐化时代观看"三高"外籍帅哥的舞台表现，是一种具有时代审美印记的收视品味。

但是作为谈话节目，节目的成败关键也在于话题的选择。《世界青年说》和《非正式会

①　周璐璐，周明哲.《世界青年说》：打造世界青年文化偶像男团[J]. 现代传播，2015(10)：101-103.
②　周璐璐，周明哲.《世界青年说》：打造世界青年文化偶像男团[J]. 现代传播，2015(10)：101-103.

谈》都注重从青年的视角观察世界,多选取社会性、生活化的话题,题材涉及亲情、爱情、友情、生活、工作、梦想等。这些话题一方面具有"共性",是世界青年都可能面临的人生选择和体验;另一方面具有"个性",在差异化的国家文化下会具有不同的个人观点。于是和而不同的共鸣与交锋就产生了,每一个人都可以分享观点,讲述自己不同的文化经验和个人经历。每一个人都是自己文化的代表,具有一种文化代言人的身份,他们就像是一个缩小的世界文化圈,差异化表达正是节目的精彩之处。最重要的是这是以语言的形式呈现的。在镜头语言泛滥的时代,语言的描述更能呈现出一种抽象的画面感,并且让人感受到语言本身的魅力,特别是以幽默诙谐的方式展示出来的语言。

节目的环节设置也让节目产生强烈的娱乐性。《世界青年说》的节目构成主要分为三个板块:第一环节是个人陈述,嘉宾针对议题陈述自己的观点,展现的是单维度的个性化表达;第二环节是"全球文化大战",嘉宾围绕议题介绍本国传统,展示的是一种文化碰撞,形成一种复调的跨文化交流;第三环节为"慢一步新闻",嘉宾以自己的母语模仿新闻主播对自己国家的时事进行播报,在播出时以滚动汉语字幕呈现播报内容,方便观众在看到嘉宾展示自己的文化的同时,也能很好地参与到各种文化的比较和讨论之中。这三个板块构成谈话节目的一种"听觉"差异,既有个性化的自陈,又有来自各个文化视角的争论,还有基于其自身文化原貌的跨文化比较。多重维度的"谈话"让节目获得听觉上的丰富性,也形成了节目的吸引力。

《非正式会谈》也设置了三大主要版块:第一环节是节目开头部分的"非正式短剧",由3~5个常驻代表出演,短剧来源于中外名著或影视作品,通过对原作的改编和嘉宾的发挥性表演来制造娱乐效果。第二环节是"全球文化相对论",各国代表围绕会长提出的热点话题进行激烈讨论,大家立足于各自的国家民族的案例,呈现出一种异彩纷呈的世界景观。第三环节是"提案"环节,提出话题让嘉宾们讨论,激发更深层次的文化思考并呈现更为激烈的文化间的冲突。

两个节目的环节设置,都是立足于跨文化,建立一种世界性的对话机制,让来自各种文化的青年代表能各抒己见。主旋律的背后,通过时尚、新鲜、尖锐的话题来制造谈话过程中的冲突、矛盾和紧张感,体现不同文化间的唇枪舌剑。最重要的是这种文化的碰撞在不同国籍、不同肤色的青年之间展开,让节目具有一种陌生的熟悉感。话题的"娱乐性"不仅体现在话题内容所指向的趣味上,它还体现在一种形式的包容性上,在话题之下很好地融合了脱口秀、竞赛、表演、真人体验等各种综艺元素,用一个话题把谈话类节目盘活,让谈话呈现出娱乐效果。

《世界青年说》第一季于2015年4月16首播,2016年3月14日节目在微博宣布停播一段时间进行升级。2016年7月14日第二季开播,2017年4月20日节目在播完最后一期之后正式停播。《非正式会谈》第一季于2015年4月24日开播,第四季于2018年6月29日播出,至今已经连续播出了四季。在综艺节目同质化的时代,谈话类节目也有着同质化的趋势,这使得他们内部之间也会产生竞争。相对于停播的《世界青年说》,已经播出四季的《非正式会谈》试图展示这样一种谈话类节目的方向,就是打破娱乐与综艺的界限,同时也需要维系娱乐与综艺的平衡。

《世界青年说》在创办伊始就有一种立意上的宏愿,希望做到"'意思'与'意义'的有机融合"，江苏卫视频道总监就谈道："谈话类节目作为一个重要的节目类型，具有其他娱乐类节目不可取代的特性，它的基础是语言，它的价值在于讨论、思辨和传播价值观。"①这样的媒体担当意识是卓越的。在一个泛娱乐化时代，一个收视率至上的时代，媒体担当是被冷落的一个概念。《娱乐至死》一书虽然对电视过度娱乐将导致的后果十分警惕，但是对媒体如何避免其发生却语焉不详。就像媒体责任需被宣扬，但如何在娱乐和责任之间达成平衡却颇费思量。传播学理论指出："媒介最重要的功能不是传递信息和获得个人利益，而是把人们聚合到某种形式的社群当中，为人们带来归属感。用现代诠释方式把中国优秀传统文化的内涵表达出来，使人们能够真正领会中国传统文化，这是现代传媒的一项重要任务。"②《世界青年说》想要"各国青年分享他们关于人、自然和社会的思考，探讨影响人类未来发展的话题，传递最前沿的新知新思，引领主流价值观，传播正能量"③。这是一种主流价值的引领。

但是这些"主流"的条条框框反而使得节目在形式上未能放开手脚。在颜值之外，语言的交锋显得有些平淡无奇，有些你问我答的拘束感，相对于《非正式会谈》中各种互相"攻击"，在这个娱乐化时代显得不够犀利，不足以博得眼球。更重要的是《世界青年说》的话题相对温和，始终有一种潜在的价值观的引领，每一个话题背后其实包含着对是非的选择，希望通过跨文化的论辩，让这种价值观更加清晰和具有普适性。这样一来，话题的娱乐度就屈居《非正式会谈》之后了。如同是有关亲情的讨论，《世界青年说》的话题是："坚持父子之间要说谢谢，是正常还是不正常？"《非正式会谈》有这样的讨论："妈妈爱上玩抖音，我该不该劝她呢？"

《世界青年说》曾在第一季结束后进行改版，改版后增加了更多的娱乐元素，但是仍然走向了停播的命运，有人认为这是由于节目在走向"娱乐化"的道路上，迷失了自我。《世界青年说》是对韩国节目《非首脑会谈》的中国本土化的改编，其节目的精髓在于正式会谈的"价值与文化"担当与非正式谈话的"轻松与娱乐"的氛围，但是在改版之后，这种平衡的张力被解构了，节目倾向于"娱乐"的形式，一档追求娱乐的谈话类节目，很容易失去其自身的特色而淹没在娱乐化的综艺节目之中。

《世界青年说》在娱乐之路上，经历了"不及"与"过"，但是其尝试是有意义的，它探索了谈话类节目在综艺浪潮中如何求胜，也探索了节目如何对世界化的浪潮做出响应，以及怎样在节目中平衡娱乐的因素。《非正式会谈》虽然持续时间较长，但是在激烈的收视大战中仍然不温不火。这两档节目都是希望用娱乐来寻求谈话类节目的突围。

但是也有节目反其道而行之，在严肃中回归谈话节目的本真，比如《汉语世界》。《汉语世界》节目于 2018 年 4 月开播，由麦小龙、叶美毅双语主持，口号是"中国故事，世界表达"，希望通过有趣的故事、资讯为日益增多的汉语学习者和所有对中国感兴趣的人提供语言、文化信息交流平台，让观众在轻松的氛围中了解鲜活的当代中国。嘉宾为国内外知名专家、教授、行业领袖人物等。作为由中国日报网、汉语世界杂志社等多家媒体单位联

---

① 李响.《世界青年说》："意思"与"意义"的有机融合[J].现代传播,2015(10):96-97.
② 何学森.浅析电视媒体传播传统文化的贴切性[J].电视研究,2013(1):18-20.
③ 李响.《世界青年说》："意思"与"意义"的有机融合[J].现代传播,2015(10):96-97.

合制作的一档新媒体和传统媒体同时传播的节目,《汉语世界》具有台报网三点一线的传播优势,是响应国家"汉语走出去"的真正践行者。整合多家媒体优势的融媒体传播模式,也是马克思主义新闻价值观通过全媒体传播的一种尝试。①

在《汉语世界》的背后我们看到另一种电视媒体的尝试,它具有一种更强烈的工具意识和文化意识,它将娱乐性放置到最低,强调的是一种"表达",建立起一个表达的平台,让更多的中国声音传向世界。相对于《世界青年说》和《非正式会谈》颇具心思的外籍嘉宾设置,《汉语世界》更多地将目光投向中国的精英阶层,希望由他们来"讲述"中国的发展故事。节目形式也更贴近谈话类节目的原貌,用谈话来支持节目框架。

不论是节目的定位——"节目是一档着眼草根民生,探讨历史轨迹,有立场、有观点的高端谈话类节目",还是节目的影响力——"在全世界122个国家和地区实现了落地播出(包含电视、app、网站等),同时享有这几家媒体的刊号、新闻资质证、播出传播许可证等",或是节目的学术水准——"依托商务印书馆及汉语世界杂志社的国际影响力",抑或是对整个海外汉语推广机构的借助——"得到了国家汉办的支持和帮助,在任何一个国家的传播,都形成了官方媒体推介的主流形式,区别于以往汉语节目在世界小众非主流媒体传播的弊端,真正解决了因版权问题无法正式播出的尴尬",这些都体现了一种"央视力量"。前述的传媒责任,在《汉语世界》身上看到了一种彰显,它是一档推行"汉语走出去"的节目。

正因为央视的气魄,它可以抛却"娱乐"的形式,忽视收视的考虑,按照自己的方式去设置节目。但是,回到电视节目娱乐化这个命题,《汉语世界》和最初的电视教学片一样,他们只考虑内容"需要",而在有限的形式上调整自己。将《汉语世界》与《世界青年说》和《非正式会谈》放在一起看,就更能发现这些谈话类节目的各自路径。娱乐是电视的一种属性,是当下赢得观众的一种砝码,但是泛娱乐化会造成节目内容的空乏,让深刻的思想被简单的取乐带向稚化。谈话类节目以思考取胜,以语言为外壳,具有自己的特殊属性。传统的谈话类节目强调谈话的"内容",以话题获取观众的认可。在娱乐时代,谈话节目也需要调整自身,让自己的形式具有娱乐的属性,以更合乎观众审美习惯的方式进行语言的表演。最为重要的是在内容与娱乐之间形成平衡。如果能探寻到娱乐化的形式,并且掌握好内容与形式的平衡,就能实现谈话类节目的突围。当然,也可以坚持谈话类节目的"社会价值观"和"国家文化"担当,但这就需要强有力的媒体背景和资源,以抵抗节目生存的压力。

第四节　对外汉语节目的创新案例:课堂的娱乐化

在对外汉语节目中,需要解决的一个关键问题是对外汉语教学内容与电视节目形式之间的矛盾。对外汉语教学与电视的"联姻"最初以教学片的形态将课堂搬上荧幕,利用

---

① 全新双语谈话文化类节目《汉语世界》上线,参见 http://media.people.com.cn/n1/2018/0426/c14677-29952050.html.

了电视媒体直接、形象、生动的呈现特点，将语言教学由讲解变为"观看"。但是如前所述，在这个过程中，电视媒体在互动性、系统性等方面存在缺憾，无法取代教学，也没有从根本上改变原有教学的方式。当娱乐时代到来，电视成为一种大众娱乐的介质，电视教学片所承载的内容没有办法在娱乐时代赢得更多的受众，课堂与电视之间的脆弱平衡被打破。

课堂是否可以娱乐化？课堂如何娱乐化？这是娱乐时代值得思考的一个话题。在教学片时代，人们努力的方向是课堂的电视化，也就是让课堂来适应电视这种新的媒体传播方式，于是情景剧教学应运而生，它最符合课堂电视化的要求。但是它却没有办法在娱乐化时代符合电视节目的发展方向。情景剧被剧本框定，它既需要满足教学内容，又需要考虑情境的合理性，在语言与表演之外，努力兼顾"有趣"，本来就是一种挑战。于是对外汉语教学电视节目的娱乐化，不得不考虑情景剧之外的另一种形式。

对外汉语节目给出了一个逆向的答案，在以情景剧的方式脱离课堂之后，它又努力回到课堂，在电视上营造出一种课堂环境，让观众观看"教学"。当节目回归课堂后，反而产生一种陌生的熟悉感，吸引了观众的目光。节目与教学的这一离合过程，由《快乐汉语》出色地完成了。在对外汉语教学节目中，《快乐汉语》是一个典型的案例，它的发展历程，是汉语教学内容由易到难的发展过程，也是一个汉语教学"娱乐化"的创新过程。

一、《快乐汉语》的演进轨迹

《快乐汉语》自 2009 年 8 月 3 日起在中央电视台中文国际频道（CCTV-4）的黄金时段推出，口号是"学说中国话，朋友遍天下"。节目遵循一般学习者的学习程度发展规律，由简入难，分为初级、中级和高级水平。

《快乐汉语》第一季为《日常汉语》，以"日常生活"为主题，适合初级阶段学生，每集 15 分钟，以情景剧的方式，围绕美国大学生苏珊在中国的学习生活展开。她借住在舅舅家里，这是一个位于北京的中国家庭，苏珊由于文化背景和生活观念的差异，产生了很多误会和有趣的故事。教学内容设置在各种生活场景中，让观众在生动幽默的情节里、轻松愉悦的环境中"快乐学汉语"。

第二季《旅游汉语》仍以情景剧为主要形式，适合中级阶段学生，每集 15 分钟，以教授在中国旅行时的实用汉语为主要内容。《旅游汉语》以城市系列片的形式播出，每个系列至少有 10 集。节目有中外两位外景主持人，观众跟随他们进行体验式旅游，既学习了语言知识，又领略了中国城市的文化。

《快乐汉语》第三季回归"课堂"，面向高级阶段学习者，从 2014 年 9 月 13 日起全面改版，打造了一个全新的、综合的电视课堂概念。将外景主持变成室内演播室，一男一女两位主持人担任班主任和辅导员的角色，负责抛出教学内容，把控节目流程；十位来自各国的汉语学习者扮演学生的角色，配合完成节目中的教学任务；两位专家，一位为文史专家，负责课堂文史相关问题的解读，一位心理学专家，负责阐释教学话题。主持人、学员、专家和观众四方互动，呈现了一个电视化的课堂教学环境。

我们可以看到《快乐汉语》三季之间清晰的演进轨迹，第一季以家庭情景剧为载体教授"日常汉语",第二季以中国城市旅行的情景剧为载体教授"旅游汉语",第三季回归"课堂",在演播室环境下模拟课堂教学。其回归"课堂",是一种对教学和电视节目的双重选择。

从电视节目的角度而论,在一个"竞赛＋真人秀"支撑收视率的时代,对外汉语教学节目也需要思考如何在其中融入相应的元素。第一季的情景剧是剧本主导时期的产物,观众观看一个外国人在中国制造出的一系列"冲突",是情景剧戏剧化的来源。这种冲突感既来自外国人在中国的真实处境,也来自观看者的一种"好奇欲"。跨文化交际将"文化休克"分为蜜月期、挫折期、恢复期和适应期。① 当一个人度过适应期后,可以说是适应新的文化了。在这个过程中,产生的冲突形成了一种"观赏性",适合"观看"。但是对这种文化"冲突"的观看欲随着留学潮的蓬勃兴起而消减,中国人不会对身边的"洋人"葆有持续的好奇心,留学生也不会继续在这种跨文化中探寻求知的"快乐"。无论什么样的受众,对观看一个初到中国的外国人"出洋相"的兴趣不会持续下去。当汉语学习者走过"初级"阶段(如日常生活用语学习)后,势必走向更高一级的学习阶段。

第二季的情景剧在内容难度上提升了级别,走向"中级",为最早的一批学习者提供后续的教学服务。同时,也从原有的"跨文化冲突"走向以中国文化带动情景剧节奏的方式。每一集介绍不同城市,从人文风貌到历史地理,从街头巷尾到庙宇楼台,从气候风物到节庆风俗,中国的现实世界被缓缓打开。在设计上,有一中一外两位主持人游走各地参观访问,在虚构的"旅行"与真实的"中国"之间,找到一条引导观众走近汉语与中国文化的通道。在电视上将具体的知识点,如词语、释义、句子,以字幕的方式进行呈现,算是教学形式的结合。第二季在"文化"上下功夫,让人们对城市的视听观赏契合电视的娱乐需求。

从第一季、第二季的情景剧到第三季,节目形式上的变化非常明显,它回到演播厅,回归"课堂"的样子。这是非常大胆的创设,情景剧时代,利用戏剧冲突、城市风光来制造电视"课堂"的娱乐性,就是要将电视课堂与真实课堂拉开距离,让电视呈现真实课堂所欠缺的直观、生动的表现形式。如果将课堂搬上电视,那么"观看"课堂的吸引力何在?这是电视节目必须思考和面对的问题。最核心的是电视课堂是否有足够的娱乐性吸引大家观看。我们不妨先看一下第三季是如何打造电视"课堂"的。

二、电视课堂的打造

节目以上课铃声宣告"课堂"的开始。每期节目以一个汉字作为主题。主题字的选取,以常用字为主,避免生僻繁难的字,如与季节有关的"春""夏""秋""冬",与中国文化相关的"礼""寿""家""吉",有意涵的动物"羊""猴",常用的动词"看""吃""动""游""玩"等。这些主题字往往具有多个义项,以保证教授内容可以呈现不同的层次和维度。课堂环节仿照真实课堂分为主题字导入、主题字讲练、随堂大测验和小结。

---

① 此观点来自 Oberg(1960)对于文化休克的描述。引自祖晓梅.跨文化交际[M].北京:外语教学与研究出版社,2015:148.

(一)主题字导入

该环节形式丰富，主持人或是直接提问，或是图片导入，或是歌曲导入，或是表演导入，或是视频导入，具有电视节目的趣味性。

如猜字导入，大屏幕呈现汉字的甲骨文、金文等字形，让学员猜测，如"寿"字字形如同有人护住宝贝，这些字形与今天的简体汉字相比变化极大，可以引出相关文化。图片导入，如 2017 年 12 月 17 日一期，通过图片展示"铁钉""铁锹""铁路"等，引出主题字"铁"。歌曲导入，如 2017 年 10 月 9 日一期，通过"我在墙根前，种了一颗瓜"这首儿歌来引出主题字"瓜"。表演导入，如 2017 年 4 月 16 日一期，通过学员表演快板、笛子、抖空竹等，引出主题字"竹"。视频导入，如 2017 年 6 月 25 日一期，播放了与微信相关的统计数据，引出主题"微信"。

(二)主题字讲练

首先是"讲"。现场导师从主题字的字形演变切入，沿着甲骨文、小篆、隶书、楷书等字体的发展路径，展示该主题字的字形与意义变化。现场导师也会对主题字的各个义项进行分别讲解，这一环节主要让学员从汉字字形发展出发，全面了解这个主题汉字，有助于学员记忆，也有助于学员理解汉字最初始的含义。

接着是"练"。由现场学员根据主题字组词，有直接组词、选词填空、成语学习等。每个词其实就是一个汉字延伸出的意义和文化群，可以全方位地展示出这个字延伸出的汉字文化和语用文化。且会选择与主题字相关的词语，由同学们进行表演。如 2015 年 1 月 10 日一期的主题字是"安"，学员们的组词有安全感、安乐乡、安泽、安翔、安危、请安、印第安人、安眠药、晚安、苟且偷安等。

在学员造句之后，再返回"讲"，导师对学员所造词语进行点评和阐释。如"安"字，导师侧重阐释其中国文化内蕴，"中国人对'安'字是很重视的，中国人对平安的观念是深入骨髓的，因为这样的观念，中国人的姓氏里有安字，名字里也有，中国的地名也有带安字的"。在阐释时，借助影视手段，直观生动地对主题字追根溯源。节目选取电影、纪录片、动画等视频材料进行播放展示，也有魔术、脱口秀、表演等现场诠释，将中国传统文化中的唐诗、宋词、风俗、哲学、历史等进行了影视化的展示。如成语"居安思危"，就以动画短片的形式展现。

组词环节结束之后，进入造句环节。学员需要各自写出一句包括关键字的完整句子。在检验学员句子之前，会有"互动"环节，请现场观众造句。让观众当老师做"示范"。随后由主持人引导检验学员的句子，再由导师进行阐释。步骤基本和组词环节相同。

在句子练习的延伸环节，会就句子中提出的问题进行辩论或讨论。辩论会将学员分成正方和反方两个阵营，双方进行陈述观点、自由辩论、总结陈词等。导师也会加入辩论阵营，起到升华观点的作用。2015 年 11 月 21 日一期学员造句有这样的句子："顺境当中生长固然是好，但有的人说逆境生长有时候会磨炼一个人。"引出本期的辩题：是"逆境"还是"顺境"有利于人的成长？主持人、专家、学员共同参与讨论，各抒己见，观点争鸣。如 2015 年 6 月 27 日一期，主题字是"口"。主持人提出"心口如一"这个概念，让学员讨论，学员们谈论了自己在中国文化语境中"心口如一""心口不一"的情况,展现了跨文化交际中的各种语言现象。

(三)随堂大测验

随堂大测验是对一堂课教学的检验。检验形式包括书面考试,如选字填空、补充短句等,并辅以游戏,让"考试"娱乐化。在这个过程中导师负责对短语、句子进行诠释。

游戏让节目在结尾时到达高潮。如双方学员比赛用筷子夹豆子,来确定哪支队伍率先回答与"豆"字有关的歇后语。又如"得"字主题中,每个人按顺序唱一句带有"得"字的歌曲,唱错了就会受到喷冷气的惩罚。又如将学员分成男生和女生两组,分别投掷一个大骰子,投出哪个数字就结合主题字造出含有相应数字的句子,否则就要接受惩罚。再如要求学员围着板凳随音乐转圈,音乐停止开始抢板凳,没抢到板凳的学员需要答题,答错受罚。

(四)小结

这个环节类似于课堂小结,有总结知识的作用,由主持人以结束语的形式完成。主持人自然幽默地再次点题,总结本期主题字。如"顺"字主题,主持人在节目结束时说:"顺便给各位说一声,下课了。""寿"字主题的结束语是:"祝大家健康长寿。"

三、电视课堂的"课堂"元素与"节目"属性

(一)营造"课堂"感

在对《快乐汉语》第三季梳理的过程中,我们可以看到,它是本于课堂的,电视节目利用课堂元素着力营造一种"课堂"感。

1. 完整的课堂环节

从导入、讲练、考查,到总结,是较为完整的课堂教学的过程。环节的完整性保证了教学内容的开展。每一环节都使用了我们熟悉的各种教学方法。导入环节中,从图片、提问、歌曲、表演,到视频,几乎囊括了课堂教学导入法的各种手段。在讲练环节,导师的阐释,学生的造词、造句也都是课堂教学的惯常内容。在考查环节,采用了各种手段训练学生的听说读写能力,并使用了较为正式的书面考试。我们在这种熟悉的教学方法、教学氛围中找到了"课堂"感。

2. 在每个环节制造出课堂的"互动"

第一、二季刻意制造出电视课堂与真实课堂的区别,创设情境,让观众在情景剧中学习语言知识。也正因如此,其最为人所诟病的就是缺乏"互动"。真实的课堂需要互动来推动教学的进展,教师需要互动来获得教学的反馈,学生需要互动来彼此协作学习,以及通过与教师的互动使自己确切掌握知识。这在情景剧时期是难以实现的。情景剧就是展示给人看,而观看者的即时感受是无法在电视上呈现的,这也不是情景剧关注的重点。当

第三季回归"课堂"之后，互动成为现场呈现的重要内容。导师、主持人、观众、学员，四方互动，促成了现场多维度的语言学习。

3. 用"测试"让课堂教学可被检测

在第一、二季中，只有单向度的"教"，知识点、语言点、文化点都通过电视传播，但是无论是每一集的学习，还是一个系列的学习，都没有一个检测的方法。所以，有多少人在收看，有多少人在坚持收看，收看后的效果如何都是不确知的。从"教学"的角度而言，缺乏检测机制的教学是很难保证效度的。第三季的"测试"将教学环节完整化了。

(二)营造"节目"感

"课堂感"的营造，使用了电视节目的特有方法，于是在制造熟悉感的同时，也产生了一种陌生感，让电视课堂有别于真实课堂，其"节目属性"也在整个过程中得到体现。

1. 情境的制造

语言情境是对外汉语教学中着力制造的教学环境。英国语言学家莱昂斯把情景语境解释为从实际情景中抽象出来的、对言语活动产生影响的一些因素，包括参与者双方、场合(时间、地点)、说话的正式程度、交际媒介、话题或语域。言语行为总是在一定的情景中发生的，发生言语行为的实际情况(如有关的人物、事件、时间、地点等)也可帮助确定语言形式所表示的意义。

在对外汉语教学中我们制造情境常用的手法是通过语言、图片、短片等，让学生明确他们要表达的内容所处的具体背景。例如，可以以语言或文字的方式告诉学生你将在机场送别好友，也可以通过一张机场的图片告诉学生语言发生的环境，还可以播放一段机场的视频，然后学习有关送别的语言表达。相对而言，电视媒体在情境制造上更为专业。它可以调动音乐、视频，甚至使用服装、道具、化妆让送别的情境更具有真实感。不仅是参与者，电视观众也会产生深深的代入感。

2. 内容的呈现

课堂教学中，教学内容依托于教材，在内容呈现上黑板、投影仪等是主要的载体。教师需要根据教材，提炼出需要在课堂教授的知识要点，将其现场书写于黑板或是投影于大屏幕。电视课堂利用了室内舞台的设计，既是一个教室，也是一个表演舞台。一个巨大的LED屏幕占据了舞台中央，用来播放各种文字和视频资料。LED屏以黑板绿为主题色，模拟真实黑板。屏幕上呈现的内容包括主题字、知识点、学员的答题情况、导师的回答要点、文化点的展示等。节目全程配有双语字幕，汉语为主字幕，英语翻译为辅助字幕。

这种方式让课堂方便被"观看"。学习过程不是教师、学生双方拥有教材者的对话，整个课堂都变为一种"展示"。观众可以看到教学的内容、教学的过程、教学的效果，甚至学生每一步答对或答错的具体内容也可以被"观看"。所以舞台虽然被刻意营造成为"教室"，但是实际上其时空的关系却变化了。它不是一个封闭的教师与学生的学习空间，而是一个教学的表演空间。

3. 角色的分配

在节目中有四种角色：导师、主持人、学员、现场观众。所有的互动发生在这四者之间。主持人帮助在这四者之间建立关系，用各种方式让两两建立对话。他可以让学员回答导师提问,也可以让导师解答学员疑惑,也可以让观众参与学习的进程,还可以让学员向观众提出邀请等。在这个过程中,相比传统课堂的二维模式,四维关系显然更加丰富和具有"观赏性"。因为四种身份之间会存在语言交流上的信息差,大家都不知道下一道题会产生什么样的答案,也不知道现场的某个小朋友会给出什么样的例句,也不知道导师问题的背后有什么样的包袱。节目的观赏性也在这种四维关系中生发出来。

4.文化的融合

在对外汉语教学中,语言要素教学和文化教学的关系历来是研究的一个重要问题。第一章所提及的"功能一结构一文化"综合教学法成为一种被普遍认可的方法,文化在语言教学中的分量也越来越重。但是在实际的语言教学中,文化的呈现和展示也不会超越语言要素,上升到最重要的位置。

节目在文化呈现方面,非常多元。它包罗了中国文化的各个方面,如成语、俗语、方言、神话、民间故事、民间工艺、民族风情、服饰、城市文化、建筑、节日、礼仪、禁忌及生活习惯等。[①] 虽然在主题词造词、造句环节有语言的学习,但是语言是节目切入文化的一个途径,重点是文化的学习与展示。这一点也是令节目产生"观赏性"的关键。

5.表演的竞赛

在节目中,围绕"最佳学员"的评选,每一次上课其实都预设了一种竞赛机制,只有最优秀者可以获得此项殊荣,也将观众带入一种选择氛围——谁的汉语最好?观众带着评选的任务,学员带着获胜的欲望,大家都在自己预设的角色里认真观看或是表演。在这个过程中,大家会仔细玩味学员的每一次回答,了解他对中国文化了解有多深、他的汉语有多地道、他的才艺有多出众、他参与活动有多卖力,也会认真品鉴学员在文化冲突下的错误答案,或是学艺不精的各种"笑话",以及他们深入学习中国文化后如何让中国人自叹不如。表演的精彩与竞赛的紧张,成为吸引观众最重要的砝码。

我们看到《快乐汉语》第三季,不管多么"像"课堂,但它绝不是"课堂"。从电视节目的角度而论,在一个娱乐盛行的时代,回归"课堂"的冒险有一种不忘初心的执着。电视教学节目从教学片走向综艺节目,在娱乐化的进程中寻找自己的市场生存之道,同时它又在教学节目过度娱乐化的弊病中探索平衡的节点。《快乐汉语》回归"课堂"是一种标志,是央视教学节目的一种引领。同时,它借鉴了娱乐元素,让节目满足了受众日益增长的"娱乐"需求。节目可以在课堂和娱乐之间找平衡,课堂为什么不能呢?

四、电视与课堂:《快乐汉语》的启示

如果问《快乐汉语》为什么成功,不如先搞清楚《快乐汉语》为什么让人快乐。在与真实课堂的对比中,我们从情境制造、内容呈现、角色分配、文化融合、竞赛表演等角度分析了节目属性。我们发现这与后方法时代的观点有着某些相似之处。后方法时代背景下,

---

① 汤婧.对外汉语电视教学节目文化内容的体现——以对外汉语电视教学节目《快乐汉语》为例[D].广州:暨南大学硕士论文,2012.

有十条外语教学理念和框架:"学习机会最大化,感知误配最小化,提高学生自主性,促进协商式互动,激活直观启发,培养语言意识,情境化语言输入,综合语言技能,确保社会关联性,提升文化意识。"我们可以在节目中看到这些抽象理念真实的应用,也可以帮助我们思考如何将后方法运用于教学。其中节目最突出之处在以下三个方面。

第一,关于"提升文化意识",这是节目突出的特色。整个节目调动了各种中国文化元素,使之具有一种文化的吸引力。在具体的教学中,节目也有一些细腻的思考,思考如何让文化融入节目之中。"如盐在水不留痕迹",这让节目没有成为一种对文化的宣传,或是文化的纪录片。例如,一个"福"字,围绕它展开中国福文化的讲解,不论是讲解字形,引入"吃亏是福""塞翁失马,焉知非福"等成语,还是解读倒贴福字的民俗,所有的环节都紧扣主题,有一种草蛇灰线的感觉。语言成为进入文化的一种工具,这也是语言教学的目标。这给我们的课堂教学以借鉴,"主题式"的文化讲解也可以作为一种语言与文化相结合的教学方式。它集中而全面,可以形成一个文化群落,方便理解。

第二,关于"协商式互动",如果说课堂也是一种交际活动,那它必然涉及角色分配。传统以教师为权威的课堂,互动往往是僵滞的,强调的是自教师到学生的单维度的知识传授。学生一端被预设为缺乏知识,很少产生"互动"性的反馈。第一章在谈到教学角色的变化问题时提到,教师权威在一个"后喻文化"时代正走向消解,由此导致在新的时代师生关系走向民主。这种角色定位在节目中有所体现。节目的节奏是学生先说先写,老师再评价解释,这种预设下,学生不是无知的,老师的功能是肯定学生的已知,帮助他们了解未知及纠正偏误。讲授的内容不必然是老师准备好的,却一定是学生的问题所在。学生在这个过程中可以随时向老师提问。虽然也有老师的讲解,但是顺序的改变,呈现的是观念的变化。真实课堂也需要这样的语言建构方式,师生之间关于学什么、学多少、怎么学的问题是在这种互动的过程中"协商"产生的。

第三,关于"综合语言技能",语言学习最终会走向表达,表达一定是一种综合能力,是对于听说读写技能的全方位调动。我们观看节目产生愉悦,就在于各种感官的刺激。学员们需要呈现的不仅是自己听懂了,看懂了,还有由此而产生的交际反应。能在现场造词、造句的前提是听懂题目、读懂文字线索、说清自己意思、写出自己的答案。在此基础之上的游戏、才艺、表演等是更高层次的综合能力。传统课堂在分技能训练中常常失于偏颇,这也是有学者质疑分技能课型的原因。它将语言技能分割,因而丧失了其完整性带来的学习动能。就算是综合课,也在激发学生的综合技能上缺乏对于"趣味"的思考。节目提供的各种方案不失为一种借鉴。

如果问《快乐汉语》让谁快乐,它的答案和所有电视节目一样,都是观众。这就是电视课堂与真实课堂的本质区别。电视被播出时,受众都是不确定的。作为一档教学节目,它的受众不必然是留学生,也可能是某个对跨文化感兴趣的中国人,或是一个正在学习造句的小学生,或者是一个汉语老师,甚至是一个不知道看什么频道刚好跳台到这里的"大妈"。如果他们观看这个节目,他们的目的未必是学汉语,也许是别的元素吸引他们,其中一个最重要的就是"好看",如果用更专业的词汇解释就是"娱乐性"。所以电视课堂化的最终目标是去课堂化,它不是要真的将课堂搬上荧幕让更多的受众来"学习",它更多是一种表演,让"娱乐"带上知识性的元素。

《快乐汉语》实现了自我进化，也实现了一种对节目课堂化的尝试。从教学的角度来看，这是一个很好的借鉴，它的意义在于提供了这样一种思路，节目可以借鉴课堂，教学也可以借鉴节目。它在互动性、文化性、综合性上的优势也可以被运用到教学中。

小　结

本章重点梳理了对外汉语类电视节目的类型，侧重于对节目特点的发掘，从中发现其与对外汉语课堂的关联性。中国对外汉语类的电视节目是文化娱乐节目的一个分支，它以外国人为参与对象，以汉语和中华文化为主要的传播内容。这类电视节目也经历了两个阶段，一是教学片阶段，一是综艺节目阶段。前者利用电视媒体技术，尝试将课堂电视化，在生动性、趣味性、灵活性上创造了优势。后者是"娱乐"浪潮中电视节目的自我生长方式，考虑如何将综艺元素与对外汉语的内容相结合，以"娱乐性"赢得观众。本章也重视对历史的梳理，关注每一个阶段的发展情况，以及阶段与阶段之间的衔接。对历史的梳理主要从电视节目自身的视角切入，因为电视节目与对外汉语教学相结合，首先是节目自身发展的需要。电视媒体面向受众，它需要根据受众的需求来调整自身。当受众中产生了"对外汉语学习"的相关需求后，电视片应运而生，当受众的审美趣味对娱乐有了更高要求后，节目也在"娱乐"上进行深度地发掘，于是有了百花齐放的对外汉语综艺节目。这个过程中，电视节目为了维持自己的身份标识，需要向课堂借鉴，保持节目的"课堂感"。从这个角度而言，是电视节目在向对外汉语教学取得借鉴。但是借鉴也可以是双向的，如果对外汉语类节目取得成功，这些优势同样可以反过来为课堂所利用。于是有了第三章的研究，如何借鉴对外汉语类电视节目的经验从而创新和发展对外汉语课堂。

第三章

引纳：对外汉语课堂如何借鉴对外汉语类电视节目

在梳理对外汉语类电视节目的过程中，我们需要注意这样两个概念：电视"课堂化"与课堂"电视化"，这包含了内容与形式之间的辩证关系。对外汉语教学本是一门学科，属于教育学范畴，思考的也是教师、教材、教学法等问题，针对的是母语非汉语的学习者。当教学与电视媒体相结合后，便改变了教学原有的存在形态，因为电视媒体创造了一个全新的传播空间，与传统的课堂区别开来。这也给对外汉语教学的研究提出了新的话题："课堂"被怎样改变了？为什么会发生这样的改变？这样的改变带来什么结果？我们该如何认识这种结果？我们该如何处理"电视课堂"与真实课堂的关系？

第一节　电视课堂与真实课堂的关系

电视课堂不是真实的课堂，但是它却让我们产生了一种"课堂感"。这就是电视媒体的技术力量。技术可以在真实的课堂之外创设一个虚拟的时空，让人们打破自己原有的线性时空，去延迟地、反复地、随意地观看课堂。从电视教学片到综艺节目，电视课堂经历了一个自我发展过程。

一、电视课堂与真实课堂的离合关系

我们说电视课堂化，是一个过程。在对外汉语教学片时代，电视作为一种媒体，承担了汉语教学和文化推广的责任。彼时汉语学习的需求突增，但是学校教育却没有办法跟上如此迅猛的增长速度。而当时正逢电视媒体传播功能的多元发展期，将课堂搬上电视成为一种必然的创新。它将课堂媒体化，将汉语的教学内容用更为主题化、情景化的方式呈现，具有易于传播的特性。教学片利用了情景剧这种电视媒体的传播优势，从《你好 北京》，到《快乐汉语》第一季《日常汉语》，再到第二季《旅游汉语》，不断推动对外汉语教学片成为一个阶段的荧屏潮流。

电视教学片让学汉语的方式实现了创新，主要是突破了传统的教学时空。传统课堂依赖于真实的物理时空，所以在整个教学的过程中，师生需要面对面地参与，它既不能延迟也不能提前，更不能碎片化。更重要的是教学被视为师生群体独占的资源，它不可以被

大众分享。教师的授课对象具有确定性,就是一个班级中固定而有限的个体。但是这和教学需求不断扩大的时代趋势是相悖的,也是和技术发展带来的形式改革相左的。

技术为教学带来一种推动力和挑战力,这在第一章的"挑战"中已经提及。技术让整个自然时空变形,也让学习的过程发生改变。媒体的形式多样,更新速度迅猛,新媒体的兴起更是一种变革。电视媒体最重要的功能是实现了一种时空的创设,它能在真实的时空之外,构建一个虚拟的时空,这就打破了真实时空的节奏。电视可以让已经发生的事件延迟呈现,也可以把未曾存在过的人物创设演绎,还可以把真实的事件艺术化地投射。这就改变了人们的欣赏习惯和生活方式。

对外汉语的教学片就利用电视媒体创设出一个非真实的"课堂",它不是存在于线性的时间之中,观众可以在自己愿意的时间选择性地"学习",特别是当这些教学片有了配套DVD和教材之后,这种"学习"的自主性优势就更明显了。所以教学片赢得了那些对学习时间灵活性要求较高的受众。

但是,随着整个社会背景的转化和电视节目的自我演进,教学片的优势也正受到挑战。"汉语热"之初那种对基础汉语、生存汉语的狂热已经让位于更为专门的、深层次的汉语学习需求。汉语推广已经经历了一个过程,这个时候需要一种适时的成果"展示"。汉语学习者也在成长,对实用和专业汉语的需求更加迫切,生存汉语类的教学片显得有些不合时宜。观众的心态也由最初的看"西洋镜"般地看外国人初到中国的"洋相",转而关注这些学习汉语多年的外国学习者汉语水平是如何的精妙。同时,教学片在"娱乐"浪潮之下,不过是一片被后浪追逐的浪花。对外汉语电视节目也需要在娱乐浪潮中披上娱乐的外衣,使得自己在新的时尚潮流中继续向前。

对外汉语综艺节目进行了多种尝试,不论是《"汉语桥"世界大学生中文比赛》《Hello中国》竞赛为表,展示为实的设置,还是《中华诗词大会》《汉字英雄》将外国人纳入中国文化的狂欢之中,或是《世界青年说》《非正式会谈》让型男们用流利的汉语展开文化的碰撞,都在娱乐的形式之下寻求各自的突围之路。

比之于教学片,综艺节目电视课堂的"课堂感"更为淡化了。它弱化整个教学的过程、环节乃至目标,更多的是一种展示,类似于教学环节中的检测环节。教学中那些繁难的过程、难于解说的语法、机械性的操练、琐碎的作业等都在"娱乐"的滤镜中被过滤。整个教学最具有展示性,也就是表演性的环节就是检测。当学生的水平已经到达高级阶段,可以自如地使用汉语表达思想、观点和演绎中国文化的时候,"节目性"就具备了。综艺节目就是这样一种"展示性"教学。当论及节目设置时,它会强调一种汉语能力的呈现。《"汉语桥"世界大学生中文比赛》《Hello 中国》《世界青年说》等无不如此。中国观众们看到的是谁的汉语更好,而不是外国人怎么学习汉语的。外国观众看到的是汉语学习的最优秀的标准,而不是收看汉语学习的过程。唯一刻意营造课堂教学感的是《快乐汉语》第三季,但是我们知道,它其实也是一种展示,也是一群汉语能力出众的精英学生的电视表演。

但是,我们爱看。这就是娱乐时代对外汉语综艺节目的吸引力所在。从教学片到综艺节目,对外汉语节目的发展过程,让我们看到时代风潮、审美习惯、世界文化背景对电视这一传媒产生的推动效果。

二、电视课堂与真实课堂的区别与联系

电视课堂脱胎于真实课堂，又区别于真实课堂。电视节目中的"课堂"是由媒体制造出来的，它是一种形式需要，它只需要赋予观众关于"课堂"的想象即可，即便是真人秀中的课堂，也是一种仿真的形式。电视课堂为了制造真实感，常常会借鉴真实的课堂元素，帮助观众获得课堂体验。但是，它毕竟有别于真实的课堂。区别主要体现在以下几个方面。

（一）基本课堂形态

电视节目会营造出课堂的基本形态，也就是说在演播厅营造出课堂的氛围，包括物理空间的黑板、课桌椅的设置，以及利用衣着来暗示身份。真实课堂的物理空间是"实用化"的，考虑的是教学过程的方便与实用，但是电视课堂的教学空间是"审美化"的，指向的是观赏效果。所以演播厅"教室"有着超越真实教室的奢华与光鲜。即便如《快乐汉语》第三季着重营造真实课堂氛围的，也会因为 LED 大屏幕"黑板"而暴露出与真实教室的天壤之别。

（二）教学过程

电视课堂会呈现教学的过程，有的节目就将教学的整个过程搬上荧幕，如《快乐汉语》第三季，保留了上课铃等细节以打造课堂的仪式感，课堂环节设置了导入、教学、操练、考察、总结等，整个教学过程相对完整。这为电视课堂提供了一个完整的教学样板。

有的节目中某个环节是一个相对完整的教学过程，如《Hello 中国》。参加节目的学员要完成多个环节的比拼，其中部分环节采取"教学"思路。《Hello 中国》中的"热身赛""中国大调查""中国真奇妙""敢拼就会赢""高墙挑战赛"中只有"中国真奇妙"这一环节安排学员跟随老师学习中国文化和民间技艺，其他的环节则没有教和学的过程。节目中某一部分保留完整教学过程，也能很大程度地制造"课堂感"。

有的节目中没有完整的教学环节，只是保留教学的片段形式，如《汉字英雄》。只有"教"的形式，它采取导师制的方式进行点评式教学，这个过程是被片段化的媒体课堂教学呈现。导师点评和解释的内容是向观众开放的，而不是针对节目选手的教学，选手"学"的过程被省却。我们看到，这种点评式教学是电视节目的一种有力手段，它以节目内容主导"教学"的开展，也就是说教学内容不是由"师"来掌控，而是随着节目推进偶有的点缀和升华。

不论整体性教学，环节性教学还是片段性教学，其设置都是"仿真"的，它不是以真正的教授为目的，而是试图在教学过程中营造娱乐的效果，让其成为"节目"。在教学环节的设置中，电视节目更趋向于保留框架，它抽离了真实教学中的实际内容。即便如《快乐汉语》第三季那样的"完整"课堂，也是一种形式上的复现。而将教学环节融入节目和片段化截取的方式，更让教学附属于节目。

(三)教学内容

真实课堂的教学内容是有计划有步骤地开展和推进的。它统合于严谨的教学计划之下,整个教学体系有一个长期的安排,每一个阶段性的课程都在这个严密计划下按时执行。教学内容依托于教材,在制订教学计划之初最重要的一个内容就是教材的选择,必须与教师的目标和学生水平相匹配。接下来的教学内容将围绕教材而展开。

电视课堂与真实课堂区别的重点也在此。电视节目需要考虑"节目"属性,需要考虑怎样让电视上的教学更具有可观赏性。虽然在电视教学片时代,常常最终衍生出配套教材,但是这些教材是滞后的,是节目先行之下的一种文本总结。这和真实课堂先有教材的顺序不同,这个顺序也决定了两种课堂的出发点和重心。综艺节目"课堂"就更显示出一种内容的随意性。它没有一个严密的规划,我们很难在这些节目中找到什么内容上的逻辑,诸如《快乐汉语》的关键词关注的是其可能延伸出的文化陈述力,如"春""寿""乐"等,这就会造成内容的选择性。真实教学必须关注到真实的语言,考虑的重点是学什么有用,而不是学什么有趣。电视课堂的内容选择甚至让位于观众,《世界青年说》《非正式会谈》等节目的话题来源于网络投票和观众建议。节目内容的"观众决定论",也更清晰地反映出电视课堂的"节目"属性。

(四)教学测试

真实课堂强调测试,这是整个教学体系中必不可少的部分。教师经由测试获知自己的教学效果并在下一教学阶段做出反应。学生根据测试了解自己的学习情况并调整自己的学习行为。但是电视节目常常是缺乏检验或是淡化检验的。《Hello 中国》中的检验就似有实无,它用一个"最佳学员"的称号来作为节目的卖点,吸引参加者来努力完成每一环节,但它绝对不是一种严谨的考核。电视教学片也弱化这个环节,它有时会在节目结束时给观众设置问题,类似于课后作业,但是对于观众是否回答、回答的效果如何却并不关心。

从测试方式上讲,真实课堂倾向于一种讲求信度、效度的试卷设计,通过分数来量化学生的学习效果。这绝不是电视课堂所乐于采取的方式。不论教学片还是综艺节目,都排除了这种缺乏观赏性的方式。虽然《快乐汉语》第三季采取了组词、造句、选择题等书面考试形式,但是它更像是节目的一个引子,让表演能够在这个话题下更好地开展。

值得注意的是,电视课堂虽然淡化"测试"环节,但其实质有时更像是一个彻头彻尾的"测试",它的各种活动和任务需要参加者调动自己所有的知识储备才能完成。《"汉语桥"世界大学生中文比赛》就可以被视为一种在测试思路下设置的节目形式,是对学习者多年学习的一次大考察。既考察听说读写,又考察跨文化交际,还考察才艺应变,这似乎更接近我们教学的真正目标。这也为真实课堂提供了某种借鉴。

(五)教学对象

真实课堂的教学对象是明确的,学习者的人数、年龄、学习背景、语言状况、国别文化等都是清晰的,老师需要完全掌握从而"因材施教"。电视课堂中的学习者,他们也和真实课堂的学习者一样有着年龄、国别、语言等生理与文化上的特殊性。但是与其说他们是学习者,不如说是表演者更为确切。节目选择参与者时都是有严格考量的,诸如《世界青年说》除考虑国别、年龄、职业分布等因素外,还要考虑"三高"标准,选手是为观众设置出来的学习者。

选手的真实身份不是为了提高汉语水平而加入课堂的求学者,而是节目的组成者,他们的学习不存在"信息差",或者只有少量的"信息差",他们可以提前熟知"教学"的内容而充分准备。我们看到的唇枪舌剑也好,回答问题也好,可能都是充分准备后的一次表演。所以,电视课堂预设的教学对象,其实是观众,考虑的是观众需要观看什么样的"教学",以此确定教学的内容。电视课堂在节目中注入内容,让观众在娱乐中感受到知识与文化的力量。

(六)课堂关系

真实的课堂关系主要在教师与学生、学生与学生之间展开。这些明确的身份关系决定了教学活动的关系。传统的教学关系强调教师的主导地位,教师是整个教学活动的缔造者,他们通过教材来巩固自己对文本的权威地位,也在课堂活动中通过管理来实践自己的课堂权威。学生之间的关系主要是互助和互动。大量的语言活动要靠学生之间的互相帮助来完成。

电视课堂在关系维度上增加了很多角色,教学片时代主要是电视中的表演者和观众。后来又增加了电视主持人,到了综艺节目时代增加了更多角色设置,包含学习者、主持人、导师、现场观众等,例如《中华诗词大会》《中国汉字听写大会》由主持人来推动节目进程和衔接各项环节,由导师来完成知识的阐释和文化的提炼,由现场观众来完成即时的观看评价。这就使得所谓的教学关系更加多维。节目中主持人和导师的身份其实在现实中教师兼而有之,但是节目将之拆分后能够带来更加细腻的观赏体验,让每一种角色的功能更为清晰,同时,让互动更为丰富。每增加一个角色就是增加一个变量,让人物之间的关系更复杂和丰富。我们说要超越传统课堂,建立课堂的民主关系,让师生、生生互动更加立体和丰富,其实电视课堂的经验值得借鉴。

电视课堂和真实课堂固然是有别的,一个立足于真实的教学对象,一个借助角色化的学生,放眼于观众;一个思考如何让教学更有效果,一个思考如何让教学更具有可观性;一个思考如何让教学成为严密的体系,一个思考如何借用教学体系制造出想要的课堂氛围;一个强调教学内容的真实有用,一个考虑教学内容如何能扩展出娱乐的元素;一个在师生之间建立互动的渠道,一个在多元的角色里创设更丰富的人物关系。

第二节 电视课堂对真实课堂的超越

"娱乐"作为电视媒体的一种正常功能,它为观众提供了一种现代化的生活方式,让观众在其中获得心理上的享受。电视课堂的娱乐性是一种综合性的效果,它既具有娱乐时代的形式化特征,又带有课堂的知识传授性。电视"课堂化"是一种对于娱乐的反思和媒体的责任。我们知道电视的娱乐功能走向大众后,会容易因为对泛娱乐的追求而变得浅俗。它让深度的思考淹没在图像无休止的呈现中,表演和游戏降低了成人世界的观赏品质。在"娱乐至死"的担忧面前,制作方也在考虑如何为电视节目注入思考的力量。在屏幕上呈现知识成为电视自我反思的必由之路。同时,电视节目的社会责任也提醒其在内容设置上必须传递文化。当知识和文化成为电视综艺节目的内容时,其实电视节目具备了一种"课堂"属性,也就是说通过电视节目可以像课堂一样进行知识和文化的传授。

在对电视节目的分析中,我们看到"娱乐"作为电视的目标,成了一种时代的风尚。在"娱乐至死"的极端情况发生之前,我们其实应该正视"娱乐"的价值,这正是电视课堂的意义所在。电视课堂的娱乐性是一种综合性的体验,它是由趣味性、挑战性、文化性、互动性所共同构成的一种整体感受。

一、趣味性

第一章课堂的"挑战"已经提及,对外汉语教学在技术的更新之下正遭受冲击。媒体改变了人们学习的态度、方式。终身学习、碎片化学习成为技术造就的新的学习理念和方式。传统课堂固然有其先天的优势,如与文凭关联、有稳定的学习环境、有系统的教学设计,等等,但是它面临的挑战也很残酷。真实课堂具有时空局限性,对于习惯碎片化学习的学习者而言,是一种束缚。媒体恰好为突破时空限制提供了技术支持,并进一步削弱了真实课堂专有的权威性。同时,由于时空限制,真实课堂所能提供给学习者的学习情境往往有限,媒体恰恰能支持学习者自主地对学习材料进行选择和利用。当一个物理空间的课堂讲授的是一些可以借助媒体技术自由、自主学习的内容时,课堂就会失去其吸引力,也就是说使人感觉乏味。

第二语言习得理论认为,学习者在学习第二语言时的动机、情绪、信心、兴趣等情感因素,与学习成功与否有很大关系。如果"情感障碍"存在于习得过程中,再合适的信息输入也不起作用。关于趣味的心理机制,邓恩明指出,兴趣是人们有选择地、愉快地力求接近或探究某些事物、对象的心理倾向,当人们对某种特定事物产生兴趣的时候,就会产生愉快的情感,这时人的心理活动自然地就趋于定向,也就是说,使人们注意力集中。而注意是认识客观事物的基础,注意引发认识,并使之沉淀、留存。他认为,强烈的学习动机与认识兴趣须臾不可分。学习动机有"近景性学习动机"和"远景性学习动机"这两类。"直接兴趣"是由学习内容所直接引起的、在学习过程中产生的认识兴趣,它是构成学习动机,特别是近景性动机的重要因素。[①] 趣味形成一种教学的持续推动力,是学习动机产生的刺激力量。

但是对于对外汉语教学的趣味性,研究者多承认其重要性,但是却又将之与实用性、针对性、交际性、科学性等要求相联系,[②]关注一种"适度"的趣味。出于教学目标的考虑,趣味只是一种达成手段,不适宜过分宣扬。但是这种折中主义的原则,让教学仍然不具有足够的吸引力去迎接媒体技术带来的挑战。这种"克制"的趣味从一开始就仅仅是一种理想化的东西。

---

① 邓恩明.语言教材要有趣[J].语言教学与研究,1983(2):25-33.
② 持相近观点的学者有刘珣、孟国、赵贤州、陆有仪、李泉等。

电视课堂追求娱乐性,有趣是一个重要目标。趣味性是电视课堂"娱乐性"的核心要素。电视课堂是一个虚拟空间,它创设了一个"趣味性"的课堂。从理念来说,电视课堂关注一种持续的趣味,它不是仅仅着眼于某个环节的趣味,而是整个过程的趣味;从内容而言,电视课堂所有的内容设置需要包含趣味,人物关系、游戏设置、话题创建都是以趣味为先导的。这给对趣味保持警惕同时又感觉制造趣味乏术的真实课堂以借鉴。

和取悦观众一样,彻底的趣味娱乐会遭受诟病。但是,这是一种平衡,在后方法时代平衡课堂是教师的必备素质。拒绝课堂严肃性的丢失也不是课堂缺乏趣味的借口。趣味性是电视课堂带给真实课堂最重要的经验。

二、挑战性

真实课堂有着自身的讲述节奏,它会允许学生的平凡乃至平庸,以及在此设定下的知识的"传授"。

对外汉语教学讲求"i+1"的概念。这是由克拉申提出的"监察理论"的一个重要内容,即输入假说。这对第二语言习得产生了重要影响。克拉申认为只有接受足够多的可理解性输入才能获得语言知识。i代表学习者的目前水平,1代表学习者目前语言知识状态与下一阶段的差距。"i+1"是学习者习得的下一个语言知识,新增的内容需要基于原有的知识,习得的过程就是对原有知识的加工与同化。克拉申认为语言信息的输入既不能等同于学习者的目前水平,也不能远远超越其现有的水平。可理解为输入中的有效输入需要大于"i"小于"i+1"。

克拉申的输入假说理论对外语教学,包括对外汉语教学都产生了极大影响。它要求语言输入首先是能够被理解的,其次需要大量输入,再次输入应该是关联的、有趣的,最后输入应非按语法程序安排。为了保证大量、有效的输入就需要一种教学的节奏,它需要控制教学上称为"进度"的东西,以保证学习的有效性。在控制大于"i"小于"i+1"的过程中,其实规避掉了一些激烈的挑战,让教学的过程变得更符合教学需要。

但是,电视课堂却展示出一个相对"激进"的过程。它给参与者设定了竞争的角色,甚至让挑战贯穿始终。《汉语桥》世界大学生中文比赛》的冠军争夺、《Hello 中国》的"优秀学员"之争,都有这样一种暗含的预设——通过比赛激发参与者最大的学习潜质。包括《快乐汉语》第三季的课堂也显现出一种课堂的开放性,它基于一个话题引入语言和文化的各种知识,分不清什么是i什么是1。这固然与电视课堂的展示性、表演性相关,电视课堂参与者的汉语水平保证了"i"的高品质,但是保证有效输入几乎不再是一个被考虑的问题,它会设置一个极具挑战性的"1"让学习者去全力应对。

电视课堂的挑战性打破了真实课堂的节奏平衡,但是却可以激发学习者的潜能,赋予学生更多的课堂能动性,参与到自我目标的达成中。

三、文化性

对外汉语教学的文化问题,论之者不少。总的说来,研究者倾向于将文化教学分为对外汉语语言教学中的文化教学和文化课教学。对于语言教学中的文化教学,学者往往采取比较谨慎的态度。"语言教学的重心是解决语言学习问题,这一点什么时候也不能动摇。我们要重视文化因素,这是立足于语言的交际功能而言的。"①"过于强调汉语教学的文化传播功能,是对汉语作为外语教学是一门学科的误解,是对汉语教学文化传播功能的扩大化、理想化、超负荷化。"②"汉语教学必然伴随着文化教学,但是这绝不意味着要让文化教学成为汉语教学的重心或主流,更不是要用文化技艺来冲击乃至取代汉语言文字教学。"③对外汉语教学随着社会的发展开始重视文化,"结构-功能-文化"中对化的强调就是对文化价值的肯定。但是文化却始终被小心地置于语言之后,研究者担心文化对语言教学的冲击,导致教学的偏向。当然,这种担心是有道理的,但是文化的力量却很难被释放出来。

电视课堂又迈入了真实课堂所涉及的领域,它将文化作为表演的对象,甚至主要内容,语言则处于一种介质地位。《快乐汉语》让参加者以真人秀的方式体验文化,以舞台剧的方式表演文化,以小品、演说、辩论的方式评论文化。《非正式会谈》让参加者陈述对于中国文化的理解,讨论各种跨文化的话题。《汉字英雄》让参加者猜测、理解进而解读汉字文化。《中华诗词大会》让参加者分享更为专业的诗词文化。《叮咯咙咚呛》让参加者学习戏曲文化。电视节目可以让人忘记是在学习还是表演,但是它借助的是语言,每一档节目都必须以语言为媒介抵达文化的彼岸。在这个过程中,文化不但没有与语言冲突,反而成为一种力量,为了竞赛获胜、完成任务、展示自己,选手的语言能力会受到激发。文化变成一种吸引力,类似于创造语言的动力,让人在特殊的环境中去习得语言。

赵金铭先生曾指出,文化"应该是润物细无声,应该是耳濡目染、潜移默化的"④。那么这些润物细无声的文化除了被安排在教材中,其实也可以投入到更广阔的社会环境中。我们知道今天的语言学习方式不再只是简单地依赖于教师的传授,激发学生,创设情境并帮助学生建立自我学习机制成为一种时代的要求。在确立以语言为重心的对外汉语教学目标之后,我们可以思考文化的多重功能。电视课堂让参与者更为浸润于文化之中,并以此为环境、为目标来学习和运用语言。这种方式也可以作为真实课堂的某种借鉴。

---

① 杨国章.文化教学的思考与文化教材的设计[J].世界汉语教学,1991(4):237-239.

② 李泉.文化内容呈现方式与呈现心态[J].世界汉语教学,2011(3):388-399.

③ 陆俭明.汉语国际教育与中华文化国际传播[J].同济大学学报(社会科学版),2015(4):79-84.

④ 赵金铭.国际汉语教育的本旨是汉语教学[C]//汉语应用语言学研究(第2辑).北京:商务印书馆,2013:11-18.

四、互动性

真实课堂的互动主要在师生、生生之间展开。所以对于互动的强调其实是对原有教学方式的一种批判。在传统的教学关系里，教师是占据主导地位的，师生互动和生生互动的频率和类型主要依赖于教师的课堂组织。互动的丰富性是研究的目标，往往也是教师主导的教学关系中的一个难点。

互动式教学需要营造多边互动的教学环境，在教学双方平等交流探讨的过程中，实现不同观点的碰撞交融，进而激发教学双方的主动性和探索性，从而提高教学效果。这种方法主题明确，探讨深入，能充分调动学习者的积极性、创造性，但是组织难度大，学员探讨内容的深度和广度具有不可控制性，往往会影响教学进程。

"问题"是教学互动得以开展的条件和基础。首先，对教师的课前准备提出较高要求。教师需要对互动的问题有一个清楚的设计——什么问题可以既关联语言教学，又能激发课堂之间的信息交流。第二，对教师的课堂组织提出较高要求，教师围绕问题组织各种互动形式是关键。在这个过程中，要凸显学生的主体性。教师作为引导角色，需要在此基础上充分地发掘学生的主体性。

电视课堂的互动方式其实为真实课堂提供了一种参考。首先，电视课堂增加了角色设置，如导师、主持人，加上观众，各种角色关系形成更多元的互动。事实上导师的知识讲解和阐释职能，以及主持人关联各个环节、推动节奏进程的职责，在真实课堂中是由老师一人完成的。真实课堂不需要那么多角色来增加可观赏性维度，但是电视节目的角色分工却让节目更为清晰，互动更为多元。教师将课堂上的多重职责混合履行的同时，也模糊了每一种角色带有的互动意识。第二，电视课堂对于生生互动的呈现非常生动。电视课堂是弱化教学过程而强调教学效果展示的。《非正式会谈》《世界青年说》中学员之间的讨论呈现了互动的活跃性。《"汉语桥"世界大学生中文比赛》中的互动促进了团队的凝聚力，成员需要在彼此的沟通、商讨、互助中完成任务，这种互动是具有激发意义的。电视课堂的互动可以作为真实课堂的某种参照。

五、综合性

真实课堂为实现其教学目标会有所侧重，特别是对外汉语教学强调的是语言知识和技能的获得。电视课堂是一种表演性的教学，它强调的是展示，这种展示不仅仅是以语言为对象，它更倾向于以语言为介质的综合能力的展示。如《世界青年说》展示的是语言争辩，强调的是思维方式和文化的碰撞；《"汉语桥"世界大学生中文比赛》比拼的是语言，融合的是音乐、舞蹈、运动等技艺；《汉字英雄》考察的是汉字，却需要选手激发自己的综合潜能来完成游戏。

多元智能理论为教学指明了一个思考的方向。多元智能理论是由美国哈佛大学教育研究院的心理发展学家霍华德·加德纳在 1983 年提出的。传统智力理论认为语言能力和数理逻辑能力是智力的核心，智力是以这两者整合的形式存在的一种能力。加德纳认为过去对智力的定义过于狭窄，未能正确反映一个人的真实能力。他认为，人的智力不应该是一个量度，一个解题能力指标。根据这个定义，他在《心智的架构》这本书里提出，人类的智能至少可以分成七个范畴（后来增加至八个）：语言智能、逻辑—数理智能、空间智能、运动智能、音乐智能、人际交往智能、内省智能、自然观察智能。加德纳将智能定义为人在特定情景中解决问题并有所创造的能力。

多元智能理论对教育的观念具有开拓性，对对外汉语教学同样极具引领性。首先，语言教学也应该具有一种统观能力，语言智能是八种智能之一，它不具有唯一性并可以被整合。语言教学可以且应该在智能培养的理念下被综合性地实施。电视节目在综合性教学上提供了一种超越真实课堂的范式。第二，语言教学的评估也应该是多元的。多元智能理论对传统的标准化智力测验和学生成绩考查方式提出了严厉的批评。传统的智力测验过分强调语言和数理逻辑方面的能力，只采用纸笔测试的方式，缺乏对学生理解能力、动手能力、应用能力和创造能力的客观考核。因此，它是片面的、有局限性的。电视课堂也在多元测试上提供了值得真实课堂借鉴的示范。

教学与测评的多元智能观念其实导向了一种教学理念的更新，不论是教还是学，都不再强调单纯的语言性知识，它会被视为学生能力的一部分，被综合性地看待。所以教学的方式可以拓展，在后方法时代被解放的思想迸发出更具创造力的教学方法和思路；学生需要学会正确看待自己的语言能力与其他能力发展的关系，让自己走向更为多元的智能发展之路。

虽然多元智能理论对于对外汉语教学并不是什么新鲜命题，但是在真正的落实上却常常显得距理想之境太远。电视课堂用一种"有过之无不及"的方式将其展现出来，凸显其多元性所带来的吸引力。电视课堂会借助挑战性来实现多元能力的综合激发。它不再是一种语言能力的单纯展示，它会结合文化、生活常识、社会经验、思维应变、身体素质等方面来展现一个人全方位的发展。电视节目的娱乐性、观赏性也由此产生，而多元智能理论的学习目标也因此得到凸显。语言真正变成一种能力，成为一个人可以被大众欣赏的原因。

电视课堂与真实课堂之间存在这样一种互通的可能。电视课堂本是真实课堂的一种艺术化变形，它借助媒体技术让我们产生了一种"课堂感"。它成为这样一种超越真实时空的虚拟存在，让人们改变了原有的欣赏习惯。电视课堂与真实课堂在基本课堂形态、教学过程、教学内容、教学检验、教学对象、课堂关系等方面存在着很多共性，也存在不少差异。电视课堂在自我发展的过程中，随着娱乐的浪潮产生了超越真实课堂的属性，它的趣味性、挑战性、文化性、互动性、综合性等共同构成的一种整体感受，让电视课堂具有超越真实课堂的娱乐体验，这也是真实课堂可以借鉴的因素。

第三节　后方法时代电视课堂的借鉴意义

我们整理了电视课堂与真实课堂的异同，这也是对电视课堂"借鉴"真实课堂的一个"相似性"评估。但这并不是我们的目标。用真实课堂的标准来评价电视课堂的优劣是毫无必要的，寻找二者之间的差异也仅仅是一种背景性的研究。因此，我们在讨论了电视节目如何学习真实课堂，如何在这个过程中根据自己的需求调整"课堂"形式之后，还需要进一步讨论电视课堂如何被真实的课堂所借鉴，进而创新真实的课堂。我们可以在这个思路下去整理电视课堂带给我们的经验。

一、后方法时代对外汉语课堂电视化的应然可能

将课堂引入电视节目从而获得成功，这是传媒的一条突围之路，那么教学如何引纳传媒，这需要思想上的解放。对外汉语教学经过几十年的经验积累产生了自己的教学法，这是一个学科的实践之基。后方法时代的提出，与其说是一种方法论的变革，不如说是一种思想上的开阔。因为它提醒了教学者在一个变动不居的时代应该葆有一种什么样的教学态度。

对外汉语教学属于外语教学的一个分支，外语教学的环境、理念伴随着社会的发展而改变，也深深影响到对外汉语教学观念的演进。有学者将外语教学领域的变化做了一个总结："在外语教学领域内，从之前各自为政、以经验主导教学到如今统一整个领域的《21世纪外语学习标准》（以下简称《标准》，即 *Standards for Foreign Language Learning：Preparing for the 21st Century*）；在课程设计上，从过去只重教学过程不重结果到现在的以教学结果为出发点的反向设计原则（backward curricular design principles）；在教学内容上，从之前单纯的语言教学扩大到以跨文化交际为目的的五大教学内容（content standards of 5Cs）；在教学目标上，从过去只注重语言知识到现在注重三种沟通模式（three communicative modes）基础上的语言应用能力目标，即注重包括语言知识与交际技能在内的理解诠释、人际交流、表达演说三方面的实际能力；在教学手段上，从过去的粉笔加黑板到现在的电脑科技的课上课下应用。"①

外语教学从目标到方式，从课程设计到教学手段的改变揭示了一种时代的方向，是对外汉语教学所必须关注的。5C 标准为交流沟通（communications）、文化沟通（culture）、相关联结（connections）、比较（comparisons）、社区活动（communities）。当下的对外汉语教学需要将自己的教学目标综合化，例如，如何让各种形式的沟通更有效，如何保证中国文化与语言教学的互融，如何扩展汉语教学的知识领域并与其他学科领域结合，如何让学

---

① 靳洪刚.21 世纪的外语教学：以能力为出发点的主题导入教学新论[J].国际汉语教学研究，2015(3)：19-24.

生在母语与中文之间建立起比较体系,如何促进学生在课堂以外对汉语的学习和应用。在具体的教学目标中,需要思考三大交际模式的共同提升:理解诠释模式(interpretive mode)、人际交流模式(interpersonal mode)、表达演说模式(presentational mode)。这些模式对学生的表达提出了不同层级的要求,更重要的是这些要求都趋向于应用和实践。这些都在促使对外汉语教学的理念最终走向"结构—功能—文化"的综合方法。因为在一个重视多元能力发展、多层级语言能力培养的时代,教学目标不可能通过某种单一的方法达成。教师越来越将教学视为一个过程,一个需要师生共同参与建构,并且在过程中不断随着环境调整教学策略和方法的过程。

"方法"最先被视为一种态度。方法是什么?对外汉语教学中存在各种教学方法,在各个历史时期扮演了重要的语言教学角色。但是后现代的教学环境中,特殊性取代了普适性的位置,让教师的教学变成一个探寻方法的过程。库玛在讲到"方法概念的局限性"时说,首先,方法是在理想化的环境中,以理想化的概念为基础的。因为语言教育学的需求和环境千差万别,任何一种理想化的教学方法都无法事先预想到所有的变化……教学方法的另一大缺点在于它数量不足,方法有限,无法针对全世界纷繁复杂的语言教学一一做出满意的解释……方法的局限性慢慢令人们意识到,"方法"这个词只是一个内容空泛的标签而已,它不仅无助于提高,反而有损于我们对语言教学的理解。① 所以库玛对"方法"这一概念持否定的态度,并试图突破方法的局限"。这一点建立了一种教师的自我发展理念,教师永远不应该被动地接受教学理念、教学法,而应该成为一个语言教学策略、方法的思考者、探索者和实践者。

"方法"还被视为一种原则。方法是一个开放的体系,包括历史上那些实际存在和使用过的方法,后方法时代没有抛弃这些方法,而是不再具体地规约方法,代之以原则。库玛提出的十大宏观策略——学习机会最大化、促进协商式合作、理解失协最小化、调动直觉探索、培养语言语感、语言输入语境化、语言技能集成化、提高学习自主性、提升文化意识、确保社会相关性,每一条都未涉及具体的操作程序和步骤,它不像语法翻译法、全身反应法、任务法那样有着明确的规定和操作范式。这一点建立了教学者的自主性。教学变成一种具有建构意识的活动,教师必须在一个动态的环境中去建立、调整和优化教学方法。

后方法时代其实成了教学思想解放的某种标志,教师的身份由一个方法的执行者变为探索者和发现者。这其实是一种赋权,让教师把教学变为创造性的活动。这其实也在某种程度上模糊了教学活动的边界。教学作为一个动态的过程,它的宗旨是完成教学的目标,在这个过程中,任何"方法"都是可以采纳和尝试的。如果说"方法"可以被自主地建构,那么借鉴就未必来源于教学理论本身。电视课堂提供的有效"方法"可以反过来为真实课堂的提供参考。库玛提出的十大宏观策略在电视课堂中恰有应用,正可以成为真实课堂方法的理论基础。

在过去的对外汉语教学如何对电视课堂进行借鉴的思考中,讨论最多的是如何将电视节目直接应用于课堂。如《非诚勿扰》的片段可以进行听力教学,进而作为视听说的教

---

① 库玛.超越教学法:语言教学的宏观策略[M].陶建敏,译.北京:北京大学出版社,2013.

程正式地与对外汉语教学建立关联。如《"汉语桥"世界大学生中文比赛》可以作为一种激励,让学生观看进而产生学习的内驱力。或是某一个知识点,恰好可以引入某个电视节目片段,如讲一个汉字,采用《汉字英雄》中的某一解说,让电视来呈现知识点。这些引纳可以说是有意义的,在积极思考教学所能调动的资源,但是又是零散的,仅仅将电视节目视为一种教学资源,和传统常用的一幅图片、一段音频、一种实物等资源无异。

当我们看到电视节目的"娱乐性"是超越真实课堂的一种特质,进而想要探寻电视课堂的魅力所在时,我们发现这其中包含一种思路的转换。电视课堂和真实课堂是可以彼此借鉴的,电视课堂从真实课堂中获取想要的节目因素,制造"课堂感";真实课堂也可以从电视课堂中借鉴推动课堂发展的因素,制造吸引力。这样会让借鉴从一种零碎的资源获取变成一种思路的学习。

二、后方法时代对电视课堂的"主题"借鉴

电视课堂在主题的设置上,从形式到内容都有所创新。电视课堂的主题不是某种教材性的呈现,它更加生活化、多元化、时代化。它是电视课堂成功与否的关键,一个有意义、有趣味的主题,是电视课堂顺利开展的原动力。这也是真实课堂需要借鉴的重要内容。

(一)电视课堂的"主题"

1. 你想要说什么? 你想要听什么?

主题与话题有别。"主题"(theme),指的是一系列相关事物、话题的中心议题。"话题"(topic)则是指在中心议题下从不同方面展开的讨论。真实课堂的话题是具有强烈的设置性的,教材往往会按照经济、文化、教育、科技、环境、健康等不同"主题"去分配课文比重,进而设置"话题",并且按照记叙文、说明文、议论文等形式再次平衡教材内容。教材编写中往往会考虑交际性、实用性、科学性、趣味性等要求。所以好的教材其实需要符合指标。但是这个指标很少是来自学生的。虽然编写者会考虑读者需求,学生也可以给出教材的使用体验以供编写者参考,但是教材更多仍是编写者的"预设"。

库玛认为教学大纲、教材和课程计划在课堂表现中难以尽如人意是因为其"预设本质"。完备的教学大纲、完善的教材和周详的教师课程安排虽然能为教师提供必要的知识和方法储备,但是这些未必适用于当下的课堂。在一个多元化的教学环境下需要的是一种超越预设的设计。

电视课堂具有强烈的"反向设计"属性,它极其关注观众的感受,它在设定主题时往往会从观众的角度,从最终的节目效果考虑,来设置所有的过程,以及各种具体的话题。观众想要听到的,才是节目嘉宾要说的,以及节目接下来要设置的。所以我们看到《非正式会谈》《世界青年说》的话题来源于网络和投票,来源于观众的"欲望",这是一种反向满足。

所以从话题来源上看,这些话题的现代性非常突出,呈现出一种强烈的青春标志和当代印记。"男人来自火星,女人来自金星?""在读大学生选择休学创业还是稳定就业?""继承者们是传承家业还是自由追梦?"这些关于梦想、择业等话题是教材中的常见主题,但是

却被用一种更具冲击力的话题方式表达出来，打破了教材中原有的平衡。

2. 你想要怎么听?

话题只是一个内容，如何以话题来推动节目，成为一个重要的命题。从这个角度说，电视节目的话题可以被视为一种"任务"，由任务构成了课堂过程中的推动力，课堂"话题"通过各种形式的任务来执行和表现。如果按照任务实施的方式及互动的特点，考虑到交际任务的内容，将一般的交际任务分为：主旨发言类、转换身份类、复述课文类、创作表演类、专题讨论与辩论类、调查并报告类等。① 这就构成了多种教学方式举的局面。

电视节目的主要"任务"形式也与上述教学任务形式相似，但是更倾向于采用具有表演性的主旨发言、创作表演、讨论与辩论等。因为节目考虑的不是何种任务形式适合语言操练，而是何种任务形式更具有节目属性。如《快乐汉语》第三季的设计理念就是以"主题"展开，一个字作为一个主题，由此展开与之相关的节目环节。这样的设置具有强烈的发散性，内容上和形式上都具有一种开放性，使得教学的效果指向一种"综合性"，即听说读写技能的全面发展，以及艺术、文化、思维能力、语言技能的综合提升。《世界青年说》以"说"为主，包含了主旨发言、创作表演、专题讨论与辩论等多种形式，并将论辩式的谈话发挥到极致，在此过程中充分呈现互动的多元方式。《"汉语桥"世界大学生中文比赛》等竞赛类节目也是重视主题的先导性，它会将之分散到表演、演讲、体验、竞答等各个环节，让"七宝楼塔"般的各种形式被一个或隐或现的线索所联结和推进。

说到底，主题设置和实施过程都有强烈的观众预设，这就要求设计时对整体过程的精细掌握，这正是现代对外汉语教学所应关注的一种"主题导入教学设计"。

(二)对外汉语教学的"主题"与实施

电视节目的"主题"对对外汉语教学的启示颇多。

1. 对教材的启示

教材的瓶颈也许正在于其平衡性，如前所述，教材需要平衡内容、话题、文章类别、古今文化等各方面，它是编写者的一种预设。同样的主题，教材的话题表达中规中矩，节目的话题表达却趣味横溢。这就涉及主题的生发、阐释、张力问题。教材的话题如何具有课堂吸引力，可以向节目中的话题设置借鉴经验。

但同时，"预设"的课堂常常很难拥有节目的自由度。电视课堂的话题，是跳脱于教材而绝对自由的。所以在欣赏其趣味时尚的话题设置时，不能忽略它产生的背景。真实课堂是以教材作为文本的，在"话题"与"课堂"之间，还有一个张力的发掘者，就是教师。当教材的话题给出了一个"预设"，教师可以在自己的教学过程中将其进行有针对性的阐释和组织，发掘话题中的输出刺激，探索课堂活动的方向。教师需要基于对教材的充分把握，以及对学生能力的充分了解，发掘和延伸"话题"，展示教师的创造性，以及把握课堂的能力。

2. 对主题的设置过程和实施的启示

这在对外汉语教学中其实早有研究。"主题导入教学法"是在 2004 年由靳洪刚与梁新欣提出的一种教学呈现方法。"主题导入教学法遵循《标准》，强调语言学习是有主题、

---

① 郭鹏，吴中伟. 对外汉语任务型教学[M]. 北京：北京大学出版社，2009.

有意义的过程，是一种以培养语言能力为目的的教学方法。主题导入教学法认为，语言教学要从当代全球化发展的能力要求出发设计教学主题。也就是说，语言课程设计要围绕一个当代主题，发展出一系列相关子题，由此导入有意义的教学互动。语言教学要与学生的生活、学习息息相关。"①

主题导入教学法强调采用反向设计的原则，以学习结果为出发点确立学生的能力目标，并使用科学的评估方法设计教学。这也就是说，主题导入教学的过程要符合反向设计的四个步骤：①制定能力目标，②确定能力的表现形式及评估方式，③针对能力目标设计有意义、有目的的课堂活动，④对预期的教学结果进行评测及结果检查。

我们看到"反向"设计所强调的其实是一种师生关系变化的教学呈现，它强调学生的地位，关注教学的最终效果，这和电视节目关注观众和最终的节目效果是一致的。主题导入教学法会考虑5C目标，会将学生的综合技能和全面发展作为最终的方向，这样它会在进行设计时充分地考虑整个过程的实践性、趣味性、综合性等等。

主题不是内容，它是一种推动力，是一种以结果作为起点的反向的思考，它能带动整个教学过程，最终达到预设的目标。

(三)后方法时代主题的意义

后方法时代的教师是自主教师，他们研究教学环境的特定性，考虑社会政治条件的可行性，在实践中构建和补充自身的教学理论，是教学研究者、实践者和理论构建者的统一体。"主题"对教师的要求充分体现了后方法时代的转变。教师作为一个教学活动的缔造者，不是教材的被动执行者，而需要成为一个创造者。教师需要借助主题为学生"创造最大化学习机会"。"学习机会"的研究作为"后方法理论"体系探索的焦点之一，从20世纪80年代起便备受关注。库玛提出的十大宏观策略中，"学习机会最大化"是一个统领性的策略，"学习机会"的把握是汉语学习的重要策略。

Crabbe将"学习机会"定义为"任何有利于增加语言知识、提高语言技能活动的参与机会"。它包含七个类别，分别是输入、输出、互动、反馈、反复练习、语言理解和学习理解。② 在课堂教学中，教师的创造性最重要的是体现在为学生创造更多的学习机会。老师需要为学生创造可理解的输入、有意义的表达、真实交流的互动等。这些"学习机会"贯穿整个教学过程。

主题其实提供了一种开放式的参与体系，可以最大限度地容纳学生的各种参与，它可以让学生将自己的生活经验与特长发展与语言结合；它也联通了课堂内外，保障学生能在这个主题下持续性地学习，因为每一次成功的教学都会重视"反向"过程中学生的充分准备，协助他们为完成主题而充分调动知识储备，并将其延伸到课后。教师需要帮助学生拓展主题之下的情境，让其成为学生继续在生活中发现和应用语言的机会。

---

① 靳洪刚.21世纪的外语教学：以能力为出发点的主题导入教学新论[J].国际汉语教学研究，2015(3):19-24.

② Crabbe D. The Quality of Language Learning Opportunities[J]. *TESOL Quarterly*，2003，37(1):9-34.

教师在创造机会的过程中,更多的是一个话题的制造者,他们要学会利用教学话题来推动课堂,"教师要有能力针对一个主话题或子话题,通过教师的各种提问来引发并保持持续的真实且有意义的交际互动(明线)。与此同时,教师又要利用提问在引发并保持持续互动中介绍、示范语言的使用规律,再通过诊断、加强、上升等教师提问方式,让学习者接触、理解不同的语言输入,尝试不同的语言输出,并进行必要的互动调整与语言调整(暗线)"①。

教师的提问可以分为展示性问题和参考性问题。展示性问题指答案具有预设性并已预先为教师所知的问题。参考性问题的答案则通常是开放式的,可以涵盖更多新信息。参考性问题重在询问学习者的观点并进行解释。库玛认为,参考性问题有助于从学习者身上获取新信息并推动学习者积极地运用他们的推理能力,更能创造出学习机会。同时教师需要善于利用回答学生问题的时机,发现其中潜在的学习机会。这个过程中教师需特别注意调动所有学习者,把一个个体的问题变为共同的学习机会。

对外汉语教学活动是一系列围绕主题开展的过程。"学习机会"理论将宏观的课堂教学过程微观化,深入课堂的具体环节。创造学习机会是后方法理论的一个核心命题,其内涵包含了一种对师生关系的新理解,学习是一个自主的过程。教师则从传授知识的角色变成这一过程的设计者和实践者。教师需要将更多的时间用于课堂的设计,他们甚至可以像电视节目制作方那样采用反向的方式,从学习效果着眼,考虑怎样安排课堂的过程。主题其实是一种目标,是教师经过精细思考后的一个归纳性呈现。当然,教师对于主题的设定必须是建立在足够了解学生水平和合理的发展计划之上的。让课堂中被创造的话题成为一种被设计过的话题。

三、后方法时代对电视课堂的"测试"借鉴

真实课堂的测试是教学的一个重要环节,是教学效果的主要反馈方式。它会形成"反拨效应"②,以考试来影响教师的教学目标、教学方法、教学内容。电视课堂中的测试是一种节目化的测试,对于真实课堂测试的问题有某种借鉴意义。

(一)对外汉语教学中的"测试"

语言测试的种类大致可以分为:成绩测试、学能测试、诊断性测试、分班测试、能力测试。对外汉语教学中这些测试类型贯穿在学习过程的各个阶段。总的说来,成绩测试和能力测试尤为重要。成绩测试侧重于检查学生对所学课程的掌握情况,包含学期考试、学

---

① 靳洪刚.21世纪的外语教学:以能力为出发点的主题导入教学新论[J].国际汉语教学研究,2015(3):19-24.

② Alderson,C.& Wall,D. Does Wash Back Exist [J]. *Applied Linguistics*,1993,14(2):115-129.15个反拨效应假设(wash back hypothesis)包括测试会影响教学方法、教学内容、教学速度、教学顺序、教学的程度与深度,测试会影响学习内容、学习方法、学习速度、学习顺序、学习的程度与深度,测试会影响教与学的态度等。

年考试和毕业考试等。能力测试也叫"水平测试",HSK(汉语水平考试)、YCT(中小学生汉语考试)等都是权威的水平测试方式。成绩测试依据教材,能力测试不依据教材但却是一种更综合性的知识考查方式。

对外汉语的测试经历了从关注成绩到多元评估的过程。对外汉语学界渐渐达成共识,测试需要从一种知识性的检测转为能力性的评价。"汉语教学评估由注重终结性评价,转向以形成性评价为主。"[①]有学者提出,应该"淡化鉴别,注重过程;注意综合评价,关注个体差异;定性定量结合,评估方法多元化;评估重心转移,终结和形成性评估结合。"[②]

对外汉语教学的测试和评估正在随着教学目标的演进发生实质性的改变。在此过程中,测试仍然距理想之境尚有差距,特别是与日常教学紧密相关的成绩测试,仍然在如何结合教材、如何反映信度和效度、如何合理化题型设置等方面进行深入思考,目前的测试在体现综合性的培养目标上仍缺乏新意。

综合语言运用能力的形成建立在学生语言技能、语言知识、情感态度、学习策略和文化意识等素质整体发展的基础之上。综合能力立足于人的多元智能发展,包含语言、逻辑—数理、空间、运动、音乐、人际交往、内省、自然观察等八个范畴。如何培养语言知识及语言技能,进而促进人的全面发展,这是应试教育的症结所在,也可以尝试在电视节目中寻找经验。

(二)电视课堂的测试

电视课堂的测试需要从节目设置去考量,它避免了考试那样冗长而沉闷的检测方式,但是它却运用了测试的精髓来完成节目的构思。

电视节目淡化了我们的考试,首先节目不依赖于教材,它在内容上是以"主题"带动各个环节的发展。但是,整个节目其实可以被视为一种整体性的测试。《"汉语桥"世界大学生中文比赛》等竞赛类节目需要参与者调动整个知识储备。语言、逻辑—数理、交际、空间、音乐、人际等多项能力都被囊括其中。所以说"没有考试,就是考试"。

电视节目体现了这样一种"测试"思维,其实这是制造电视节目悬念进而对观众产生吸引力的一种方式。《"汉语桥"世界大学生中文比赛》每一阶段的比赛其实都是一种有针对性的测试,设置了不同的形式,或是演说,或是辩论,或是情境表演,参与者在不同的形式规则下展示自己的综合语言技能。比赛的积分制让节目的悬念感持续,更是形成一种激励机制,让参与者更加投入地参与到表演之中。

这非常符合我们对汉语教学测试的期待。

主要原因如下。第一,过程得到凸显,采用了形成性评估的方式。电视节目虽然关注具有唯一性答案的知识评估,但是更强调以语言为介质的综合能力在整个过程中的呈现。节目关注如何"娱乐化"的同时,必须考虑怎样将语言表演过程化,所以不是单纯要求参加者给出答案取得分数那样简单,它需要观众参与到整个测试的评判之中。因此,将节目过程化就非常重要。

第二,注意综合评价,关注个体差异。电视节目不强调唯一性,它希望有更多的个性

---

① 赵金铭.对外汉语教学理念管见[J].语言文字应用,2007(3):13-18.

② 杨翼.对外汉语教学测试与评估的历史演变与发展趋势[J].中国考试,2008(4):45-50.

来满足各种欣赏习惯的需求。所以它注重各种个性的差异化表达,并发掘、展示它们。个体间差异会表现为各种语言技能发展的不平衡、各种智能发展的不均衡,这在不同阶段的评估中会表现为成绩的起伏波动,但是某一阶段的评估结果并不会造成决定性的影响,最终的评估结果是一种综合指标的体现。

第三,重视评估的反拨效应,建立教与学的良性互动。Messick 认为,反拨效应是构想效度的一个重要组成部分,一个具有高效度的测试应该能够对教学和学习产生积极的反拨效应。① 电视节目测试的反拨效应,在形式上由角色设置来给予保障。节目中的导师是负责知识阐释和扩展的,当测试的答案产生后,导师会及时予以评价,教学的方法和内容是与测试结果紧密相关的。当学员进入下一阶段时,其实也在根据测试结果调整自己的方法和策略。

(三)后方法时代测试的意义

后方法理论十条宏观策略中提出要"整合语言技能",传统上语言教学将语言技能区分并按序排列为听、说、读、写四类,库玛则强调将听、说、读、写四种技能加以整合。他认为自20世纪五六十年代开始形成了分技能语言教学,这并非基于理论和经验,而是出于操作便捷的考虑。因此,库玛认为整合语言技能十分必要,这符合语言教学的本质属性,可以提供不同的学习机会给不同类型的学习者,也可以促进学习者语言水平的发展。

中国的对外汉语教学中流行分技能教学的模式。鲁健骥描述了其设立过程,"分技能教学模式"的设立是由于原有的综合教学模式无法适应新形势的要求。综合教学以语言知识为纲,对语言能力的培养十分薄弱。分技能教学突出了技能培养,对听、说、读、写四种技能有针对性地加以训练,阶段性、选择性地突出听、读或是突出听、说,主课是综合课,其他课型与主课协调进度,老师之间要互相配合。分技能教学模式在全国流行后,其主要特点是,按照语言技能训练的要求组织和编排教学内容,一般将听、说、读、写四项技能分配于听说课、读写课、阅读课中进行训练,使用专项教科书,但三者含有一定的"共核"。②

关于分技能教学的问题,有学者进行了反思。鲁健骥指出,首先是主干课即综合课任务庞杂,什么都想兼顾,又什么都没有兼顾好。其次是缺少泛读内容,精读和泛读一直处于失衡状态。③ 崔永华、吴勇毅认为,该模式的问题在于,综合课的教材未能很好地体现各课之间的共核;此外,大部分院校都是多种教材搭配使用,各课型包含的内容差异很大,课程之间缺乏配合。④ 有些学者已经意识到"分课型教学缺乏非常充分的理论依据"。⑤

---

① Messick, S. Validity and Wash Back in Language Testing [J]. *Language Testing*, 1996, 13(3): 241-256.

② 鲁健骥. 口笔语分科,精泛读并举——对外汉语教学改进模式构想[J]. 世界汉语教学, 2003(2): 82-86.

③ 鲁健骥. 口笔语分科,精泛读并举——对外汉语教学改进模式构想[J]. 世界汉语教学, 2003(2): 82-86.

④ 崔永华. 基础汉语教学模式的改革[J]. 世界汉语教学, 1999(1): 4-9; 吴勇毅. 汉语作为第二语言/外语教学模式的演变与发展[J]. 华东师范大学学报(哲学社会科学版), 2009(2): 89-93.

⑤ 王若江. 对汉语口语课的反思[J]. 汉语学习, 1999(2): 39-45.

这种分课型的教学需要反思,测试就更反映出对于"技能"分类考评的问题。每种单维度的测试其实是不能反映学生的综合技能的。从反拨效应来看,也不能在分技能训练之下引导教师进行综合训练的意识和学生进行综合发展的态度。后方法时代的重要理念是走向"综合",这也是对外汉语教学的一种反思方向。有学者提出"汉语综合教学法",即教学环节的综合和课程设置的综合,综合的理论依据是"内化"理论。① 这是一种从课程设置到教学操作均综合化的理想模式。电视节目的借鉴意义就在于,它会以一种整体性的"测试"来推动学习进程,一边学习一边检测一边调整,更重要的是每一项测试都倾向于一种综合性的考察,将语言技能与智能发展统一起来。

这样的测试方式除了有理念价值,还会带来形式上的借鉴意义。它会导向一种"合作"。当关注考察和评估学习者的"技能"时,它不再是一种单纯的知识性检查,而是倾向于建立在三种沟通模式(three communicative modes)基础上的语言应用能力评估体系,即对理解诠释、人际交流、表达演说三方面的实际能力的考察。沟通模式的达成需要建立良好的合作关系,无论何种模式都需要在一种更为真实的交际环境中完成。电视节目在设置环节时创造了这种"合作"的机会。例如《"汉语桥"世界大学生中文比赛》在参与者与主持人之间建立合作,可以形成理解诠释,其实是教学活动中任务发出者与执行者之间的理解诠释关系;在参与者与评委之间建立合作,其实是教学中评价者与受评人之间的交流关系;通过分组,在参与者与参与者之间建立合作,他们彼此需要通过各种形式的交际完成共同的任务,或是在竞争中阐明彼此的观点,形成"竞争者的合作"。

后方法理论的宏观策略也指出要"促进协商互动",需要在学习者之间、师生之间建立有意义的课堂互动。"互动"具体分为文本互动、人机互动和思维互动三种类型,要通过使用目的语进行有意义的协商式交流,来提高学习者的语言能力。学习者应该被授权和鼓励去主动发起话题,以此来提高他们的学习热情,只有当与教学有关的所有参与者都能够灵活自主地进行会话和话题管理时,促进协商互动的教学实践才会收到满意的效果。电视节目中的"测试"其实是这样一个激发机制,它能在各个角色之间建立关联,就像我们课堂的师生、生生关系一样,促使这些关系有效地开展交际,从而保证协商式互动的效果。

电视节目的"测试"为真实课堂的"测试"提供了一种借鉴,测试是一种综合性的考察,它不应以技能划分的方式被人为地分割,而应在测试过程中建立一种协商式互动的机制,让学习者在竞争与合作中有更大的学习收获。

四、后方法时代对电视课堂的"文化"借鉴

(一)对外汉语教学的"文化"问题

对外汉语教学中的"文化"可以分为语言教学中的文化教学和以文化为内容的教学。前者将文化与语言教学相联系,后者则更为强调文化作为一种学习对象。如何在对外汉

---

① 赵金铭.对外汉语教学法回视与再认识[J].世界汉语教学,2010(2):243-254.

语教学中进行上述两种文化教学是一个重要的课题。

在语言教学中,文化的地位有一个逐渐凸显的过程。20 世纪 90 年代提出的"结构—功能—文化"的综合教学方法,将文化提升为语言教学的重要内容。在此之前,结构主义与功能主义经历了长期的发展和争论,在西方语言教学中,有重语言形式和重语言意义两种不同的教学途径。前者是以语法翻译法和听说法为代表的传统的结构主义教学法,后者是以交际法和任务型教学法为代表的当前西方语言教学法主流的功能主义教学法。

当语言学界关于结构和功能的争论延伸到对外汉语教学界时,争论仍在继续,但是一些观念逐渐得到公认。文化观念在这些争论中扮演了某种调和的角色。刘珣认为,这是中国思维"将争论化为玉帛"的一种贡献:"解决这个问题,也许需要求助于中国文化,运用中国式的思维方法——充分考虑到各方面的因素,不走极端,找一个平衡点。""按照中国人的思路,我们可以在结构与功能之间找一个平衡点,把两者结合起来,发挥各自的优势,既保留了我们的传统结构法的长处,又汲取了西方功能法的优点。而且,今天时代又要求把文化作为第二语言学习的主要目标之一结合到教学中,这就需要进一步加强文化的教学。"①

文化教学的凸显显示了理论争锋的消弭,也是社会发展的结果。语言学习的终极目标指向了交际,而交际的成功有赖于文化的顺利沟通。语言教学难以作为一种单独的技能脱离实践的背景而存在。在"5C 原则"下,文化也在语言学习目标中占据着重要地位。一方面,文化的地位得到凸显;另一方面,教学上的未解问题却依然存在。这些问题主要体现在以下几方面。

第一,文化知识与文化体验的关系问题。语言的交际需要基于文化的沟通方可顺利进行,但是这些文化获得的方式却是多样的。正如语言知识通过操练才能内化,文化知识也需实践才能成为真正和语言能力结合的一种技能。"现代语言教学十大原则"之一就是"体验学习"(learning by doing),让学习成为一种合作完成、自我发现、增长经验的过程。② 语言与文化的结合构成体验的综合性内容。

第二,中华文化与跨文化的关系问题。对外汉语教学中的文化教学需要建立在文化对比之上,这和针对中国人的文化教学不同。对外汉语教学的对象本身带有自己民族的文化基因,在学习汉语的过程中,他们感受到不同的文化习俗,产生跨文化的冲突,从而造成语言交际的障碍,这是对外汉语教学中文化学习的出发点。文化不是一种宣扬,而是一种务实的交际基础。

第三,文化的知识性与趣味性的关系问题。正如跨文化交际中文化适应存在蜜月期、挫折期、恢复期、适应期四个阶段,文化差异冲突造成的"趣味"是很短暂的,而克服冲突的过程却是一个从挫折到适应的历程。文化知识不一定具有趣味性,让文化的内容具有"趣味性"需要从多种方法上着手。

对外汉语教学的"文化"问题最后回到了方法这个原点。电视节目恰可提供某些参考。

---

① 刘珣."结构—功能—文化相结合"的汉语教学理念再思考[J].国际汉语教学研究,2014(2):19-27.

② 靳洪刚.现代语言教学的十大原则[J].世界汉语教学,2011(1):78-98.

(二)电视课堂的"文化"

电视课堂的"文化"之所以吸引人,最重要的是它是参与式、体验式的。首先,节目的游戏和任务能将文化元素融入其中。《"汉语桥"世界大学生中文比赛》《Hello 中国》中的游戏和任务就带有强烈的中国文化元素。参与者为了完成游戏和任务,必须要了解和学习相应的中国文化知识,这就更体现了参与和导向体验,并以此形成对文化的深度展示。第二,当真人秀发展起来后,节目就更加追求一种真实的体验。参与者被要求直接进入中国社会。这样就能确保"社会关联"。《叮咯咙咚呛》用真人秀的方式,采用任务法,让学习的过程成为一种深度的文化体验。

后方法理论认为课堂应该是广阔社会的一部分,受到社会大环境的影响并成为社会的一个缩影,为了有效地开展课堂教学,就必须认清社会环境对课堂教学的影响。这里的社会环境包括了国内外的政治、经济、文化、宗教、家庭、社团等因素,也包括阶级、性别、民族、国籍、职业等因素,这些因素对课堂交流起到了重要的作用。上述因素在真实的课堂教学中,即便是情景模拟,也很难确保学生了解到文化的真实样态。教师应该对第二语言教学所依存的社会、政治、经济和教育环境保持敏感。具体讲,它强调教师应积极了解并掌握与教学活动相关的社会、政治、经济和教育环境等条件,并在教学中灵活地应对。

电视课堂的文化还是一种"跨文化"的呈现。《世界青年说》《非正式会谈》都非常强调文化差异,强调"合而不同"。其成功的关键不在于中国文化的单方面传授,不是将之作为知识让参与者学习,而是将"中华文化"作为"话题",呈现出嘉宾们带有各自原生文化形态的观点。关于话题的争论来源于文化差异,话题的有效交际有赖于跨文化的互动。在这个过程中,需要"最小化感知失配"。

电视课堂中的交际需要调动文化储备以"最小化感知失配"。后方法理论认为造成感知失配的原因主要有 10 种:认知失配、交际失配、语言失配、教学失配、策略失配、文化失配、评价失配、程序失配、讲授失配、态度失配。其中认知失配主要表现为教师和学习者因为国别、常识等不同而对事物的认识和理解不同;文化失配主要表现为教师和学习者对于目的语文化感知和理解的不同。最小化这两种失配都涉及跨文化的问题。节目中的参与者他们使用汉语,但是表达的是自己的文化,对话和论辩最后要能走向相互的理解,需要双方在跨文化的对比中不断达成对对方文化的理解,最终达成对对方观点的理解,实现交际。真实课堂的交际也应建立这样协商互动的基础,关注各种文化之间的跨越和沟通。

(三)后方法时代"文化"的价值

库玛的后方法理论强调"增进文化意识",将学习者视作文化信息提供者,从而鼓励他们参与那些可凸显其能力和知识的课堂教学过程。在传统的教学中,人们一方面总是将文化特性与语言特性牵强地联系在一起,忽略了民族和语言范畴内多元文化和亚文化的变体;另一方面,忽视了学习者带入课堂的丰富多彩的世界观。只重视单一的目的语文化,始终未能利用学习者提供的丰富的语言和文化资源。因此,后方法理论的宏观策略强调在教学中也要重视学习者的语言和文化背景,从而鼓励学习者积极主动地去参与课堂。有研究者认为,后方法理论有助于外语教学中的"跨文化"教学:"后方法理论与跨文化外语教学目标相契合,后方法理论体现了外语教学工具性和人文性的有机统一。"①

在后方法的宏观策略下,对外汉语教学中的"跨文化"意识得到凸显。后方法理论强调学生的自我建构,后方法的学习者是自主学习者,包括三个方面的内容:学术自主(academic autonomy)、社会自主(social autonomy)和解放自主(liberatory autonomy)。学术自主是内在的,学习者为学习负责,从而形成自己的学习策略和学习风格;社会自主是交际的,学习者在合作中发展使学习富有成效的能力和意愿;解放自主则授权学习者进行批判性思考。学习者在三重自主中进行具有自我建构意义的语言学习。文化也不是一种被动接纳的过程,也需要在一种建构之中达到内化。而文化的建构与语言的建构一样,都无法抛弃原有的语言体系、文化体系而存在,它需要以原有体系为参照从而对比性地发展。所以跨文化的意识是中华文化在语言教学和单独的文化教学中所必须贯穿始终的意识。对"多元文化和亚文化"的重视是后方法时代的一个重要观念,并且,"鼓励学习者积极主动地去参与课堂"也是一个重要指标。

后方法理论反对以某一种具体教学法来组织教学,强调以特定性、实践性和可行性为基本原则,科学组织外语教学。特定性参量是指特定教师为实现特定的目标在一个特定社会文化环境里教授特定的学习者。对于文化教学而言,特定性参量强调有针对性的文化教学,实践性参量强调将文化的教学方法实践化,可行性参量强调课堂教学要同时满足语言和文化的双重需求。所以,文化教学需要将真实的情境引入课堂,增加社会实践的机会,培养跨文化交际的能力。

在后方法理论下,文化教学的方式指向了任务型教学。任务型教学可以将语言学习与有目的、有意义的真实交际或生活任务结合起来。研究者指出,"任务教学就是'体验学习'的一种表现形式。任务教学的方法就是从学习者的实际需求出发(如用第二语言与目标语国家的人交流、合作、解决问题等),设计模拟及真实任务,让学习者在完成任务的过程中使用语言、体验文化,最终获得语言。此外,有预期结果的教学任务都具有相当大的参与、实际操作和解决问题的成分在内"②。

采用任务的方式能最大化去"体验"机会。体验的过程能够深度参与"文化",在过程中学习知识,深入文化产生的背景,了解其存在样态,并且在这个过程中结合语言的应用。当代文化的地位越来越受到重视,被定位为学习和讲述的重点,其体验性就更为突出。相对于古代文化,当代文化的存在形态更适合于被体验,它将语言学习更进一步变为一种深入接触中国的要求。

① 姜丹.外语跨文化交际能力培养与后方法理论教学模式分析[J].沈阳农业大学学报(社会科学版),2017(1):90-93.
② 靳洪刚.现代语言教学的十大原则[J].世界汉语教学,2011(1):78-98.

五、后方法时代对电视课堂的"趣味"借鉴

(一)电视课堂的"趣味"

关于"趣味"，前文已经反复提及，这是电视课堂最具借鉴性的特点。电视课堂的"趣味"是从"娱乐"概念中衍生出来的。娱乐是一种目标，让人具有生理和心理上的快感体验。这种快感具有多重维度，感到有趣味是一种娱乐，感动、放松、刺激，甚至恐惧都可以是娱乐的不同体验。趣味更倾向于一种快乐的吸引，这种快乐是吸引力的源泉。

电视课堂"内容"的趣味性很具有借鉴意义。真实课堂的趣味性在某种程度上依赖于文本内容。很多学者强调教材编写的趣味性，希望为教学提供一个"趣味"的源头，"在语言教学中，学生对所学内容感兴趣，则更易激发注意力，激发学习者内在动机"①。如何在文本教材上创造趣味性，这个问题其实具有一种"满足机制"，是以学习者作为考量对象，思考满足其心理需求的文本内容。但是教学的"满足机制"是有限的，趣味性要受到科学性、实践性等的制约。电视课堂的趣味性虽然也需要相应的制衡，但是它超越了其他特性，排在第一位。《世界青年说》《"汉语桥"世界大学生中文比赛》《Hello 中国》等节目在选择内容时都会首先考察受众的需求，从而制造"娱乐"。如《世界青年说》对于时尚、热点话题的把握，《"汉语桥"世界大学生中文比赛》对于中国文化内容的挖掘，《快乐汉语》第三季对于"主题字"的选择和演绎等，都是基于受众需求而设计的制造节目趣味性的重要手段。

电视节目过程中的"趣味性"也值得借鉴。真实课堂除了文本的趣味，教学的趣味也很重要，有学者认为教学的过程是更重要的制造趣味的时机，"教材的趣味性原则并不像我们想象的那么重要，重要的是教师的主观能动性，即教师的知识水平、素质修养、教学方法、教学艺术、教学态度、敬业精神、性格禀性等，如果教师能把这些方面的良好状态成功地体现在教学过程中，必定会深深地吸引每一个同学，教学过程自然充满趣味性"②。在过程中创造趣味性，需要强调教师的意义，特别是教师在对于教材文本的利用、改造和创造性发挥上的作用是积极的，这是建立在对教师课堂权威的肯定基础之上的。在一个课堂关系朝着师生互动共进的方向发展的时代，趣味性的产生既不能仅仅靠文本的源头活水，也不能仅仅借助教师的强大组织能力，课堂还需要一种互动的趣味生产机制。让学生在互动之中获得趣味，产生一种强大的内驱吸引力，并且让互动本身也是具有趣味的。电视节目正是在互动的趣味上做了很多探索工作。例如《世界青年说》节目在嘉宾的互动上尝试了一种平等对话和讨论的模式，《快乐汉语》创设了多种互动的维度，《叮咯咙咚呛》在真人秀中让参与者自己去制造与多个人物的互动机会，等等，都是极有意义的。

---

① 李晓琪.汉语第二语言教材编写[M].北京：北京师范大学出版社,2013:81.

② 孟国.趣味性原则在对外汉语教学中的作用和地位[J].语言教学与研究,2005(6):54-60.

(二)对外汉语教学的"趣味"

对外汉语教学中几乎不使用"娱乐"这个概念,而采用"趣味"这个说法。娱乐这个词侧重于一个过程,而趣味更强调一种感受;娱乐容易让过程迎合观众,而趣味能让过程更具建设性。波兹曼用"娱乐至死"来表达对电视媒体的忧虑,其中包含了媒体容易对受众妥协、迎合关系的特点。在娱乐受众的过程中让自己更加娱乐化,走向泛娱乐的极端,这是媒体需要反思的特性。

趣味性是什么?对外汉语研究在尝试给出解释。

大量的研究者关注教材趣味性的问题。教材是教学的文本依据,对教材趣味性的研究其实是对教学内容趣味性的讨论。在趣味性的问题上,多数学者认为趣味性不能作为一种独立的标准而存在,赵贤洲、刘珣、赵金铭、孟国等都认为趣味性应该与实用性相关,李泉、李晓琪等研究者则呼吁趣味性的独立地位。教材的趣味性主要包含"内容上选取吸引人的话题,语言上采取多样活泼的风格,注释中精心选用例句和增加一定的文化解释,练习中设计丰富有趣的交际活动等手段,插图、字体、版面、印刷等设计大方精美、便于使用"①。教材的文本趣味是教学过程中产生趣味的基础。

趣味被视为一种教学的原则。李泉较为详细地描述了这一教学原则。他认为"课堂教学趣味性的原则,是指教师要注意激发和调动学习者对学习内容、话题、任务等的兴趣,使学生在愉快的、兴奋的状态中学习"。他认为课堂教学趣味性的原则,要求学习材料具有趣味性;要求教学活动的组织形式要灵活、活泼;需要充分发挥教师的个人魅力和教学经验。②

在对外汉语教学中,"趣味"被视为一种感受,它关乎兴趣,形成于过程。"学习者对学习材料是否有兴趣,对教学活动的组织形式是否有兴趣,都会影响学习者的情绪和学习效果。"趣味不应当被简单理解为教材内容的生动有趣,或是教学方法上采用了竞争、游戏、表演、辩论等多种方式,"趣味性原则是上一个过程",趣味体现于教学的整个过程和各个环节,它能让学习者产生持续和浓厚的兴趣,并在其中获得一种"娱乐性"。这种娱乐性区别于汉语学习的实用性,它不是以获得感作为标准的。娱乐性本身也可以激发出持续的学习欲望。

在后方法时代,趣味性可以作为一个独立的标准而存在,它过去长期被视为一种"依附",如果没有实用性,语言教学效果就很难得到认可。失去实用性,趣味性本身也会遭到"低级趣味""无聊搞笑"的质疑。但是后方法时代凸显了学习者的地位,学习者的学习体验也成为一个重要的考量指标。

(三)后方法时代对"娱乐"的定位

1. 关于教师赋权和娱乐

将娱乐视为一种过程,那么对教师作用的定位就关系到这个过程的生产机制问题。

---

① 李晓琪.汉语第二语言教材编写[M].北京:北京师范大学出版社 2013:80.
② 李泉,高增霞.汉语综合课教学原则和教学意识[J].海外华文教育,2010(4):8-21.

后方法理论强调对教师"赋权",教师不是方法的被动接受者和贯彻者,他们需要在教学"过程"中寻求最优化的教学策略和方法。"承认教师有能力,不仅知道当前状况,而且知道在机构、课程和教材等学术和行政条件制约下,如何自主行动。"①

后方法理论的三个操作原则——特殊性、实践性、可能性均与教师紧密相关。"特殊性"原则强调语言教学是特定的教师教授特定的学习者,这些学习者在特定的机构中为了实现特定目的而学习,而这些机构又处于特定的社会文化语境中。因此教师了解具体需求远比知晓所谓的普适性方法更重要,教师由此得到"赋权",成为教学的主导者。②"实践性"强调来自教师的实践经验,并承认这种经验与理论家的经验相比的独立价值,鼓励教师教学实践理论化和教学理论实践化,通过检验、理解、判断理论家理论的实用性从而构建自己的理论。"可能性"要求教师充分考虑社会、文化、政治和经济等因素,尽量满足社会需求,同时"意识到超越权力阶层强加给他们的人为的界限的可能性和策略"③,勇敢面对各种挑战,特别是全球化带来的挑战。

在一个强调教师建构课堂的时代,让课堂具有趣味性也为教师教学提出了更高要求并提供了更自由的空间。"教师不再是以往教学法中的一个配件,而是整个教学的主导者、教学过程的设计者、学习者动机的激发者。"④趣味的课堂是针对"特殊"的教学对象,在特殊的教学环境下,一个"实践"理念和经验的过程,也是一个充分考虑每一种教学"可能"的过程。在"方法"之下,趣味制造是存在理论的先验指导的;在后方法之下,教师可以在教学进程中更加自由地探寻让课堂产生持续吸引力的方式。借鉴电视节目的"趣味"是对教师教学自由的一种诠释,它可以在一个不同的领域中获得具有特殊性的经验,探寻其可能性并应用于教学。

2.关于学习者为中心的理念

后方法理论认为教师除了教授语言技能,还要思考如何尽到引领者的责任,通过语言教学,发挥学习者的自主性,使其最终摆脱束缚,实现"从学习到自由"⑤的过渡与升华。以学习者为中心的理念也是后方法理论的一个重要观念。

库玛提出的十个宏观策略中的"学习机会最大化""促进协商式合作""理解失协最小化""提高学习自主性"等都涉及师生关系和学习者的自主性问题。教师是学习机会的创造者,但是他们是为学习者创造机会;在协商式合作中,要强调师生的合作与协商,不是单维度的传授;只有当教师的意图和学生的理解协调一致,才能让理解失协最小化;并且"学习自主性"是一个重要的目标。库玛认为学习者应该学术自主、社会自主和解放自主,强调学习者应该调动自己的知识和经验等内在因素,参与自主学习。

以学习者为中心的理念阐明了趣味的产生过程不可能单纯依赖教师的"主导",师生的互动本身就是趣味产生的一种方式。在新的时代背景和教学观念之下,这种方式对改

---

① 库玛.全球化社会中的语言教师教育[M].赵杨,付玲毓,译.北京:北京大学出版社,2014:8.
② 邓志辉.教师赋权增能与后方法视野下的外语教学[J].外语界,2008(5):60-63.
③ 库玛.全球化社会中的语言教师教育[M].赵杨,付玲毓,译.北京:北京大学出版社 2014:13.
④ 赵杨.外语教学的核心是教师[J].国际汉语教学研究,2016(2):7-9.
⑤ 库玛.全球化社会中的语言教师教育[M].赵杨,付玲毓,译.北京:北京大学出版社,2014:40.

进课堂趣味有一定的意义。趣味是教材文本和教师教学过程中的产物,更是教师在教学过程中主动性和师生互动多样性的体现。就像"娱乐"概念本身包含了在过程中满足对象的需求一样,"趣味"这个概念本身也包含了对学习者的关注,这种关注不仅关注学习者的学习体验,还关注整个过程所能带给学习者的持续的吸引力。

小 结

电视课堂与真实课堂相似中存在差别,差别中又有共性。电视课堂创设了一个虚构的空间,它存在某种课堂感,这是从真实课堂中借鉴的元素。它同时又具有强烈的节目属性,可以打破线性时空的限制,将课堂空间延迟、反复、重现等,以满足观众的欣赏需求。电视课堂与真实课堂在基本课堂形态、教学过程、教学内容、教学测试、教学对象、课堂关系等方面都存在相似点和差异。电视课堂也在趣味性、挑战性、文化性、互动性、综合性方面,实现了对真实课堂的超越,为真实课堂提供了可借鉴的经验。

在后方法时代,我们希望突破以往教学法的局限性,去"寻找方法的替代物,而不是一种替代其他方法的方法"。[1] 它指向了一种教学思想的"自由",重视教师在整个教学活动中的主导地位,促使教师能够创造性地教学。这为我们借鉴电视课堂提供了一种思想底色。教学可以"别裁伪体",可以"转益多师",可以创造"可能性"。电视课堂可以从真实课堂中借鉴经验,真实课堂也可以反过来借鉴电视课堂。电视课堂是一种媒体的虚拟空间,但是却在主题、测试、文化、趣味等方面取得了收获,以此制造出"娱乐性",赢得观众。在这些方面,真实课堂可以借鉴和学习,让课堂更具有吸引力。虽然课堂不能以满足学生作为目标,更不能以娱乐作为重点,但是如何让课堂更具魅力却是一个值得持续思考的问题,可以在借鉴中不断改进和发展。这些想法,将在"实践"中被检验。第四章到第七章将从话题、测试、文化、趣味四个方面,从具体的节目出发,设计具体的案例,发掘可能的借鉴方式。

---

① 库玛.全球化社会中的语言教师教育[M].赵杨,付玲毓,译.北京:北京大学出版社,2014:8.

实践一：谈话类汉语节目与对外汉语口语课"话题" ——以《世界青年说》节目为例

本章总结《世界青年说》节目的特点，梳理节目与对外汉语口语课教学的关联，探索节目带给口语课堂的启示。特别是《世界青年说》在话题设置方面的经验，探索如何在口语课中设置更具趣味性、激发性、创造性的话题，让"话题"成为课堂的主要推动力。并设计具体案例进行探索。

第一节　《世界青年说》节目概述

电视节目《世界青年说》是经韩国 JTBC(Joongang Tongyang Broadcasting Company，中央东洋放送株式会社)《非首脑会谈》授权，由江苏省广播电视台旗下的江苏卫视和好看传媒联合制作的一档世界青年谈话节目。节目自 2015 年 4 月 16 日播出以来，引起了海内外观众和各大主流媒体的关注。这是一档由外国嘉宾参加的多维度、有价值的深度谈话节目，节目嘉宾来自世界各个大洲，具有不同文化背景，他们用汉语表达自己对"话题"的观点和立场，在"和而不同"的文化观中呈现世界文化相互沟通、相互理解的过程。

一、《世界青年说》的主持人与嘉宾

《世界青年说》采用国际议事的形式，主持人由正议事长、副议事长和秘书长组成。三位主持人共同组成的主持人团队是整个节目的"发动机"，把控和推动现场的进程。主持人要在节目中帮助嘉宾搭建互相对话机制，让每一位嘉宾都有机会表达自己，并与他人交流；特别是当辩论进行到激烈处时，主持人需要巧妙地将矛盾点转移到话题本身，使嘉宾们就题议题；主持人还要适时参与到话题的讨论中，在各国文化的交流中阐明中方所持观点。主持人通过向嘉宾提问推动节目的进行，通过提问引出话题、调节气氛、纠正嘉宾错误和把控局面，让节目能够在激烈的唇枪舌剑中继续顺利进行下去。

11 位外国嘉宾被称为"TK11"(The Key 11——关键 11 人)，他们来自不同的文化背景，基本覆盖了世界各个大洲，保证了文化交流代表的"世界性"。嘉宾需要具备一种个人魅力，以吸引观众。11 位嘉宾都是内外兼修，他们个性鲜明，知识储备丰富，都有在中国

生活的丰富经验,在个人领域也有所成就,如来自澳大利亚的安龙,节目片尾曲由他剪辑制作,他本人还在节目中分享了个人的户外探险与极限运动经历;来自美国的孟天在多期节目的开场秀中展示了美国的歌舞剧;来自韩国的韩东秀与来自泰国的韩冰知识储备极其丰富,拥有较高学历。他们的汉语能力与文化水准保证了节目的质量,让嘉宾之间的讨论不是浮于话题表面,而是能深入各自的文化进行跨文化对比的深度交流。每一个嘉宾都有自己的粉丝团体,嘉宾的明星效应也为节目带来了更高的收视率与更多的关注。

除了主持人与外国嘉宾,节目组每期还会邀请一位中国明星嘉宾,由他(她)负责带来并宣读该期议题,由主持人与全场嘉宾进行表决,中国明星嘉宾也会参与到该期议题的讨论中,向世界青年介绍和传播中国文化。中国嘉宾身份涉及演员、歌手、导演等,明星效应也扩大了节目的影响力。中国嘉宾弥补了"TK11"无中国成员的缺憾,能够给出中国视角的阐释,代表了一种中国文化身份,使中国文化参与到世界文化的大论辩之中,可以解答世界青年对中国文化的疑问。

二、节目流程的设置与分析

在《世界青年说》节目正式开始前,"TK11"成员自编自导自演,进行歌舞剧、经典名言朗诵、唱歌等表演,一段简短的热场之后,主持人与其他嘉宾一同出场,入座。《世界青年说》第一季采用圆桌会谈的形式,节目要求主持人与嘉宾着正装出席,场景布置类似国际议事厅,比较正式。开场秀能够把现场气氛从严肃的议事模式转移到轻松的交谈模式中,符合节目追求在轻松诙谐的气氛中探索各类话题的宗旨,也为各国青年提供了一个展示个人才艺的平台。主持人与"TK11"入座后,主持人自我介绍并引荐本期特邀中国明星嘉宾,由中国明星嘉宾负责宣读本期议题,主持人与全场嘉宾一起投票表决,接着按照表决的正反态度分为两队,自由表达自己的观点。

经过"我们不瞎说""演讲""辩论"等三个环节的讨论,主持人和嘉宾会在节目最后重新进行一次投票表决。一开始,嘉宾基于个人的态度进行投票表决,带有很深的个人文化背景的烙印;在对当期议题展开讨论的过程中,各国嘉宾提出问题,解决问题,消除误解,了解不同的文化,理解不同的文化,从而在已有认知的基础上做出新的判断。第二次投票代表着大家通过语言交流产生了新的文化观点,是对沟通达成文化认同的一种肯定。

三、节目话题

表 4-1　《世界青年说》第一季议题与话题

	议题	话题
第 1 期	坚持父子之间要说谢谢的我,是正常还是不正常?	父子关系
第 2 期	坚持要谈 3 年以上恋爱才能结婚的我,是正常还是不正常?	婚姻观

续　表

	议题	话题
第 3 期	作为一个女生，为了外在形象苛刻对待自己，是赞成还是反对？	外形管理
第 4 期	除了工作拒绝一些无所谓的社交活动，正确还是不正确？	宅
第 5 期	比女人还爱秀恩爱的我，是正常还是不正常？	秀恩爱
第 6 期	怎么样与富二代交往？	人际
第 7 期	对老板不满爆棚，却还假装满意去上班的我，是正常还是不正常？	职场
第 8 期	把喝酒作为社交利器的我，是正常还是不正常？	酒文化
第 9 期	因为害怕网络暴力而谨慎发言的我，正常还是不正常？	网络暴力
第 10 期	因小事而发脾气的我，是正常还是不正常？	个人情绪控制
第 11 期	随着毕业临近变得越来越焦虑是否正常？	毕业焦虑
第 12 期	因为长相不佳而自卑的我，正常不正常？	过分在意外表
第 13 期	30 多岁想要舍弃稳定状态去追梦的我，正常吗？	梦想
第 14 期	一旦离开手机就不安的我，到底正常吗？	手机控
第 15 期	想放弃薪水不错的工作回家带宝宝，赞成还是不赞成？	全职奶妈
第 16 期	想放弃买房，一辈子租房的我，正常还是不正常？	买房
第 17 期	不想女儿高中就出国留学的我，你们赞同吗？	出国留学
第 18 期	关于美食	美食
第 19 期	各国男人魅力大比拼	情人节
第 20 期	吃饭爱抢单的我，正常还是不正常？	理财
第 21 期	把宠物当孩子养的我，是正常还是不正常？	养宠
第 22 期	演艺圈中的女演员之间有真友谊吗？	友情
第 23 期	谁是 TK11 中的最佳男主角	电影
第 24 期	因无法陪伴母亲而想把她送进养老院的我，你们赞同吗？	养老
第 25 期	男友是古董男，我要改造他？	时尚
第 26 期	我坚持要教儿子家乡的方言，是赞成还是反对？	方言文化
第 27 期	面对不能好好相处的两个宝贝，我该怎么办？	二胎
第 28 期	22 岁因为迷恋养生过得像个老年人，对这样的生活方式是认同还是不认同？	养生
第 29 期	面对文理分科，我该如何选择（一）？	文理分科
第 30 期	我认为科技发展终将主宰人类，你们赞同吗？	科技
第 31 期	面对文理分科，我该如何选择（二）？	文理分科
第 32 期	关于欲望，我需要克制吗？	欲望
第 33 期	看见不文明行为总是站出来指责别人的人，你们赞同吗？	社会公德

	议题	话题
第 34 期	我认为个人行为来做环保根本没有用,你们赞同吗?	环保
第 35 期	怎样拯救"创意绝缘体"?	创意
第 36 期	世界各地圣诞美食大推荐	圣诞节
第 37 期	把谎言当作人际交往的一种手段,你们赞同吗?	谎言
第 38 期	国足未来能成为世界杯冠军吗?	足球
第 39 期	踢馆赛(上)	嘉宾才艺比拼
第 40 期	踢馆赛(下)	嘉宾才艺比拼
第 41 期	面对父母催婚,你们是否排斥?	催婚
第 42 期	春节特别节目	嘉宾才艺展示
第 43 期	如果真有时光机可以回到过去,要选择回去吗?	回忆过去
第 44 期	如果有令人眼红的事,我是应该分享还是隐藏?	通过公众平台分享个人生活;炫耀与低调
第 45 期	现实中真的只有"爱撕能撕"才能成为人生大赢家吗?	宽容
第 46 期	现在这个年代不会网络购物就真的 out 了吗?	网购

　　《世界青年说》每期都是独立和完整的话题,议题都是来源于最新的民意调查,保障了议题的时效性。表 4-1 所示的节目内容涵盖范围甚广,如果按照内容予以总结,可以大致分为以下六个方面:个人情感、工作问题、教育规划、生活现实、兴趣爱好和社会公益。个人情感方面,对亲情、爱情、友情均有涉及;工作问题,囊括了年轻人关心的职场关系、就业问题等;教育规划方面围绕文理分科、出国留学等现实困惑展开讨论;生活现实方面则主要包括催婚、买房、养老、理财等与生活息息相关的话题;兴趣爱好从养宠、网购、电影到时尚、足球等话题无所不包;当然也有正能量引导的社会公益、环保等话题。这些话题涉及面广,能够很好地切合"青年"的需求,具有亲民性、时代性、公益性等特点。

　　亲民性意味着与青年生活的贴近。《世界青年说》通过在微博、微信等建立公众平台与观众保持互动,根据观众的投票、观众来信、来宾提案等决定节目中将要讨论的议题内容,保证所有议题贴近青年生活。节目避免谈论政治敏感话题,让讨论的话题能真正地"接地气儿",旨在通过对实际生活中真实存在的各种文化现象的解读为当下青年观众传递一些生活经验与态度。《世界青年说》节目最终筛选的议题是世界各国青年都能够感同身受的,节目中各国嘉宾根据议题发表个人见解与想法,提出建设性意见,给当下青年提供借鉴。

　　时代性意味着一股青春的潮流。《世界青年说》不仅选取了理想、感情这一人类的永恒话题,还选取了新时代的青年观众实际生活中遇到的问题。节目根据当今时代的发展潮流确定当期的主题,特别是在当下的时代背景下产生的某些社会现象,如买房、催婚、网络暴力、手机控等。这些社会现象与当下青年观众的生活密切相关,节目话题的时代性使得节目能够面对当下现实,有助于解决青年实际生活中的困惑。

公益性引导着节目话题的责任担当。《世界青年说》中的话题不仅涉及了当下青年生活中所面临的各种问题，也没有忽略社会公德与环保这些公益性话题。这些公益性话题属于世界性话题，旨在提醒当下青年：作为一名地球公民，在个人自由生活的同时不要忘记履行关爱身边人与保护环境的职责，每个青年都有义务自觉承担起自己肩负的社会责任，共同维护我们的社会公共秩序，保护我们赖以生存的地球家园。

四、节目活动与环节

节目中的活动可以分为相对固定环节、随机活动环节、随机穿插的小活动三个种类，如表 4-2 所示，每一种活动都有自己的谈话目标和预期的谈话风格，让节目在一个主题之下呈现不同的"谈话"方式。

表 4-2　《世界青年说》节目活动与具体环节设置

《世界青年说》节目活动		具体环节设置
相对固定环节（主题不限）		"全球文化大战"
		"我们不瞎说"
		"慢一步新闻"
随机活动环节（主题随机）		情景模拟
		微电影
		配音大赛
		演讲
		辩论
		街头访问
		告解会
		踢馆赛
		晚会
随机穿插的小活动	亲情	画出自己理想的家的样子 亲情对视两分钟
	爱情	写信给未知恋人
	友情	信任游戏 通过独白澄清朋友之间的误会
	谎言	谎言能力测试
	网购	网购奇葩产品展示
	电影	无实物表演，看谁是演技派
	时尚	潮人改造
	运动	桌上足球大赛
	文理分科	抓雨花石大赛

(一)相对固定环节

节目的固定环节包括"全球文化大战""我们不瞎说""慢一步新闻"。三个环节从不同的维度组织嘉宾展开话题的言说。

1."我们不瞎说"

在"我们不瞎说"环节,嘉宾们自由地展开讨论。这是话题正式讨论前的热身环节,由主持人提出一个比较无厘头的问题,嘉宾可以凭借想象力畅所欲言,这一阶段不要求嘉宾所言都有切实依据,只为打开嘉宾思路,活跃气氛。

这一环节的话题选择需要与当期主题密切相关,而且呈现出一种年轻人特有的想象力,不在乎是否符合现实,只是一种思维的碰撞。如"宽容"主题下,话题是"你是爱撕派还是耐撕派?";"回忆过去"主题下,话题是"如果真的有时光机,会选择回去吗?";"谎言"主题下,话题是"你小时候有没有被父母骗过? 你有没有对父母撒过谎?"等。

在各种富有想象力的话题之下,嘉宾的回答也是极具创造力的,也由此产生"娱乐"节目的效果。如第 27 期的节目议题为:"面对不能好好相处的两个宝贝,我该怎么办?""我们不瞎说"的话题为:"请问你们有什么办法让吵闹的孩子立刻安静下来?"俄罗斯嘉宾大卫认为:"小孩子喜欢挑战,喜欢比赛类的活动,幼儿园会有'睡觉比赛',谁睡得最快,醒过来就可以拿到礼物。"泰国嘉宾韩冰:"让孩子吵到累就不吵了。"美国嘉宾孟天:"给自己用耳塞就听不到了。"加拿大嘉宾詹姆斯:"抓住一个孩子的脚踝,告诉大家如果再吵就把他扔出窗户,观察大家的反应。"哥斯达黎加嘉宾穆雷:"做早教时,利用手掌拍节奏的方式,吸引孩子的注意力。"澳大利亚嘉宾安龙:"通过吹口哨吸引孩子注意力。"这些回答在玩笑中呈现了嘉宾们的个性和有趣的想象力。

2."全球文化大战"

在"全球文化大战"中,各国嘉宾结合节目当期议题进行介绍和讨论。在这一环节中,嘉宾通过展示图片、播放视频、展示实物等手段说明个人观点。嘉宾们互相介绍本国国情,分享本国文化习俗与风土人情,传播本国文化,并倾听他国声音,了解别国文化。该环节为观众呈现了一场全球文化盛宴。

例如在第 21 期《世界青年说》中,李斯羽带来当期节目的议题:"把宠物当孩子养的我,是正常还是不正常?""全球文化大战"的话题为"世界各国的奇特宠物"和"世界各国的流浪宠物"。嘉宾对宠物话题的讨论展示了各国的动物文化:美国嘉宾孟天介绍了一只超级大的猫咪阿什拉;澳大利亚嘉宾安龙介绍了会冲浪的老鼠;哥斯达黎加嘉宾穆雷介绍了一只知恩图报的鳄鱼;加拿大嘉宾詹姆斯提出有一些动物真的不适合做宠物,因为它可以一瞬间杀死你;英国嘉宾布莱尔介绍了一只坑主人的斑点狗;中国嘉宾李斯羽介绍了宠物行为专家吴起,并带着萌宠狗狗在现场展示了叼飞盘的才艺。对每一种动物的介绍背后都是各具特色的动物文化,而"猎奇"的背后也是一种对本国文化的呈现欲和与他国文化的沟通欲。

3."慢一步新闻"

"慢一步新闻"要求嘉宾单独一人或以两人组合的形式完成一段正式的新闻播报,嘉宾使用本国母语播报一段本国新闻,可以加入图片与视频等补充说明。这一环节要求嘉宾能够流畅地对新闻事件进行描述,随后用汉语对新闻事件进行解读。它重视嘉宾个人语言能力的展现,使用母语表达是传播本国文化的一种途径,用汉语重新解读更是展示嘉宾汉语表达能力的一种形式。

第 17 期《世界青年说》的议题为:"不想女儿高中就出国留学的我,你们赞同吗?""慢一步新闻"的话题为:"留学生活"。日本嘉宾黑木真二介绍了一个去日本留学的俄罗斯人,发现自己 1.92 米的身高对自己在日本的生活造成了困扰,比如吊灯就在脸旁边,镜子太低照不到脸等。由此引出讨论:初来乍到的那些窘事。嘉宾们接着讲述了自己第一次来中国时不能适应的事情,比如加拿大嘉宾詹姆斯提到了中国的"蹲式马桶",日本嘉宾黑木真二提到的"没有门没有墙的厕所",泰国嘉宾韩冰提到的"公共澡堂"。这也引出了中国人在国外的跨文化窘事。中国嘉宾郭家铭提到在东京拍电影期间不小心进入了女厕所,紧张情况下误摁了日本厕所里的防色狼红色按钮,导致整个剧组接受盘查;美国嘉宾孟天则提到中国家长在耶鲁大学种植韭菜和香菜,这一做法得到了耶鲁大学和美国人民的赞同。这些"新闻"贴近生活且具有内容的真实性和表达的趣味性,也产生很强的娱乐效果。

(二)随机活动环节

为配合当期议题,丰富节目形式,节目在"全球文化大战""我们不瞎说""慢一步新闻"三个固定环节中安排了随机活动环节,这些环节随节目的需要而设置,灵活地配合节目主题,给了嘉宾更多展示自我的机会。随即活动环节主要包含以下 9 种形式。

1. 情景模拟

这个环节由嘉宾现场模拟日常生活中的真实情况,是即时版本的情景剧。它使用了娱乐节目最常用的手法:嘉宾现场表演,让各种场景能够现场无缝对接,便捷地呈现话题所涉情境。如来自泰国的韩冰与来自日本的黑木真二示范了当泰式英语遇到日式英语会擦出什么样的火花,在诙谐的氛围中展现了两国不同的英语发音。这个环节中嘉宾的语言和表演才能都得到淋漓尽致的发挥。

2. 微电影

嘉宾根据当期议题提前录制微电影,用电影的形式将自己对主题的理解呈现给观众,让谈话类节目在形式上更为丰富。微电影也是最直观的议题呈现方式,嘉宾们在观看微电影后了解议题,并对议题进行讨论。这一环节嘉宾们需要调动自己的技术能力和表演能力以完成任务。TK11 也通过这一方式实现"明星化"。

3. 配音大赛

嘉宾根据知名影视片段,分角色配音。配音对观众熟悉的桥段进行了解构和调侃,颇具娱乐效果。例如,对影视剧《还珠格格》进行现场配音表演时,嘉宾模仿四川方言,融入了方言文化。该段视频在微博等平台上成为热搜话题,搞笑风格获得了观众的一致好评。

4. 演讲

这是一种个人表达的重要形式。《世界青年说》的展开方式主要以辩论为主,嘉宾展开交锋,个人观点的表达较为"碎片化"。演讲让嘉宾有机会进行成段表达,完整从容地阐释个人观点。如第 13 期节目中,特邀中国明星嘉宾何炅与来自哥斯达黎加的穆雷等嘉宾同样以"梦想"为主题进行演讲,引发了关于梦想的思考。

5.辩论会

辩论会是最能体现语言类节目表现力的形式。嘉宾通过投票表决分为两组,双方各持己见,辩论展示了嘉宾的语言能力、逻辑能力、心理素质、知识结构、社会经历、文化储备等。

6.街头访问

嘉宾走出摄影棚,走向真实的中国社会,通过随机采访路人了解当下青年对议题的想法。这是节目虚实结合的重要方式,既让节目保持一种现实感,也让节目的互动性得以体现。

7.告解会

在唇枪舌剑之后,节目通过告解会让嘉宾说出自己心中的想法,互相坦承错误,让大家将通过辩论达成的观点和解与文化理解表达出来。

8.踢馆赛

节目加入新鲜的血液,邀请新的嘉宾,他们与原来的"TK11"成员争夺成为节目嘉宾的资格。新、旧"TK11"形成竞争。这种方式让更多的外国面孔参与进来,带来更多元的世界文化展示。

9.晚会

节目播出期间如遇各种节日,嘉宾会精心制作一场特别的晚会。如由来自美国的孟天作为总导演,全体嘉宾共同参与制作的春节晚会,晚会节目包括朗诵、唱歌、跳舞、话剧等多种形式,表演语言为普通话与方言,嘉宾担任主持人和表演者,为观众呈现了一场异域风情的中国春节晚会。

(三)随机穿插的小活动

节目随机穿插的小活动用时2~5分钟不等,采用了娱乐节目的"活动"形式,设计各种具有游戏性质的活动,轻松有趣。嘉宾可以从座椅上解放出来,放松地参与到现场游戏之中。这对观众来说也是一个调节的机会。小活动形式多样,与主题紧密相关。如"谎言"主题下,随机小活动是谎言能力测试。节目准备了彩色的卡片,在红色的卡片上写上"绿色",在黑色的卡片上写上"白色",在紫色的卡片上写上"蓝色",要求嘉宾以第一反应说出他看到的颜色,回答速度越快的人越擅长撒谎,这种测试在军事历史上曾经被用以检测特务。

一些特殊的小活动可以使人们得到不同的体验与思考。在"亲情"主题下,节目设置了亲情对视两分钟的环节,许多人在与父母的对视中看到了父母的变化,父母的皱纹与白发让他们感慨不已,往往不到两分钟已经泪流满面;在"爱情"主题下,写信给未知恋人的小活动展现了嘉宾们对于爱情的期许;在"运动"主题下,桌上足球大赛让演播室现场气氛沸腾。小活动的设置使主题的呈现方式更为多元,也让节目的娱乐性更为丰满。

第二节　《世界青年说》对对外汉语口语课教学的启示

　　《世界青年说》是一档谈话类节目，每期节目的时长在 50 分钟左右，与一节课的时长类似，一期节目就像是一节对外汉语口语课；节目要求嘉宾在节目中针对当期议题畅所欲言，这一点与口语课对学生的要求相似，学生需要在课堂上对所学话题积极表达自己的想法和观点；节目中主持人与嘉宾的关系，又像课堂上老师与学生的关系；节目中所选择的话题，都是通过网络投票等渠道从民意调查中征集得来，都是当前社会关注度高、与青年观众切身利益相关的话题，这也是对外汉语口语课话题设置时可以借鉴的内容；节目中设置的环节丰富有趣，也是课堂环节的有益参考。

一、《世界青年说》主持人的设置对对外汉语教师的启示

　　节目主持人的角色类似于课堂教师的角色。对外汉语口语课堂中教师的作用与谈话类节目中主持人的作用具有相似之处，有研究指出口语教师应该具有主持人意识，从课堂总体设计、气氛场面控制、课堂语言等方面都可以借鉴谈话类节目主持人的方法和技巧，从而更好地实现课堂教学组织。[①]

　　首先，对外汉语教师可以借鉴主持人的"引导意识"。作为一个"主持人"，最重要的是有"引导意识"，推动每一个人参与其中。主持人不是主角，他不是表演者，而是组织者、策划者和建构者。老师在教学活动中也需要有"引导意识"，引导学生开口表达自己的观点。"主持人"角色对教师角色的借鉴意义在于，提醒教师对"主角"进行让渡，不要让自己的表演成为课堂的重点，而是组织、引导学生参与到各种形式的表达之中，帮助在学生之间建立交流机制。

　　第二，对外汉语教师可以借鉴主持人处理话题的方法。如何使每一个学生在一节课的时间中有机会发表个人观点，需要老师运用合理的教学技巧，通过有针对性的提问，或开展小组活动等方式保证每个学生都能在口语课上开口说话，在交流中分享自己的想法。在学生就某一话题出现比较激烈的讨论或出现跑题现象时，老师需要将讨论引回话题本身。当学生出现比较明显的口语错误时，老师应适时纠错。老师也应该像主持人一样，探索和采用各种方法促使并维持话题的顺畅进行。

　　老师在教学中应向主持人借鉴，组织课堂、把控课堂，创造最大化的学习机会，让每一个学生有尽可能多的表达自我的机会。

---

　　① 陈侃，尉万传，毛良斌. 中高级汉语口语教师的"主持人"意识[J]. 语言教学与研究，2010(4)：17-22.

二、《世界青年说》对口语课教学流程的启示

《世界青年说》的流程基本为:"TK11"出场秀—主持人入场—当期特邀嘉宾入场,宣读议题—对当期议题进行投票表决—"我们不瞎说"—"全球文化大战"—"慢一步新闻"—趣味活动—第二次投票表决。

模仿《世界青年说》设置的教学流程:教学导入—生词及课文教学—提出话题—学生对议题投票表决—"我们不瞎说"—"全球文化大战"—"慢一步新闻"—趣味活动—第二次投票表决。

《世界青年说》一期节目时长55分钟左右,与50分钟一节的课程时长相似,因此,可以借鉴电视节目的流程设计一节课的教学流程。基本的教学程序是必要的,需要保留传统的教学环节,如导入、课文、生词教学等,传统的教学环节保证了内容学习的扎实有效,为口语课环节的创新打下基础。然后进入《世界青年说》的模仿设计。首先,由一名学生宣读本节课将要讨论的话题,接着,全班学生对话题进行投票表决,持相同意见的学生分为一组,形成正反两个大的阵营。接下来,开展"我们不瞎说""全球文化大战""慢一步新闻"三个环节,学生在这个过程中充分讨论,分享个人观点,倾听他人观点,将信息重新整合,得出新的判断。最后,全班同学对话题重新进行投票,把这一环节作为课堂检测环节,要求学生重新对议题进行表态,以此检测学生对本节课议题的思考程度。

借鉴《世界青年说》而设计的教学流程在保证知识学习的基础上,创新课堂环节,制造课堂趣味,且在创造最大化学习机会和推动互动性学习方面,进行了有益探索。

三、《世界青年说》对口语课话题选择的启示

对外汉语口语教材话题分布与节目话题分布如表4-3所示。

表 4-3 对外汉语口语教材话题分布与节目话题分布对比

主题	教材中的话题分布				电视节目中的话题分布
	《体验汉语口语教程5》	《体验汉语口语教程6》	《博雅高级汉语口语》	《汉语高级口语教程(上)》	《世界青年说》
亲情	礼物	家庭关系	成长的烦恼	代沟	父子关系
爱情	\	"非诚勿扰"	男女有别	\	秀恩爱
美食	点餐	舌尖上的中国	\	\	外星人要求寻找地球美食
网络	网络功能	网聊	网瘾	网聊	网络暴力、借网络平台炫富
健康	聊聊健康生活	吸烟	吸烟、酗酒	酗酒	养生

续　表

主题	教材中的话题分布				电视节目中的话题分布
旅游	介绍一个地方	制订出行计划	\	\	揭露旅游骗局
动物	动物	这狗真漂亮	\	善待动物	养宠、流浪动物
理财	存钱还是花钱	\	\	\	抢单
广告	\	广告夸大功效	\	\	创意广告
时尚	\	什么是时尚	\	\	改造古董男
回忆过去	\	\	\	\	聊过去的时尚、音乐、名人

　　我们选择《体验汉语口语教程5》《博雅高级汉语口语》《汉语高级口语教程(上)》三种教材作为考察对象,整理三种教材中口语"话题"的设置内容,将之与《世界青年说》中"话题"的设置内容相比较,可以看到在一个共同"话题"下,教材和电视节目有着不同的表达方式。

　　相对于教材,《世界青年说》更加注重话题的时代性、针对性、现实性,显示出与教材表述不同的一种差异化存在。如"亲情"话题,教材较多地讨论母爱,节目讨论了同样重要却被习惯性忽略的父子关系;"旅游"话题,教材比较关注如何订到舒适的宾馆、如何出行最省钱,节目却关注了一些不法分子欺骗游客的事件;"动物"话题,教材主要是介绍动物,传递善待动物的正能量,节目则更加猎奇,介绍了各种养宠小妙招;"网络"话题,教材一般倾向于讨论网络的利弊,如带给人类生活的便利、青少年网瘾现象等,面面俱到且中规中矩,节目讨论的则是网络暴力——人们举着正义的大旗争相传谣,隐藏在键盘后不注意自己的措辞,在伪道德下伤害他人。我们可以感受到教材在各种"预设""规约"下话题的束缚性,以及节目因追求话题的娱乐效果所产生的对"表达"的激发作用。

　　让学生想说是对外汉语口语课的一项重要任务,对外汉语口语课要求老师能够为学生提供与当下青年日常生活密切相关的话题,将教材上的课文与真实情境相结合,使学生在课堂中学到能够运用于实际生活的口语对话。《世界青年说》节目所选议题都是根据最新的民意调查所定,是世界青年所共同经历的普遍性话题,对对外汉语口语课堂具有借鉴意义。这些话题具有来源贴近性、内容共鸣性、话题表述尖锐性等特点。这些特点可以帮助我们在口语课堂上"磨砺"话题,让学生产生表达的欲望和学习的动力。

四、《世界青年说》对口语课课堂活动的启示

　　当前,对外汉语口语教学课堂活动趣味性的创设是一个课题。《世界青年说》通过各种活动环节使节目赢得了高收视率和高评价。其环节与活动设置、话题的选择等都为对外汉语口语课堂提供了借鉴。

(一)节目相对固定环节在口语课中的借鉴

1."我们不瞎说"

这一环节是节目在话题正式讨论前的热身环节,嘉宾根据个人独特的想象力对当期议题进行天马行空的讨论。在对外汉语口语课堂中,老师可以将这一环节引纳进来。"我们不瞎说"这一活动环节帮助学生敢于开口,让学生在一种轻松的谈话氛围中无拘束地表达,让语言表达本身就具有"趣味性"。

2."全球文化大战"

这一环节是节目中世界各国青年分享本国文化的活动环节,给各国青年一个展示本国文化和阐释自己观点的机会。在对外汉语口语课堂中,老师也可以设置这样一个环节,使学生可以充分地从自己的文化角度去陈述观点。学生为此需要充分准备,且让口语表达与跨文化相结合,提升了学生的文化意识。

3."慢一步新闻"

这是嘉宾展现个人新闻播报能力的活动环节。在对外汉语教学中,老师可以把这一环节引入中高级口语课课堂。它是一种练习成段表达的形式,能够调动学生的课前准备工作,建立自主学习机制。同时也会给学生展示个性的机会,学生可以加入个人情景模拟、才艺展示等环节,使整个新闻播报更加生动有趣。

(二)节目随机活动环节在口语课中的借鉴

《世界青年说》节目中的随机活动环节为对外汉语口语教师提供了充足的教学活动资源。教师可以根据当堂课的话题随机搭配活动形式,形式多样的活动有利于吸引学生的注意力,使之不容易对课堂产生厌烦的情绪;学生可以根据自身的特点选择参加哪种活动,保证每一个学生公平参与课堂活动的机会,提高学生参与课堂活动的兴趣。

1.情景模拟、演讲与辩论

这些其实正是我们口语课堂经常采用的练习方式:设置一个情境,让学生进行角色扮演;让学生展开话题演讲、辩论。但是电视节目的趣味效果建立在对参与者创造性的充分尊重之上,允许大量的自我经验代入;同时对于"话题"有着充分的考量,让话题本身就具有趣味性。课堂上的模拟、辩论、演讲常常因为"机械性"和对教材的过分依赖而让人觉得缺乏真实感和趣味性。节目提醒课堂教学需要进行充分的准备并对参与者的创造性给予充分尊重。

2.微电影、配音大赛

微电影、配音大赛都是受青年欢迎的形式,可以用于课堂创新。微电影可以在短时间内为观众呈现一个完整的故事。在对外汉语口语课堂中,老师可以在学生对话题进行讨论与思考后,让学生拍摄 10 分钟以内的微电影片段,将录制好的视频与学生共享,通过对视频的分析,引发学生对所学话题的二次讨论与思考。也可以让学生合作完成影视、动画等的配音,整个过程中学生需要不断地重复跟读,既训练了汉语发音,又领会了影片的文化内涵,让口语的学习功能更加多元。

3.街头访问

这是将节目延伸至广大社会现实的一种方式,建立节目内外的关联性,打破表演者与观看者的隔阂,让观看者也成为参与者。在对外汉语口语课堂中,也可以鼓励学生走出课堂,走到校园中或其他公众场合,进行采访和交流,建立课堂内外的互动关系,将真实性和实践性建立在课堂外的社会基础之上。

4.告解会

在电视节目中,告解会让嘉宾互相坦承错误。这是一种以语言为介质的人际沟通方式。我们强调多元智能在对外汉语口语课中的发展,这其实是将"人际关系"能力与语言发展很好地结合起来的一种方式。老师可以把告解会的形式引入课堂,用于解决学生之间的矛盾,而学生倾诉的过程也是汉语口语输出的过程,老师可以通过这一活动给学生提供另一种练习汉语的形式和机会。

5.踢馆赛

这是节目营造"竞争意识"的一种方式,每一个嘉宾的地位都不是稳定的,需要通过竞赛来自我争取。在对外汉语口语课堂中,强调合作意识、交流意识,能让学生建立起口语交流的互动机制,但是竞争意识会让口语课堂更具激发性。学生需要不断挑战自己的能力极限。老师可以设置一个竞争机制,在学生内部形成竞争,增强学生的学习动力。

6.晚会

这是课堂"表演化"的一种方式。我们强调一种综合能力的呈现,不仅包含听说读写语言技能,还包括各种综合的能力。在电视节目《世界青年说》中,晚会是一种娱乐化的呈现方式,在对外汉语口语课堂中,老师也可以让学生通过组织晚会,锻炼学生的各项能力,包括组织、协调、策划、宣传,这个过程中学生的汉语能力将得到实际的锻炼。学生也会在一种表演化的形式中找到更多汉语文化的魅力。

(三)节目随机穿插的小活动在口语课中的借鉴

由于《世界青年说》中的一些活动是为了制造电视节目特有的视觉效果和综艺效果而设置的,节目选择的活动注重趣味性、科学性、可操作性,且用时短、规则简单易懂、目的性强,所以口语老师可以将节目中的一些活动直接引用到对外汉语口语课堂中,根据相关主题选择相应的小活动,能够有效地活跃班级气氛,吸引学生注意力,帮助学生在各种各样的活动形式中掌握口语知识。

表 4-2 展示了一些易于操作的小活动,可以在课堂上灵活地插入,为课堂带来一种青春的创造力。如"亲情对视两分钟""谎言能力测试""桌上足球大赛""抓雨花石大赛"等,在引入这些活动时,需要注意课堂与节目的区别。课堂更侧重学生参与背后的语言表达输出,也更强调活动与教学内容之间的关联性。要让活动自然地融入口语的教学之中,并且与话题之间形成一种契合。

《世界青年说》节目其自身的环节设置、呈现形式等对教学都具有一定的借鉴意义,这是后方法时代放弃陈规、寻求更适合的教学方法的一种教学思维方式。

第三节　对外汉语口语课教学案例设计与分析

一、教学设计

（一）教学设计一："谎言"

1. 主题

"谎言"。

2. 话题

把谎言当作人际交往的一种手段，这样的行为你们赞同吗？

3. 设计说明

在学习本次新课前，学生在《体验汉语口语教程 5》第 7 课学习了如何推荐旅游胜地、描述旅游胜地；在《体验汉语口语教程 6》第 3 课学习了如何制订旅行计划，其中包括如何制订交通计划，如何找到舒适的宾馆，如何找到靠谱的旅行社等。这次课程以"谎言"为主题。综合以前所学知识，扩展新知。

4. 课程类型

口语课。

5. 课时安排

1 课时，50 分钟。

6. 教学对象

中高级汉语水平学生。

7. 教学方法

示范法、活动法。

8. 教具

彩色卡片。

9. 教学目标

（1）提高学生口头播报新闻的能力。

（2）通过对亲人间善意谎言的讨论，使学生感恩父母无微不至的关心与照顾。

（3）了解各国关于谎言的经典故事与各国的旅游骗局。

（4）通过对各种常见谎言的讨论，提高学生辨别谎言的能力。

（5）提高学生成段口语表达的流畅度、准确度。

10. 教学流程

生词教学—对议题投票表决—"我们不瞎说"（亲情谎言）—"全球文化大战"（各国经典谎言故事）—"慢一步新闻"（各国旅游骗局）—趣味活动一（谎言能力测试）—趣味活动

二（说谎比赛）—课堂检测（再次投票表决）。

　11. 教学过程阐释与详述

　（1）关键词：已学词汇，课前自主复习

　"谎言"主题关键词如表4-4所示。

表4-4　"谎言"主题关键词

生词＋拼音	词性	英文释义
huǎng yán 谎　言	n.	lie
sā huǎng 撒　谎	v.	tell a lie
jiē lù 揭露	v.	reveal
piàn jú 骗　局	n.	scam
biàn bié 辨　别	v.	identify

　（2）对本次议题投票表决，并说明个人观点（3分钟）

　①话题

　把谎言当作人际交往的一种手段，这样的行为你们赞同吗？

　②思路阐述

　投票表决作为导入环节，主要是向学生介绍本节课的讨论主题——"谎言"，使学生了解本节课的学习内容与学习重点。投票表决有利于把学生从下课时的松散状态调整过来，使学生进入思考的状态，有利于老师开展接下来的课堂活动。

　（3）"我们不瞎说"（亲情谎言）（6分钟）

　①话题

　a. 你有没有骗过父母？

　老师举例如下。

　妈妈，学校要收资料费。（撒谎是因为自己想要零花钱）

　妈妈，我今天肚子疼不想去学校了。（撒谎是为了逃学）

　妈妈，我的试卷丢了。（撒谎怕自己考试没有考好挨骂）

　b. 你的父母有没有骗过你？

　老师举例如下。

　这个压岁钱妈妈先帮你保管。

　这个你吃吧，妈妈不喜欢吃。

　晚上要早点回家，天黑了会有大灰狼吃小孩子的。

　②思路阐述

　"我们不瞎说"作为正式讨论前的热身环节，不要求学生的回答有理有据，学生可以脑洞大开，奇思妙想。这一环节的目的主要是唤起学生对话题讨论的兴趣，活跃课堂气氛。

在这一环节,老师举例的谎言都是中国孩子耳熟能详且深有体会的与父母之间的谎言,比较具有典型性。老师举例有助于顺利地打开学生话匣子,与学生一起探讨各国经典的谎言故事,感受故事背后的各国文化。

(4)"全球文化大战"(各国经典谎言故事)(10分钟)

①话题要求

各国关于撒谎的经典故事。

②老师举例

中国版《狼来了》。

从前,有个放羊的小孩,每天都去山上放羊。一天,他觉得十分无聊,就想了个捉弄大家的主意寻开心。他向着山下正在种田的农夫们大声喊:"狼来了! 狼来了! 救命啊!"农夫们听到喊声急忙拿着锄头和镰刀往山上跑,他们边跑边喊:"不要怕,孩子,我们来帮你打恶狼!"农夫们气喘呼呼地赶到山上一看,连狼的影子也没有! 放羊的小孩哈哈大笑:"真有意思,你们上当了!"农夫们生气地走了。第二天,放羊的小孩故伎重演,善良的农夫们又冲上来帮他打狼,可还是没有见到狼的影子。放羊的小孩笑得直不起腰:"哈哈! 你们又上当了! 哈哈!"大伙儿对放羊的小孩一而再再而三地说谎十分生气,从此再也不相信他的话了。过了几天,狼真的来了,一下子闯进了羊群。放羊的小孩害怕极了,拼命地向农夫们喊:"狼来了! 狼来了! 快救命呀! 狼真的来了!"农夫们听到他的喊声,以为他又在说谎,大家都不理睬他,没有人去帮他,结果放羊的小孩的许多羊都被狼咬死了。

③思路阐述

老师举例实际上是类似于节目中中国嘉宾发表观点,一方面介绍和传播中国文化,另一方面也为学生提供了一个范本,告诉学生"全球文化大战"这一环节是做什么的,具体要求与具体任务是什么。这一环节老师举例讲的《狼来了》是每个中国人都熟悉的关于谎言的故事,很多中国人从小接受的谎言教育都是从《狼来了》这个故事开始的,而且《狼来了》这个故事简单易懂,主题明确,非常具有典型性。

(5)"慢一步新闻"(各国旅游骗局)(8分钟)

①规则

由两名学生进行新闻播报揭示本国旅游骗局,其他同学判断该则新闻的真假,并说明理由。

②老师举例

某旅行社推出"超划算七日游"套餐,售价599元,套餐内容包括来回机票、六日五星级酒店住宿费、餐费、门票费、交通费、保险费等所有费用,旅行社承诺旅行途中不会再收取任何附加费用。

请问该则新闻是真的还是假的?

③老师解释

大部分学生听到这么低的团费一定会认为这则新闻是假的,其实该则新闻是真的,只是在低廉的团费后面隐藏着"陷阱",天下没有免费的午餐,该旅行团会在旅行途中由导游带领着进行各种推销和强制性消费活动。所以大家在选择旅行社时一定要慎重考虑,不要贪一时的便宜。

④思路阐述

"慢一步新闻"这一环节主要强调的是学生个人口语表达能力的体现,个人新闻播报要求学生形体、口语、表情等各个方面能够协调。在这一环节,对应本次课堂主题"谎言",由一个学生播报一段新闻,其他学生判别真伪并说明理由,这样有利于提高全班学生的参与度,并给一些水平较高的学生难度高一些的训练,符合教学内容难度应设置等级的要求。通过这一环节,学生还了解了各国旅游的骗局,在未来的旅途中会多一分警惕。课堂上几分钟简短的新闻播报需要学生在课前一次又一次地准备练习,练习是提高口语表达能力的必要途径。

(6)趣味活动一(5分钟)

①说谎能力测试

利用彩色卡片测试学生说谎能力。

②游戏道具

红色卡片上面写上"黑色"。

黑色卡片上面写上"绿色"。

绿色卡片上面写上"紫色"。

紫色卡片上面写上"黄色"。

黄色卡片上面写上"蓝色"。

蓝色卡片上面写上"红色"。

③规则

抽取5名学生,让学生以第一反应快速说出他所看到的卡片是什么颜色。

反应越快的人,越擅长撒谎;反之,则不擅长撒谎。

④思路阐述

说谎能力测试具有科学依据,是当年苏联与美国冷战期间为了鉴别特务而设计的一项特殊测试,具有军事用途。说谎能力测试利用卡片测试学生的说谎能力,是为说谎大赛做的前期热身,而说谎大赛则是学生尽可能说谎话,由其他同学判断谁是最善于说谎的人。学生好奇自己的说谎能力到底有多高,而在说谎能力测试中的表现也会影响其他学生在说谎大赛中对他的评判。

(7)趣味活动二(13分钟)

①说谎大赛

参赛学生尽可能地说谎话,由其他同学判断谁最善于说谎。

②规则

参赛的5名学生必须参加过说谎能力测试,每个学生说一段谎话,由大家一起判断谁在说谎。

被认定为在说谎的学生被淘汰,以此依次淘汰学生。

最后一名学生则为说谎大赛的冠军。

③思路阐述

这一环节可以有效地训练学生口语表达的能力,为了不被其他学生看出自己在说谎,学生需要注意个人的言辞,稳定自己的情绪,使自己的表达沉稳有力。通过上一轮的谎言能力测试,同学们已经大概了解彼此的说谎能力,因此参加本次活动的 5 名学生必须是参加过上一个活动的同一批学生。说谎能力也是个人智商与情商的体现,在课堂上举办说谎大赛可以充分调动学生的参与积极性和活跃性。

(8)课堂检测环节(5 分钟)

①规则

对本节课议题再次表决,并说明个人观点。

②思路阐述

对本节课议题的再次表决并非无意义的重复。在课堂初始,学生的投票只是基于个人基础知识与个人经验的判断,在倾听其他同学不同的见解和了解到别国不同的文化后,学生对本次议题重新思考,对已掌握信息重新进行组合排列,有一部分学生也许会改变最初的观点。这一环节使学生进行二次思考,而二次思考的过程恰好是对整节课的回顾与整理,把这一环节作为课堂检测环节,让学生重新对议题进行表述,以此检测学生对本节课议题的了解程度及对本节课课堂内容的掌握程度。

本次议题,有些学生会认为谦虚是一种美德,而有些学生会认为谦虚的本质就是谎言。经过讨论,有些学生会推翻自己最初的观点,认为说谎就是说谎,不分好坏,而也有一些学生会坚持自己的观点,认为必要的谎言有利于人际关系的融洽。学生的观点只要不涉及道德、法律底线都是无伤大雅的,重要的是考查学生在投票表决过程中的思考能力,以及流畅、准确地表达自己观点的能力。

(二)教学设计二:"炫富"

1. 主题

"炫富"。

2. 话题

如果有令人眼红的事,我是应该分享还是隐藏?

3. 设计说明

在学习本次新课前,学生在《体验汉语口语教程 6》第 8 课学习了"是应该存钱还是花钱?"主要谈论了不同的消费观、消费现象及原因,并学会了表达自己在金钱和消费方面的观念。本次课程主要讨论当下一种不健康的金钱观——"炫富"。学生综合已学知识,学会对不良消费观、金钱观进行批判与抵制,树立健康的金钱观。

4. 课程类型

口语课。

5. 课时安排

1 课时,50 分钟。

6. 教学对象

中高级汉语水平学生。

7. 教学方法

示范法、活动法。

8.教学目标

(1)提高学生口头播报新闻的能力。

(2)通过对在网络平台炫耀个人私生活这种不良现象的讨论,使学生思考并树立正确的价值观和金钱观,提醒学生有限度地分享个人生活,健康地使用网络。

(3)提高学生成段口语表达的流畅度、准确度。

9.教学流程

生词教学—对议题投票表决—"我们不瞎说"—"全球文化大战"—"慢一步新闻"—趣味活动(微电影)—课堂检测(再次投票表决)。

10.教学过程阐释与详述

(1)关键词:已学词汇,课前自主复习

"炫富"主题关键词如表 4-5 所示。

表 4-5 "炫富"主题关键词

生词＋拼音	词性	英文释义
fēn xiǎng 分 享	*v.*	share
yǐn cáng 隐 藏	*v.*	hide
xuàn yào 炫 耀	*v.*	show off
dī diào 低 调	*adj.*	be low-profile
xuàn fù 炫 富	*v.*	show off their wealth
chóu fù 仇 富	*v.*	envy the rich
péngyǒuquān 朋 友 圈	*n.*	a function of WeChat, you can share your ideas and pictures with others

(2)对本次议题投票表决,并说明个人观点(3 分钟)

①话题

如果有令人眼红的事,我是应该分享还是隐藏?

②思路阐述

投票表决作为导入环节,主要是向学生介绍本节课的讨论主题——"炫富",使学生了解本节课的学习内容与学习重点。投票表决有利于把学生从下课时的松散状态调整过来,使学生进入思考的状态,有利于老师开展接下来的课堂活动。

(3)"我们不瞎说"(6 分钟)

①话题

如果有一天,你买彩票中了 1000 万元,你会怎么用这笔钱?

老师举例如下。

装修房子,把房间里的壁纸换成现金。

买煎饼果子加 10 个鸡蛋。

喝豆浆买两碗,喝一碗,倒一碗。

②思路阐述

"我们不瞎说"作为正式讨论前的热身环节,不要求学生的回答有理有据,学生可以脑洞大开,展开奇思妙想。这一环节的目的主要是唤起学生对话题讨论的兴趣,活跃课堂气氛。

(4)"全球文化大战"(10 分钟)

①话题要求

各国仇富事件。

②老师举例

中国版仇富事件。

因为上春晚爆红的"大衣哥"朱之文,出身于一个贫困的村庄。走红之后,他心系村民,为村子修了一条路,村民为他立了一个功德碑,结果不久这个碑就被砸碎了。之后有村民劝说朱之文给每户村民发 2 万元,以维护大家之间的关系。结果,就在发钱之前,朱之文一家晚上在看电视,突然家中玻璃被人砸了,一家人都受到了惊吓。村民的仇富心态给朱之文的生活造成了很大的困扰,也让他为村民做好事的热情遭受了打击。

③思路阐述

老师引出话题,"大衣哥"朱之文因为上春晚爆红,他本来是一个老实的农民,十分想不通为什么大家会这么对他,其实村民这么做是典型的仇富心态作祟。

(5)"慢一步新闻"(8 分钟)

①规则

由两名学生进行新闻播报,讲解本国臭名昭著的炫富事件,学生一起讨论。

②老师举例

郭美美事件。

2011 年 6 月 21 日,新浪微博上一个名叫"郭美美 baby"的网友受到关注。这个自称"住大别墅,开玛莎拉蒂"的 20 岁女孩,其认证身份居然是"中国红十字会商业总经理",其真实身份也众说纷纭,有网友称她是中国红十字会副会长郭长江的女儿,由此引发很多网友对中国红十字会的非议,很快中国红十字会就被卷入了风波。"小白限行把小 mini 开出遛遛~开着有点不习惯。"这是 2011 年 6 月 21 日凌晨,"郭美美 Baby"发布的一条微博。据媒体报道,在此之前,其就已在微博中发布了一系列的"炫富"内容。脸庞稚嫩、打扮时髦,再加上名包、名车、别墅,郭美美迅速成了网民关注的焦点。

③思路阐述

调动学生参与集体讨论,不同文化背景下的炫富事件都会引来世界各国人民的反感情绪。课堂上几分钟简短的新闻播报需要学生在课前一次又一次地准备练习,练习是提高口语表达能力的必要途径。

(6)趣味活动:微电影(20分钟)

①主题

"炫富"。

②要求

由学生选取导演和演员,自编、自导、自演。以教室为拍摄场地,用手机等录像工具进行录像。要求有完整的故事情节,主要表现炫富之人在生活中的每一次炫富,以及旁观的人的感想。

③老师举例

炫富主角:"快点吧,我赶时间。看看我的劳力士(伸出左手)现在几点了。哎呀!这个名牌手表也不准,跟我的卡西欧(伸出右手)对一下时间。"

④思路阐述

微电影是在电影的基础上衍生出来的小电影,具有完整的故事情节。当把本节课主题"炫富"以表演的形式在课堂上呈现时,其喜剧效果能够让学生在笑声中思考。而把微电影这一新形态搬入课堂,可以极大地吸引学生的兴趣。在微电影的准备过程中,学生需要小组配合,共同讨论,商讨台词,每一步骤都是对口语表达能力的考验和锻炼。

(7)课堂检测环节(3分钟)

①规则

对本节课议题再次表决,并说明个人观点。

②思路阐述

这一环节使学生进行二次思考,而二次思考的过程恰好是对整节课的回顾与整理,把这一环节作为课堂检测环节,检测学生对本节课议题的了解程度及对本节课内容的掌握程度。本次议题,有些学生认为通过网络平台记录和分享个人生活是与朋友互动的一种方式。经过讨论,有一些学生会坚持自己的观点,也有些学生会推翻自己最初的观点,认为分享的限度不好把握,稍一越界就会被定义为炫富,而炫富对其他人造成的负面影响比较大,因此会改变原先的想法。学生的观点只要不涉及道德、法律底线都是无伤大雅的,重要的是考查学生在投票表决过程中的思考能力,以及流畅、准确地表达自己观点的能力。

(三)教学设计三:"回忆过去"

1.主题

"回忆过去"。

2.话题

如果真的有时光机,你会选择回去吗?

3.选题缘由

"哆啦A梦的时光机"是每个人都梦想得到的,每个人对过去都有着特殊的感情,把"回忆过去"这一话题搬入对外汉语口语课中,有利于吸引学生的关注,引起学生的兴趣,学生可以借此机会了解其他国家的历史和文化。近几年刮起了一股"复古风",人们开始追捧过去流行过的时尚、音乐等文化元素,因此,"回忆过去"这一主题符合当下年轻人的关注点和兴趣点。

4.设计说明

在学习本次新课前,学生在《体验汉语口语教程 6》第 14 课学习了"什么是时尚?"这一内容,讨论和交流了对时尚的看法,介绍了大学生活的休闲时尚,其中包括流行音乐、电子游戏、手机短信等内容。本次课程以"哆啦 A 梦的时光机"为话题,教学内容为谈论过去的时尚、音乐和名人,以响应当下复古风的热潮。

5.课程类型

口语课。

6.课时安排

1 课时,50 分钟。

7.教学对象

中高级汉语水平学生。

8.教学方法

示范法、活动法。

9.教具

PPT。

10.教学目标

(1)提高学生口头播报新闻的能力。

(2)通过对过去的时尚、音乐、名人的讨论,使学生感受和了解其他国家的历史文化。

(3)提高学生成段口语表达的流畅度、准确度。

11.教学流程

生词教学—对议题投票表决—"我们不瞎说"—"全球文化大战"—"慢一步新闻"—趣味活动(街头访问)—课堂检测(再次投票表决)。

12.教学过程阐释与详述

(1)关键词:已学词汇,课前自主复习。

"回忆过去"主题关键词如表 4-6 所示。

表 4-6 "回忆过去"主题关键词

生词+拼音	词性	英文释义
liúxíngwù 流行物	*n.*	popular item
fù gǔ fēng 复古风	*n.*	retro style back to ancient style
shí zhuāng xiù 时装秀	*n.*	fashion show
yáo gǔn yuè 摇滚乐	*n.*	rock music
mín yáo 民谣	*n.*	folk music
míng xīng 明星	*n.*	star

(2)对本次议题投票表决,并说明个人观点(3分钟)

①话题

如果真的有时光机,你会选择回去吗?

②思路阐述

投票表决作为导入环节,主要是向学生介绍本节课的讨论主题,使学生了解本节课的学习内容与学习重点.投票表决有利于把学生从下课时的松散状态调整过来,使学生进入思考的状态,有利于老师开展接下来的课堂活动。

(3)"我们不瞎说"(6分钟)

①话题

如果给你一张机票,飞去你曾经去过的某个地方,你会选择去哪里?

②老师举例

我会去到高中所在的小城里,因为高中时代是我最怀念的时光,我想念与我的朋友一起去食堂吃饭、一起去做课间操的日子。

③思路阐述

"我们不瞎说"作为正式讨论前的热身环节,旨在唤起学生对话题的兴趣,活跃课堂气氛。这一环节的老师举例,能够帮助学生顺利地打开话匣子,这一环节的问题设置可以使学生开动脑筋,参与进课堂中,是另一种训练汉语口语的方式。

(4)"全球文化大战"(10分钟)

①话题要求

世界年代秀,介绍20世纪90年代各国的流行物。

②老师举例

20世纪90年代,清华大学的校园内民谣兴起,校园歌手大赛捧红了那个年代的许多民谣歌手,如老狼、水木年华等(播放老狼的《流浪歌手的情人》)。

③思路阐述

老师的举例类似于节目中中国嘉宾发表的观点,一方面介绍和传播了中国文化,另一方面也为学生提供了一个范本,告诉学生"全球文化大战"这一环节是做什么的,具体要求与具体任务是什么。老师举例提到的民谣已经形成了一种民谣文化,民谣音乐一度因为摇滚乐和流行乐的兴起而被冷落,近几年又重新获得关注。

(5)"慢一步新闻"(8分钟)

①规则

由两名学生进行新闻播报,介绍本国的复古风,学生一起讨论。

②老师举例

中国设计师兰玉——中国风席卷2015巴黎高定时装周

在巴黎高定时装周上,来自中国的设计师兰玉发布了 LAN YU Haute Couture 2015春夏"蝶舞迷香"系列,以绯红这一浓烈的色彩渲染出一部凄美、悲壮的古典爱情史诗。设计风格上延续品牌精髓,在富丽堂皇的欧式三维立体剪裁中融入苏绣技艺,将蕴含东方美学的兰玉礼服带到西方顶级时尚殿堂。

③思路阐述

"慢一步新闻"这一环节主要强调的是学生个人口语表达能力的体现,个人新闻播报要求学生形体、口语、表情等各个方面能够协调。在这一环节,对应本次课堂主题"回忆过去",学生播报与中国有关的新闻,反映中华民族在复古中创新的思路,以及对引发世界共鸣的思考。组织学生讨论,将主题与文化相结合。

(6)趣味活动:街头访问(20分钟)

①规则

要求学生走出教室,走入校园中,去采访学校里其他老师或同学。

②采访题目

如果能回到十年前,你最想做什么?

如果可以选择,你想重返多少岁?

③思路阐述

鼓励学生走出教室去接触陌生的人群主要是为了提高交流的真实性。学生每天面对熟悉的同学,可能对做任务产生了疲倦感,因此鼓励学生去接触陌生人,倾听不同的想法,给学生创造一份新鲜感和刺激感。而把环境选在校园里也是为了让学生能够及时做完任务重返教室,进行接下来的学习任务。

(7)课堂检测环节(3分钟)

①规则

对本节课议题再次表决,并说明个人观点。

②思路阐述

本次议题,有些学生坚持认为回到过去可以纠正自己曾经犯的错误,寻找自己如今已经不联系的小伙伴,陪伴现实生活中已经过世的亲人。也有些学生经过讨论改变了自己的观点,他们觉得过去已经没有去改变的意义,重要的是抓住现在。过去的流行元素有很多流传至今,应当享受当下科技进步给自己带来的生活的便利。这是一种促发式输出,让学生有感而论。

二、教学设计反思

(一)教学设计的亮点

1.话题的选择

口语课堂话题的选择具有亲民性、时代性和趣味性。本次教学设计选择了三个话题:"谎言""炫富""回忆过去"。这些话题既切合教学内容,又具有极强的现实性,来自学生的生活,也是一种时代的现象。同时,这些话题又能带来很多有趣的谈论内容。所以,从课文延伸出来的话题,不是课文的简单复现,它应该具有一种很强的语言输出的推动性,让学生不仅想说,而且还要能说。

2.活动形式多样

教学设计中选取的活动具有趣味性、科学性和操作性强的特点。本次教学设计选择的活动环节包括"我们不瞎说""全球文化大战""慢一步新闻""说谎能力测试""说谎大赛""微电影""街头访问"。在参与活动时，学生进行能力与智慧的比拼，有效地活跃了课堂气氛，增强了课堂趣味。学生在进行说谎能力测试时可以学习相关的科学知识，有力的科学依据使得活动具有现实的意义。这些课堂活动用时短、规则简单明了、目的性强，与当堂课话题密切相关，为学生提供了多种多样的训练口语表达能力的方式。

3.与文化相结合

《世界青年说》的特点就在于文化碰撞，和而不同。对外汉语口语教学也应该有这样的特点。课堂话题的展开强调多种文化的交流，希望学生建立一种跨文化交流的思维，而不仅仅是为了练习语言，希望他们经由语言给出文化层面的答案。

(二)教学设计的不足

1.奖励机制模糊

虽然准备了足够的课堂活动环节，但是每个活动没有相应的明确的奖励机制。一开始，学生可能会因为话题新颖、活动有趣而积极参加，但是长期下来，教学流程雷同，学生可能需要一些外在的奖励，以此提升参与活动的积极性。缺乏奖励机制，学生参与的积极性会被大大削弱。

2.教师与学生之间的互动较少

虽然教师在口语课堂中的定位与主持人类似，应该把表达的机会给予学生，但是学生处于学习阶段，活动过多地把话语权、决定权交给学生，而缺乏老师与学生的互动，在一定程度上对学生学到正确的口语表达有一定的不利影响。教学设计中不论是"我们不瞎说""全球文化大战""慢一步新闻"还是其他活动，大部分情况都是学生自己决定说什么，老师在学生说完之后进行补充纠正，而无法预料学生会说什么，也就无法给出相应的指导。

实践二：竞赛电视节目与对外汉语测试——以《"汉语桥"世界大学生中文比赛》节目为例

本章总结《"汉语桥"世界大学生中文比赛》节目的特点，梳理其与对外汉语测试的关联，探索节目带给对外汉语测试的启示。节目以比赛作为贯穿全程的形式，以积分制推动比赛的进程，考察的是参加者的综合能力。这样的测试形式，具有挑战性、趣味性，能将竞争和合作相结合，促进学生的综合发展。对外汉语课堂如何借鉴节目特点，以测试带动教学，是本章的研究重点，并在此基础上设计具体案例进行探索。

第一节 《"汉语桥"世界大学生中文比赛》节目概述

《"汉语桥"世界大学生中文比赛》的比赛分为初赛、复赛、决赛和总决赛。初赛在海外赛区进行，每个赛区都有自己的选拔方式，而通过各大赛区选拔的选手将会按照所在的大洲分为欧洲组、亚洲组、美洲组、大洋洲组和非洲组，并以所在的组为单位参加决赛。决赛是整个过程中最为精彩的部分，世界各国的顶尖汉语选手在此汇聚，展示出世界大学生最高的汉语水平。整个比赛的设计也充满了观赏性，按照综艺节目、真人秀等方式进行打造，既是一场比赛，同时也是一场表演。

一、节目形式和节目内容

《"汉语桥"世界大学生中文比赛》比赛自 2002 年起至今经历了十余年的发展，也伴随着社会与节目自身的发展进行了多次改良。从第一届到第六届赛制未成型，节目形式差别较大且承办单位更迭频繁。从第七届开始，比赛赛制趋于稳定，更具有研究价值。本章对第七届、第九届、第十届、第十一届、第十二届、第十三届、第十四届、第十五届《"汉语桥"世界大学生中文比赛》的影像资料进行研究后得出关于节目形式和内容的相关统计，[①]如表 5-1 所示。

---

① 第八届比赛未寻得网络资源，故暂空缺。

表 5-1 　《"汉语桥"世界大学生中文比赛》复赛到总决赛的节目形式和内容

比赛年份与届数	复赛	决赛	总决赛
2008年第七届	(1)第一轮主题演讲 (2)第二轮才艺展示	(1)职场体验(主持人、老师、博物馆讲解员、电视推销员) (2)名师学艺(舞蹈、快板、戏法、厨艺、戏曲、武术)	(1)快乐辩论赛 (2)诠释中国古典故事(情景剧表演:《霸王别姬》《宝莲灯》等)
2010年第九届	(1)第一轮主题演讲,回答问题 (2)第二轮才艺展示	(1)嵌入式情景剧(演讲、才艺、创意台词) (2)感受世博(文化体验)	(1)快乐辩论赛 (2)情景演绎(《荆轲刺秦王》《花木兰》《红楼梦》)
2011年第十届	(1)第一轮主题演讲 (2)第二轮自由拉票	(1)发现城市家(文化体验后进行汇报演出) (2)角色扮演、配音表演、礼仪表演、曲艺表演 (3)快乐辩论赛 (4)情景剧	总决赛与决赛合并
2012年第十一届	(1)第一轮90秒演讲 (2)第二轮30秒自由拉票	(1)情景演讲 (2)自由拉票 (3)生活体验 (4)情景剧 (5)明星帮帮唱(和助阵搭档进行才艺展示)	(1)梦想职场(60秒求职演讲) (2)汉语剧场
2013年第十二届	(1)第一轮主题演讲 (2)第二轮自由拉票,从本届比赛开始,复赛不再分赛区进行,改为分大洲进行	(1)外场考核:(古城体验并完成三个任务) (2)风情民俗演讲 (3)外景任务(寻找食材现场烹饪) (4)内场秀(改编《射雕英雄传》中的武侠人物) (5)才艺展示(美食推荐对抗赛)	(1)在导师指导后表演节目,导师参与演出 (2)自由拉票
2014年第十三届	(1)第一轮主题演讲 (2)第二轮自由拉票	(1)岳麓书院文化体验活动 (2)走遍中国户外真人秀	(1)情景剧考演(在情景剧中对选手进行考核) (2)情景考题 (3)60秒即兴表述
2015年第十四届	(1)第一轮主题演讲 (2)第二轮才艺拉票	(1)文化体验活动 (2)综合考试(听力、作文、问答) (3)知识抢答题	(1)情景考演秀(在情景剧中对选手进行考核) (2)巅峰对决(知识问答)

续　表

比赛年份与届数	复赛	决赛	总决赛
2016 年第十五届	(1)第一轮主题演讲 (2)第二轮才艺展示 (3)第三轮汉语考场(机试,回答问题)	(1)户外游学体验 (2)室内竞赛(由冲关团和主播团进行对抗,冲关团为参赛选手,主播团由湖南卫视主持人组成) (3)第一轮:冲关团答题积分淘汰环节(包括听力考试、补全汉字、生僻词语阅读、绕口令、汉字书写、多音字阅读等) (4)第二轮:冲关团和主播团对抗 ①汉字笔顺书写比拼(由组内成员合作完成,一人一笔) ②中外对对碰(两队各选五名选手,分别回答五道互有关联的历史问题) ③汉字麻将(把手里的汉字牌组成词语) ④终极抢答 ④字形补缺	(1)主题演讲(我的中国故事) (2)冠军挑战(参赛选手挑战各个领域的中文比赛冠军,回答他们给出的问题,并获得相应的分数) (3)中西交流 2000 年(中国历史知识问答)

根据统计,《"汉语桥"世界大学生中文比赛》在复赛阶段倾向于采用主题演讲和才艺展示作为基本的考核形式,而在决赛和总决赛中,文化体验、情景剧演绎和知识问答是主要的比赛形式。其中第十五届比赛的赛事主办方别出心裁,设计出很多中文游戏,由中外两方进行对抗,一改以往的模式,使得节目颇具新鲜感。

二、节目的主要环节

(一)主题演讲

在近几年的《"汉语桥"世界大学生中文比赛》当中,主题演讲环节基本是固定不变的,它的规则是在规定时间内完成主题演讲,并在演讲完成之后回答评委的问题,评委会对选手的演讲和问题的回答情况进行打分。每届比赛主题演讲的时间不完全一样,基本控制在两分钟以内。演讲的具体内容涉及理想、生活学习经历、中国体验、文化差异、地域风情、国粹、文学作品等,其中理想、经历、文化差异是选手选择较多的演讲内容。

这个环节可以考察选手汉语的发音情况、语言组织能力、语法的运用、中国文化知识等汉语基本能力及选手的心理素质和逻辑思维能力,同时也给了选手发挥的空间,选手们可以根据自己所擅长的领域,向评委和观众展示自己的语言能力。而之后的问答环节则考察了选手的听力、临场反应能力和汉语知识储备。评委的问题并非一味考察选手的知识积累,更多是选择一些让选手有发挥空间的开放性问题,比如,如果你的朋友要来中国旅游,你将会推荐哪些经典景区,为什么?

从 2012 年第十一届《"汉语桥"世界大学生中文比赛》开始,赛事主办方在主题演讲环节给选手设定题目,使自由演讲成了半命题演讲。这些主题还有一定的延续性,2012—2014 年的主题都是"我的中国梦",具有很强的时代感;2015—2016 年的主题都是"我送给'汉语桥'的礼物",突出了一种活动与个人的关联感。主办方不担心这些延续性的主题会有雷同问题,旨在考察每个个体面对相同主题时的巧思,选手展现出个性化的表达便可脱颖而出。

(二)才艺展示

才艺展示环节在近几届的大赛中也相对固定,考察的是选手们中华才艺的积淀。这对选手来说是语言能力之外的另一个领域能力的呈现,也体现出了这样一种导向:语言与文化的结合才是学习汉语的正确路径。选手们能够在中国武术、传统舞蹈、流行歌曲、诗词歌赋、琴棋书画等各个方面呈现出深厚的积累,甚至可以说是专业素质,让节目具有观赏性,将综艺元素运用到竞赛节目中,丰富了竞赛的形式。主题演讲和才艺展示所得积分之和决定了选手是否有晋级决赛的资格。

(三)知识问答

知识问答环节在前几年的汉语桥比赛当中已经逐渐弱化,但在第十五届《"汉语桥"世界大学生中文比赛》中再次成为比赛的主要形式。在《一站到底》等节目火爆的同时,益智竞技也成为一种娱乐新宠,这意味着形式可能带来的节目新鲜效果和可能重新获得的荧屏生命力。《汉语桥》中的知识问答是考查参赛选手汉语听力、知识储备及语言表达能力的最直接的方式。知识问答一般要求选手在规定时间内答对相应数量的题目,首先就需要选手先听懂题目,这就考察了他们的听力理解能力,然后选手需要迅速作答,这就考察了他们的知识储备和汉语表达能力。从节目效果的角度来说,知识问答的形式紧张刺激、扣人心弦,同时场内外的观众在看选手答题的同时,自己也会有代入感,增强了互动效果。

(四)情景演绎

情景演绎的规则是选手根据相应主题和助演嘉宾一起表演一段情景剧,取材自中国古代或现代的著名人物的故事,台词和剧本由选手和导演共同设计。这样就给了参赛选手极大的发挥空间,他们可以根据自己的个性和喜好设计自己的台词和表演方式。这种形式的表演性、综合性极强,选手需要调动汉语能力、表演才华和创新能力,才能自如地将一段故事表现出来。如 2015 年《"汉语桥"世界大学生中文比赛》的决赛中,来自喀麦隆的孙颖宇就在情景剧《再见马可·波罗》中扮演波斯迎亲大使阿布失哈,他不仅完整回答出了考题,还带来了一段精彩的胡琴表演。由外国人用中文呈现一段中国故事,本身就具有极强的可看性和文化传播力。

第二节　《"汉语桥"世界大学生中文比赛》
对汉语教学测试的启示

　　《"汉语桥"世界大学生中文比赛》是一项赛事，选手们彼此之间为竞争关系。竞争是个体或群体间力图胜过或压倒对方的心理需要和行为活动。竞争也是个人或群体的各方力求胜过他方的对抗性行为，因此，其积极作用是能使人振作精神，奋发进取。在社会生活中，竞争往往通过竞赛的形式表现出来。《"汉语桥"世界大学生中文比赛》就是一个汉语的竞赛，促使选手们在比赛中发挥自己的最佳水平。

一、节目理念的启示

（一）竞争性

　　"竞争性"可以说是《"汉语桥"世界大学生中文比赛》的本质属性。《"汉语桥"世界大学生中文比赛》是一场大型的中文比赛，比赛进行的过程中选手们面临的是残酷的淘汰，每轮比赛之后总会有选手离开，走到最后的总决赛进而问鼎冠军的选手需要经历层层的考验，击败诸多强手。

　　这种竞争带给个人以奋进的动力。在这个过程中，参与者在强压下受到一定刺激，这是语言生成的一种重要推动力。我们看到选手们需要在比赛中以最佳状态展现自己的汉语能力，更要展示日常状态下所不具备的潜能。这就是对于"输出"的刺激。这种竞争性还要求参与者整合自己的综合能力。竞赛不是一个应试测验，它要求参与者除了语言能力之外还要具备多种才能，产生一种学习汉语文化和中华才艺的反拨效应。这些都是我们真实课堂测试所应借鉴的，可以带来库玛所说的"语言技能集成化"的效果。

　　这种竞争也是一种节目手段，它制造了一种从头到尾的悬念和紧张感，使得参与者在每一环节都全力以赴。我们的单元测试、课堂检测虽然能够反映出即时的学习效果，但是缺乏一种长效的机制，不像竞赛节目一样"引人入胜"。单元测试成绩虽然也可以通过计算平均值计入总分，但是各个单元测试之间的关联性不强，可以借鉴节目中整体竞赛的模式，让所有的环节之间产生某种关联。

（二）合作性

　　通过竞争产生合作，这是"汉语桥"的一个设想。我们的真实测试为考虑信度和效度，多是对个人水平的关注，能否在测试中引入合作，并且确保其有效性，这是一个问题。

　　分组对抗是《"汉语桥"世界大学生中文比赛》进入到决赛和总决赛阶段常用的比赛形式。在复赛阶段，选手的基数较大，评委和观众对每位选手的个人情况不甚了解，所以在复赛阶段以个人展示为主。而到了决赛阶段，参赛选手经过一轮的淘汰，评委和观众对晋级者的个人情况已有初步的了解,赛事主办方安排了大量小组对抗的比赛环节。例如,2008 年、2010 年、2011 年决赛中,选手们被分为两组进行主题辩论。2013 年、2014 年、2015 年决赛阶段的户外文化体验活动都是在组内合作、组间竞争的基础上进行的。小组成员之间同时存在合作和竞争的关系,他们通力协作完成主办方安排的任务,而在完成任务时他们又彼此激烈地竞争,争取以出色的表现获得评委好评。2016 年的决赛阶段,外国选手更是组成团队与以汉语为母语的主播团进行较量。

这种合作关系其实是对上述竞争关系的一种有益补充。仅有竞争,而无合作的汉语考查环境是缺乏良性机制的。竞争可以成为一种激励手段,合作则能让人际交流更具有建设性,大家为了实现竞争目标而展开合作,这也是一种激发式合作,让彼此的关联更为紧密。这是后方法时代"促进协商式合作"的一种方式。主题辩论中的合作会让选手建立彼此间的观点共鸣,源于真人秀的体验式合作则将语言和文化的沟通放置于更为真实的语境之中,也让"确保社会相关性"成为可能。合作带给参与者更深层次的互动需求和更密切的交流互动。

(三)文化性

《"汉语桥"世界大学生中文比赛》节目最大的成功还在于将中国文化融入测试。比赛中涉及了大量的传统文化知识,其中包括诗词歌赋、历史常识、历史事件、考古研究、汉字演变、成语故事、儒家经典、谚语典故、民间风俗等。当语言与文化结合,语言自身的"文化"也被呈现出来。文化不仅是一种知识,也是一种才艺,更是一种思维方式。后方法时代要求"提升文化意识",要求语言的交流能够建立在文化的彼此理解的基础之上,实现跨文化的沟通。

在中国传统文化知识方面,参赛选手展示了异国学习者经由语言的学习,对中华文化的认知可以达到的深度和广度。例如 2016 年第十五届《"汉语桥"世界大学生中文比赛》总决赛当中,欧洲赛区冠军曾子儒在面对《中华诗词大会》总冠军时表现得沉着冷静,完整对出了冠军所给出的四句诗词。美洲赛区冠军安德烈流利地背诵出了周敦颐《爱莲说》中的经典段落,以及马致远的《天净沙·秋思》。这些表现无疑具有示范性和激发性。

参赛选手的体验活动也是以竞赛的方式推动了他们对中华文化的了解。它采取真人秀的方式,给定选手任务,要求他们在规定时间内完成。这些任务多与中国传统文化或者是极具中国特色的习俗有关,比如 2015 年第十四届《"汉语桥"世界大学生中文比赛》大理站的比赛中,选手需要在规定时间内搜集茶马古道最具代表性的两件器物——火腿和银器。这是一种真实的文化教学,虽为竞赛但却是考学结合,不仅提升了选手的文化意识,更能将比赛变成一次学习机会,让"学习机会最大化"。这些经验和方法都值得真实的对外汉语测试吸收和借鉴。

二、节目内容的启示

(一)"个人秀"的竞赛形式对汉语教学测试的启示

"个人秀"主要包括主题演讲、才艺展示这两类最能体现个人语言能力及才艺的形式。《"汉语桥"世界大学生中文比赛》的主题演讲选手可以自拟主题,根据主题自由发挥,既考查了选手的汉语词汇、语法基础,又考查了选手的语音、语调。才艺展示则是选手的个性展示,展示的才艺与中国文化有关,体现了选手对中国文化和传统技艺的热爱。

真实的汉语测试是一种汉语"水平"考试,属于对教学内容的一种反馈式评价。也就是说它主要关注学生上课学得好不好,对学生的语言能力的全面考查、综合能力的关注都不是考试的重点。这样与语言学习的目标、学生培养的目标有所出入。现代教学理念提示我们要培养学生多元智能的发展,对外汉语教学要求"结构—功能—文化"相结合的教学方法,强调语言与文化的结合,但是在教学测试方面的发展却相对滞后。

节目示范了如何将考查与个人展示结合起来。考试未必尽是一种分数的判断,可以让考试成为学习的某种目标,也让学生有可能将自己的语言与综合才能结合起来。考试也未必尽是书面的回答,也可以将考试和任务结合起来,让学生在体验中加深学习并产生进一步学习的动力。

(二)分组对抗对汉语教学测试的启示

和"个人秀"相比,分组对抗是一种集体式的个人展示。在快乐辩论赛中,队员共同发声,捍卫集体的观点,每个人都在其中展示出了自己的语言锋芒和思维深度;在户外文化体验活动中,队员共同完成任务,个人也能在这个过程中体现自己的能力;在团队答题环节中,面对题海,小组成员都有机会作答,共同进退,个人也能在其中展示出自己的知识储备。团队的方式既有集体,也没有淹没个人,却让比赛的方式更多元,也让对学习效果的检测更能体现协作精神。"促进协商互动"让个体在团体之中建立更为频繁的互动关系,是这一形式的最大优势。

真实的课堂检测,往往缺乏这种合作式的检测方式。主要原因是这种检测很难制定有效的评价体系。对一种科学的评估方式而言,信度、效度很重要。如果说"个人秀"在考试中尚可接受,那么团队的测评该如何制定标准呢?毕竟对个人的评估标准相对容易制定,但个人在团队中应得到的分数就并不是那么容易核定。这就提醒我们在真实课堂上"模拟"节目是有条件的。考试分为成绩测试、学能测试、诊断性测试、分班测试、能力测试等,这些类别的测试并不是都适宜团体形式。在成绩测试中适当地融入团体形式,是一种可以探索的方式,也是本章试图尝试的实践方向。

(三)积分和淘汰机制对汉语教学测试的启示

《"汉语桥"世界大学生中文比赛》中的积分和淘汰机制也是一种值得借鉴的形式。首先,积分制和淘汰制让整个竞争过程一目了然。通过积分选手们可以时刻了解自己在整体中所处的位置,淘汰制则让选手们保持警惕和斗志,竭尽全力进行表现。真实的课堂考试常常具有滞后性,学生和老师要在一段时间后才能通过试卷的分数得到学习状况的反馈。分数有时出于隐私的原因不会对外公布,只由教师掌握,学生也无法得知自己在群体中的位置。如何像节目一样设立一种方式,让学生能够在一种持续的反馈中"提高学习自主性"是一个值得思考的问题。

同时,积分制和淘汰制还能保障一种竞争效应。竞争的最终结果是淘汰,这就让整个比赛充满悬念,让选手们必须要全力以赴,其激发性显得非常突出。真实课堂的目的不是淘汰学生,而是为了更好地激发其学习动能,所以积分和淘汰制应当有选择地被引入考试中。淘汰制应该慎用,在非正式的测试中,为了增加趣味性和创造性,可以采用这种淘汰制,甚至可以结合游戏进行,让学生在整个过程中了解自己在群体中的位置,明确自己和优秀者之间的差距,同时借助趣味性减少受挫的压力。

《"汉语桥"世界大学生中文比赛》从理念到形式上都带给对外汉语教学测试以启示,为解决传统测试中趣味性缺乏、创造力低下、综合性较弱等问题提供了参考意见。本章设计出适用于汉语教学的比赛活动,把"个人秀"、分组对抗的形式与积分制、淘汰制相结合,试图将整个学期的考试纳入一种新的考评模式之中。

第三节　基于《"汉语桥"世界大学生中文比赛》形式的对外汉语教学测试的模式建构

一、研究对象概况

这一研究在泰国孔敬大学附属中学高中三年级选修班开展。泰国学生可以根据自己的兴趣选择"语言"学习。可供选择的语种包括英语、法语、汉语、日语等。该高三年级选修班的学生完全是根据自己的兴趣选择汉语,其中有 10 位学生连续三年选择汉语,学生学习汉语的积极性比较高。这一点和"汉语桥"世界大学生中文比赛的情况十分类似,参赛选手本身就具有强烈的学习动机。

高三选修班共 12 名学生,其中女生 7 人、男生 5 人,所有学生都已经接受了至少 5 年的中文教育。其中有 6 人参加过 HSK 4 级考试,有 5 人通过了考试,有 1 人 HSK 4 级成绩为 168 分。学生在初中阶段学习的教材是《快乐汉语》,高中教材为《体验汉语》。在研究开展之前,学生开始学习《体验汉语》第 4 册。这本书由 12 课组成,每课包括热身、课文、活动、汉字学习和"挑战你自己"等 5 个部分,每 4 课后编排了复习课,便于学生及时复习、巩固并掌握所学内容,本册参考讲授学时为 50 学时。全书的每节课都有其所对应的功能、句型、语法结构和文化板块。

该班的考试方式和全校的考试方式一致,也是采取期末考试的形式,根据最终分数来判定每个学生的学习效果等级，分为 A、B、C、D、E 5 级，以百分制计算，低于 60 分为 D 级，不及格。由于选修课每周分布课时有限，仅有 4 课时，对语言学习来说还远远不够，因此，期末的测试反映出的不过是学生最后的"复习"效果，具有很强的应试性，不能很好地将整个学习过程反映出来。故本教学设计希望在考试方式上做出改进，有效地融考试于学习过程，促进学生汉语水平的发展。

二、研究设计

本章的课堂设计希望改革传统的应试性考试方法，借鉴《"汉语桥"世界大学生中文比赛》的形式，设计出以竞赛机制为基础的系统考试模式，贯穿整个学期的学习。计划根据教材的安排，每学完 4 课以后进行一次测试，测试的内容来源于课本。对学生整个学期的测评采用积分竞赛机制，学生的期末总成绩为三次测试的成绩与平时成绩的总和，并以积分的形式呈现，学生每堂课的表现及在每次测试中的表现都会对期末成绩产生直接的影响。具体设计中需要注意以下方面。

首先，需要结合教学。新模式在形式上和计分模式上与传统的考试存在较大差异。但是作为一种成绩测试方式，它还是需要结合具体的教材和授课内容，进行有针对性的设计。这个设计中可以有适度的延伸，但是一定要以教材为本，让考试成为学习状况的反馈。试题所考查的内容也要平均分布，不应该对某一部分过度考查而忽视其他部分，要保证成绩的信度和效度。

第二，比赛环节的设置一定要符合实际。要结合学生的程度、实际操作环境等。比赛的规则不宜过于复杂，计分方式也应该简单明了，以免因复杂程度太高而影响比赛的流畅性。

第三，保障公平。在新模式中，公平性是至关重要的。传统的考试以闭卷考试为主，严格规定学生在考试过程中不可以查阅资料，不可以使用电子设备。新模式在这一点上较为宽松，但是仍有相应的规定。然而，在团队协作中，对团队中个人成绩的评估却是保障"公平"的一个难点。

三、具体方案

本学期学生的期末综合成绩由各个阶段的测验成绩共同构成，每一阶段以小组竞赛的方式产生成绩。一个小组就是一个学习团体，学生需要在分组确定之后就成为一个互助互进的团队，共同争取最终的胜利。但考虑到团体中个人的突出表现，也制定了个人的奖励和惩处方式。每个月有一次单元测试，反映阶段学习的状况，考试也是活动式、任务式相结合的。如表 5-2 所示。

表 5-2　学生总成绩的组成

项目类别	考查方式	评价方式
第一次单元检测 第二次单元检测 第三次单元检测 综合检测	按照积分模式为基础的竞赛方式进行。所有学生按照成绩分布,平均分配为 3 个固定的小组进行比赛,每组 4 人。原则上每个小组的成员不可以随意变动	学生以小组为单位在 4 次比赛中所获得的成绩即为该小组所有成员的最终成绩。4 次比赛各占 20 分
每周播报	从学期的第二周开始,所有学生按照学号在周一的汉语课上上台进行主题演讲,时间为 120 秒,每位学生演讲的题目由老师提前一周公布(题目的选择范围:中国社会、个人信息、中国文化、语言文字、中外差异)	主题演讲占 10 分
才艺比拼	学生抽签决定顺序,从第二周开始,在每周五的汉语课上展示自己最擅长的中华才艺,一周一个人	才艺比拼占 10 分
最有价值组员	该奖项是在每次单元测试和最后的综合测试结束之后,评选出 3 个表现最好的小组成员(评选完全依据选手的表现,评选方式为学生投票和教师投票。在计票时学生投票比重和教师投票比重各占 50%,得票数排名第一到第三的学生获得该奖项)	每次测试过后,得到"最有价值组员"的学生可以在小组得分的基础上获得 5 分的额外加分 分数加满 100 分为止
最佳第二人	得票数排名第四到第六名获得该奖项	获得"最佳第二人"的组员可以获得 3 分的额外加分 分数加满 100 分为止
惩罚、淘汰制度	一次比赛当中犯规一次警告、两次扣分、三次直接被罚出局,被罚出局意味着全体组员无法参加接下来的比赛	犯规一次不扣分,犯规两次,每个小组成员扣 2 分

(一)团队协作

提前一个学期告知所在班级的学生,学生以小组为单位参加比赛,设计思路源于《"汉语桥"世界大学生中文比赛》决赛阶段分组对抗的比赛形式,一方面节省了比赛用时,提高了比赛效率,简化了成绩考核的烦琐程度,另一方面小组成员之间可以取长补短、相互学习,促进学生"协商式互动"。融洽的小组氛围中,小组成员相互交流,提出自己的见解和看法,小组成员要自觉完成自己的任务,为实现公平性和竞赛性,全体学生按照一定原则混合编组。① 研究发现组员的参与度和小组规模有很大关系,若小组中有 3～6 名学生,每名学生都有说话的可能性;若有 7～10 人,就会有 1～2 人基本不说话;若超过 10 人,

---

① 王坦.合作学习的理念与实施[M].北京:中国人事出版社,2002:5.

3~4 名学生占用了大部分的时间,其他学生没机会说话。① 因此,学生参加比赛时 3 个人分为一组,在人数上较为恰当。

(二)积分模式

学生期末总成绩由各个阶段的测试成绩及奖励和惩罚情况组成,以积分的形式呈现。每周播报和才艺比拼所得积分是期末成绩的一部分,其设计思路源于《"汉语桥"世界大学生中文比赛》复赛阶段选手积分排名的晋级模式。三次单元测试和一次综合测试则类似于《"汉语桥"世界大学生中文比赛》决赛阶段的各个分站赛,学生们在这四次"分站赛"中获得相应的分数,累计成为期末成绩。

(三)奖惩措施

本模式中的惩罚模式由扣分和淘汰两个部分组成,不同犯规次数都有相应的惩罚。"扣分"借鉴了《"汉语桥"世界大学生中文比赛》当中的减分规则,而"淘汰"是受到了《"汉语桥"世界大学生中文比赛》选手晋级过程中淘汰机制的启发,与之不同的是本模式的"淘汰"是暂时的,给了学生查缺补漏、挽回局面的机会,学生可以通过之后的表现为自己收复失地。

给予出色的学生分数上的奖励,一方面是为了鼓励学生们积极参与其中,另一方面也是为了兼顾公平。这一点是受到了《"汉语桥"世界大学生中文比赛》中"个人秀"理念的启发。《"汉语桥"世界大学生中文比赛》决赛和总决赛中的"个人秀",保证了选手在参与团队合作之余,拥有自主发挥的空间,并在每周播报、才艺比拼、阶段测试的环节中得以体现。奖励积分的方式就是对本模式中学生"个人秀"的肯定。

四、《体验汉语 4》的内容

《体验汉语 4》共 12 课,语言功能包括谈论假期生活,谈论过去的生活,表达祝福,描述人的外貌性格,述说烦恼并学会安慰,协商事情并学会赞成和反对,表达醒悟,表达赞美和肯定,表达强调,表达假设、让步、后悔、抱怨,表达连续发生的动作,表达即将发生的动作,表达意外和惊讶,表达承接关系等。

由表 5-3 可以看出,《体验汉语 4》所涉及的语法点非常丰富且分布均匀,适合汉语水平在 HSK 3 级以上的学习者学习。学完本册教材,学生可以描述人的外貌、性格,可以给予他人建议和安慰,可以表达假设和让步语气,可以表达意外和惊讶的情绪,可以表达欢迎和祝愿等。

每一课的编写都是基于语用功能、句型、语法结构、课程活动、文化常识几个部分,非常清晰合理,可以在模式设计过程中直接使用且不易超纲,在每次比赛活动结束之后也方便学生自主查找问题。以上的语言点、文化知识、语用功能和课本中所出现的句子、生词

---

① 陈向明. 小组合作学习的组织建设[J]. 教育科学研究,2003(2):5-8.

都在下面的具体设计中得到了不同程度的体现。其核心的语法结构大致分为以下几类，如表 5-3 所示。

表 5-3 《体验汉语 4》中涉及的语法点

语法点	说明
复句	不是……而是……，要么……要么…… 只要……就……，既……又…… 连……也……，即使……也……
具备特定语法功能的词汇	用"了"表示完成 疑问代词表示任指 用"早知道"表示假设 用"将"表示将来时态 用"什么的"表示列举 "一 A 比一 A……"表示递进
补语	结果补语：动词＋好/开/上/掉 趋向补语的用法，"起来"做补语的引申用法
固定句型	A 比 B＋形容词＋数量词 A 没有 B＋形容词 反问句：为什么不……呢？ 请/叫/让/教＋某人＋做某事
特殊词汇的用法	时间短语做定语 "地"的用法 "次"的用法 "极了"的用法 "A 是 A"的用法 "把"字句 "被"字句 "越……越……"和"越来越……"的用法 概数的表达法 连词"于是"的用法 "跟……有关系"的用法

五、实施过程

（一）第一次单元测试

1.检测内容

教材当中的每一课都有对应的主题和应该掌握的句型，根据 1～4 课所学的内容，第一次单元测试的综合设计如表 5-4 所示。

表 5-4 第一次单元测试的综合设计

比赛项目	比赛规则	评分方式
妙语连珠	每小组用指定数量的拼音字母卡片拼出尽可能多的词语,一张卡片使用一次,拼出词语多的小组获胜	
妙手回春	各组抽签决定题目,要求各组在规定时间内找出所给三个词语中的错别字并进行改正。本轮比赛共分六轮进行。找出并改正错别字最多的小组获胜,如果出现多组都在规定时间内完成的情况,则比较比赛用时,用时最少的小组获胜	每个环节第一名 4 分,第二名 3 分,第三名 2 分 比赛中可以出现并列,如两组并列第一则都记 3.5 分
光影嘉年华	根据 1～4 单元所学内容设计一个情景剧,并由老师评价排出名次 评价标准:语法准确、词汇丰富、紧扣主题	
名人听写	老师在台上念六段话,这六段话分别描述一个名人。在老师描述的过程中,各组成员可以进行抢答。六段话念完以后,答对题目多的小组获胜	

2. 活动主题

以竞赛模式为基础的单元知识检测。

3. 活动目的

检测学生《体验汉语 4》第 1～4 课的具体学习情况。

4. 活动对象

高中三年级汉语选修班的全体学生。

5. 计划日程

2016 年 11 月 18 日星期五上午第 1～2 节,从上午 9:30 到 11:10。

6. 时间长度

两课时,一节课 50 分钟。

7. 活动地点

孔敬大学附属中学的汉语教室(音响、投影仪、电脑)。

8. 活动准备

在教室内摆放三张桌子,桌子之间保持足够的距离。每张桌子的四面各摆放一把椅子,桌上放三组卡片、一个抢答器、一张白纸。

9. 比赛过程

(1)妙语连珠(9:30—10:00)

妙语连珠为比赛的第一个环节,老师同时把事先准备好的三套完全相同的卡片分发给已经按照组别坐好的三组学生。计时开始之前学生不得偷看卡片,计时开始之后三名学生用卡片在横纵方向组合出词语,另一名学生负责记录词语并加上声调。比赛于9:30准时开始,9:45 计时结束。计时结束后学生不得再继续操作。9:45—10:00 为教师检查结果和统计得分时间。分数统计结束后,把各组的得分及时计入总积分。

妙语连珠环节的题目基于《体验汉语 4》第 1～4 课的所有课后生词及课文中出现的重要词汇,把这些词汇的拼音字母进行统计并制作成卡片,最终确定的拼音字母卡片数量情况如表 5-5 所示。

表 5-5　拼音字母卡片数量情况表

A 8个	G 7个	M 2个	S 3个
B 3个	H 6个	N 8个	T 2个
C 3个	I 8个	O 5个	U 6个
D 4个	J 4个	P 1个	V 1个
E 5个	K 2个	Q 1个	W 3个
F 1个	L 2个	R 1个	X 3个
G 7个	M 2个	S 3个	Y 4个
			Z 4个

(2)妙手回春(10:00—10:15)

该环节选词均来自《体验汉语 4》第 1～4 课中的生词。教师事先给每组学生发放一张白纸。妙手回春环节于 10:00 准时开始,开始后教师在大屏幕上投影出六组词,每组三个,每组词在屏幕上的停留时间为一分钟,共六分钟。第六组词放完后比赛结束,此时教师回收学生的答题纸,10:06—10:10 为分数统计时间,得出成绩以后及时计入总积分。

志愿者 体育馆 补习班
服物员 超市 激客
吉祥物 打招乎 照象
训练 克苦 取得
律师 发现 厘米
理解 表演 擅长

图 5-1　含错误字的六组词

(3)光影嘉年华(10:15—10:50)

本环节为情景剧表演,需要学生表演自己抽中的题目,题目所设置的情境均来自课本中所涉及的情节。10:15 第一组上台抽取题目,抽题后有五分钟的准备时间,准备时间结束后开始表演,表演时间为五分钟,五分钟后表演立即结束,时间不足老师酌情扣分。10:25 第二组学生开始抽题,第二组准备的同时老师会对第一组进行打分。10:45 三组学生表演全部结束,10:45—10:50 老师对最后一组学生进行打分并汇总出本环节的成绩然后计入总积分。

①题目一

你们刚刚经历了一个丰富多彩的暑假,一名同学参加了汉语训练营,一名同学在餐厅打工,一名同学在里约奥运会做了志愿者,还有一名同学在家待了一个假期。开学后你们聚在一起谈论自己的假期。

②题目二

四名同学在一起吃午饭,大家谈到了自己的偶像,分别用几句话介绍一下自己的偶像。

③题目三

唱歌比赛结束之后,四名参赛选手聚在一起谈论自己在这次比赛中的表演和自己以往的参赛经历。

(4)名人听写(10:50—11:05)

教师事先给每组发放一个抢答器,10:50比赛正式开始,教师对第一个神秘人物进行描述,学生可以在教师描述的过程中随时按下抢答器并开始作答,回答正确积一分,回答错误教师继续描述。描述结束后,如果没有小组给出正确答案,教师进入对下一位人物的描述,六轮过后比赛结束。11:00—11:05为本环节统计时间,按照答对题目的数量对各组进行排名,然后把对应积分计入总成绩。

①人物一

他在放假期间参加了一个汉语补习班,在那里上了一个月的课,现在他的汉语水平过了 HSK 6 级。

②人物二

他是一名来自美国的运动员,15 岁的时候他在一项国际比赛中取得了第五名,16 岁的时候他打破了世界纪录。他每天训练两次,每次两个小时左右。在 2008 年北京奥运会上,他获得了 8 枚奥运会金牌。

③人物三

他是一名运动员,每天训练 6 个小时以上,他的爱好是踢足球。2005 他获得了 11 个单打冠军,2008 年成为世界第一。2016 年里约奥运会上,他是西班牙队的旗手。

④人物四

他是一名运动员,爱好打电子游戏,曾经参加过北京奥运会,在此之前他每天训练 5 个小时。他 18 岁进入中国国家队,2002 年他离开中国前往 NBA 打球。

⑤人物五

他是一名演员,身材不高,不胖也不瘦。他出演过很多动作电影,在电影里他经常遇到危险,但总是成功克服困难,他在泰国很有名,2003 主演电影《拳霸》。

⑥人物六

她每个周末都去北京大学玩轮滑,现在学习轮滑已经一年了。她现在是高中二年级的学生,最喜欢做的事情是和朋友们一起"刷街"。

10. 比赛分析

(1)妙语连珠

这一环节要求学生运用指定的拼音字母拼出尽可能多的词汇,而字母的分布和数量依据第 1~4 课的课后词汇设定。学生们在指定的范围内展示自己的词汇储备,一方面复习了前一个月所学习的生词,另一方面也可以在一定程度上表现自己的课外积累。"妙语连珠"既是学生汉语基础的较量,也是想象力和创造力的比拼。

（2）妙手回春

"妙手回春"是一种相对传统的比赛方式，该环节当中所涉及的错别字全部来源于第1～4课当中容易写错的字词。修改词语中的错别字是以往纸笔考试中经常出现的题型。不过，相比于以往考试中的题型，"妙手回春"限定了比赛时间，从某种程度上来说增加了比赛的难度，使比赛更加紧张刺激。此外，参赛人数增加，从以往的单人独立作答变成了三人小组讨论，小组成员在比赛过程中可以相互弥补彼此的知识盲区。"妙手回春"既是一个比赛同时也是一个学习的过程。

（3）光影嘉年华

情景剧表演是《"汉语桥"世界大学生中文比赛》中出现频率最高的一种形式，因为情景剧极具观赏性，同时也考察了选手的语言功底和应变能力。而"光影嘉年华"在继承了以上特点的基础上更加注重对课本知识的考察，更具针对性。比赛鼓励选手自行发挥，但是具体的题目使这种发挥限定在指定范围内。本次测试所包含的三个题目源于第1～4课的课文，能够把这个环节演好，既要具备足够的汉语水平，也要对课本内容足够熟悉。

（4）名人听写

"名人听写"的整体难度相对较小，主要考察的是选手的听力和反应能力。选手们先要捕捉到这段话中的关键词，然后迅速在大脑中反映出这些词的意思并组织成句，最后联系到与之最接近的人物。整个过程用时较短，应该说是竞争最为激烈的一个环节。题目中包含的人物来源于第2课和第3课的课后活动。

（二）第二次单元测试

1. 检测内容

第二次单元测试的综合设计如表 5-6 所示。

表 5-6　第二次单元测试的综合设计

比赛项目	比赛规则	评分方式
妙手回春	各组抽签决定题目，要求各组在规定时间内在所给的个句子中找出一个有语病的句子并改正。本轮比赛共分三盘进行，找出并改正语病最多的小组获胜，如果出现多组都在规定时间内完成的情况，则比较比赛用时，用时较短的小组获胜	每个环节第一名 4 分，第二名 3 分，第三名 2 分 比赛中可以出现并列名次，如两组并列第一名则都记 3.5 分
长途电话	每组的四名学生排成一列，老师小声告诉每组的第一位学生一段话，然后在规定时间内依次向本组的另一位学生进行口述，最后一名学生在准备好后可以站起来复述出老师的原话。评价对象为关键词和基本意思。表现相当的小组之间比较比赛用时，用时较短的小组获胜，为公平起见，三个小组的比赛依次进行	
光影嘉年华	根据第1～4单元所学内容设计一个情景剧，并由老师评价排出名次。评价标准为语法准确、词汇丰富、紧扣主题	

续　表

比赛项目	比赛规则	评分方式
勇攀高峰	老师分别向三个小组提出十道问题,十道问题共有一分钟的作答时间,提问题的过程不计时。三个小组中答对题目多的小组获胜。出现并列情况则比较比赛用时,用时较短的小组获胜	每个环节第一名 4 分,第二名 3 分,第三名 2 分 比赛中可以出现并列名次,如两组并列第一名则都记 3.5 分

2.活动主题

以竞赛模式为基础的单元知识检测。

3.活动目的

检测学生《体验汉语 4》第 5～8 课的具体学习情况。

4.活动对象

高中三年级汉语选修班的全体学生。

5.计划日程

2016 年 12 月 23 日星期五上午第 1～2 节课,上午 9:30—11:10。

6.时间长度

两课时,一节课 50 分钟。

7.活动地点

孔敬大学附属中学的汉语教室(音响、投影仪、电脑)。

8.活动准备

在教室内摆放三张桌子,桌子之间保持足够的距离。每张桌子的四面各摆放一把椅子。

9.比赛过程

(1)"妙手回春"(9:30—9:45)

教师事先给每组学生发放一张白纸,每组抽取一个题号,每个题号对应三个句子,要求各组在规定时间内从三个句子中找出一个有语病的并改正。比赛共分三轮进行。

"妙手回春"环节于 9:30 准时开始。开始后教师在大屏幕上投影出三组句子,每组三个,各小组完成自己组对应的问题,句子在屏幕上的停留时间为两分钟,三轮比赛共六分钟。第三轮比赛完成后,比赛全部结束,此时教师回收学生的答题纸,9:36—9:45 为分数统计时间,得出成绩后及时计入总积分。

"妙手回春"环节的具体题目如表 5-7、表 5-8、表 5-9 所示。

表 5-7　"妙手回春"环节第一轮比赛题目

第一组	第二组	第三组
他生日那天会不会收到巴差的礼物?	越玩电脑,你就不越想睡觉。	这个游戏既能学到知识也有趣。
只要认真复习,才可以有好成绩。	我用了两个小时写完了作业。	这里不但非常干净,而且还很有趣。
今天的苹果又大又圆一定很好吃。	他坐在路灯下读书。	一个同学用歌声表达了自己的愿望。

表 5-8 "妙手回春"环节第二轮比赛题目

第一组	第二组	第三组
电影里的坏人连小动物也不放过。	小阳因为没有完成作业,所以不能出去玩。	我喜欢吃甜的,比如冰淇淋什么的。
能够成为一名大学生,我感觉很自豪。	哥哥是个歌迷,经常去看演唱会。	到底好是好,你快点告诉我。
这种冰淇淋不仅小孩喜欢,大人不喜欢。	我把地上的水没擦干,所以弟弟摔倒了。	他只去过动物园和博物馆,其他哪儿都没去过。

表 5-9 "妙手回春"环节第三轮比赛题目

第一组	第二组	第三组
他喜欢唱歌,一听见音乐才想唱歌。	只要你是老师,你会怎么做?	一走进博物馆,你就会看到一个大恐龙。
这个城市的交通事故比以前减少了一半。	巴差不但会说泰语还会说汉语。	如果今天不堵车,你肯定能赶上飞机。
回到家以后,他想到卧室睡一会儿。	我刚从火车站回来,正想去找你。	夏天的时候,我坚持七八个小时每天工作。

(2)"长途电话"(9:45—10:10)

9:45 第一组开始进行比赛,每组学生站成一列,教师先把事先准备好的内容小声念给第一位同学然后,依次向后传递,最后一名学生把听到的内容写在黑板上,整个过程限时五分钟。9:50 教师开始给第二组的第一位学生念传递的内容,10:00 三组学生全部完成任务,教师对学生在黑板上写的这三段话的完整性和正确性进行评价,并给各个小组排名,把对应积分计入总成绩。"长途电话"环节题目的表 5-10 所示。

表 5-10 "长途电话"环节题目

第一组	第二组	第三组
一说起茶,人们就自然地想到了中国,茶已经成为中国文化的一部分了。中国杭州有一家茶叶博物馆。如果你喜欢喝茶,一定要去杭州的茶叶博物馆看一看。	生日聚会的第一个活动是洗澡、穿新衣服。当时小猩猩有点儿紧张,一碰到水,它就马上用手把耳朵捂上了。因为它很聪明,害怕耳朵会进水。	很多中国人在新年的时候吃"年糕",因为"糕"跟"高"的发音一样,代表人们在新的一年里,每件事情都越做越好,身体健康,工作顺利。

(3)"光影嘉年华"(10:10—10:45)

本环节为情景剧表演,需要学生表演自己抽中的题目,题目所设置的情境均来自课本中所涉及的情节。10:10 第一组上台抽取情景剧表演的主题,抽题过后有 5 分钟的准备时间,准备结束后开始表演,表演时间为五分钟,五分钟后表演立即结束,时间不足评委酌情扣分。10:20 第二组学生开始抽题,第二组准备的同时评委会对第一组进行打分。10:40 三组学生表演全部结束,10:40—10:45 评委对最后一组学生进行打分并汇总出本环节的成绩然后计入总积分。

①题目一

过几天是巴差的生日,几个小伙伴一起讨论各自送什么礼物给巴差,每个礼物都有特殊的含义。

②题目二

下节汉语课老师想给大家放电影,同学们分别给出了自己的建议并说明理由。

③题目三

下课后几个小伙伴聚在一起讨论自己曾经去过的最有趣的地方。

(4)"勇攀高峰"(10:45—11:05)

老师依次向各组问十道问题,每组的作答时间为一分钟。10:45 老师开始对第一组学生进行提问,教师提问期间不计时。学生回答十道题时间总计一分钟,一分钟用完比赛宣告结束,学生遇到不会的问题可以选择"过"来节省时间。10:50 开始,教师对第二组进行提问,11:00 三组全部结束,11:00—11:05 教师对各组的正确率进行排名并把对应积分计入总成绩。"勇攀高峰"环节题目如表 5-11 所示。

表 5-11 "勇攀高峰"环节题目

	第一组	第二组	第三组
1	"把"字一共有几笔?	如果你想读当天的新闻应该买报纸还是杂志?	中国人过生日要吃什么面?
2	重庆是中国的一个省对吗?	"感动 de 掉眼泪"中的 de 是"的"还是"得"?	请读出"好主意"这个词。
3	"设计"这个词是什么意思?(泰语回答)	"我们好好商量一下给小阳送什么礼物"这句话的动词是什么?	"搜索"这个词是什么意思?
4	西瓜、杧果、木瓜它们都属于什么?	生活在中国北方的人口味比较清淡对吗?	四川人喜欢吃什么口味?
5	中国人新年的时候为什么吃年糕?	犹太人过年的时候为什么吃加蜂蜜的苹果?	希腊人过年的时候为什么要在蛋糕里面放一个硬币?
6	"福气"是一种气体对吗?	保罗为什么要给玛丽买坚果?	玛丽为什么要喝咖啡?
7	"白日梦"是什么意思?(泰语回答)	"现实"是什么意思?(泰语回答)	"似乎"的近义词是什么?
8	电影《海底总动员》是一部动作片吗?	电影《放牛班的春天》中的男主角叫阿宝对吗?	如果我喜欢中国功夫,你会推荐我看哪部电影?
9	现在的"罗浮宫"是宫殿还是博物馆?	"埃菲尔铁塔"在哪个国家?	"布达拉宫"在哪个国家?
10	"徒步"是什么意思?(泰语回答)	"孤独"是什么意思?(泰语回答)	"大开眼界"是什么意思?(泰语回答)

10.比赛分析

(1)"妙手回春"

本次单元测试的"妙手回春"环节和上一次不同,这次需要选手修改病句。其中考查到的语法点主要是"把"字句、反问句、复句"只要……就……"、复句"既……也……"、复句

"连……也……"、"A 是 A"的用法等。

(2)"长途电话"

"长途电话"环节是对外汉语课堂上较为常用的一种游戏方式。它考查了学生的听力、记忆力、知识储备、概括能力和语言组织能力，是一种比较综合的考查方式。因此，在比赛中把这个环节安排进去十分恰当。本环节的内容来源于第 5 课、第 6 课、第 8 课的课文。

(3)"勇攀高峰"

"勇攀高峰"环节在一般的电视知识竞赛中都会有，可以说是一种非常经典的比赛形式。整个过程如同电光火石一般扣人心弦，选手在比赛中答题时的紧张氛围，也带动观众自然而然地参与进来。这种比赛形式受到欢迎的另一个原因是，它的考查范围十分广泛，同时答案基本是唯一的，便于评委和观众进行评判。

(三)第三次单元测试

1. 检测内容

第三次单元测试的综合设计如表 5-12 所示。

表 5-12　第三次单元测试综合设计

比赛项目	比赛规则	评分方式
"故事大王"	使用规定句型和指定词语讲一个故事，字数不限。要求故事完整，不出现句法错误和用词错误。各组抽签决定题目	每个环节第一名 4 分，第二名 3 分，第三名 2 分， 比赛中可以出现并列名次，如两组并列第一名则都记 3.5 分
"妙手回春"	各组抽签决定题目，要求各组在规定时间内从所给的三个词语中找出错别字并进行改正。本轮比赛共分六轮进行。找出并改正错别字最多的小组获胜，如果出现多组都在规定时间内完成的情况，则比较比赛用时，用时较短的小组获胜	
"看图说话"	老师分别向三个小组展示五张图片，三个小组选出一名代表用一到两句话描述图片内容。词汇准确且没有语法错误的小组获胜	
"勇攀高峰"	老师分别向三个小组提出十道问题，十道问题共有一分钟的作答时间，提问题的过程不计时。三个小组答对多的小组获胜。出现并列情况时比较比赛用时，用时较短的小组获胜	

2. 活动主题

以竞赛模式为基础的单元知识检测。

3. 活动目的

检测学生《体验汉语 4》第 9~12 课的具体学习情况。

4.活动对象

高中三年级汉语选修班的全体学生。

5.计划日程

2017 年 1 月 27 日星期五上午第 1～2 节课，上午 9：30—11：10。

6.时间长度

两课时，一节课 50 分钟。

7.活动地点

孔敬大学附属中学的汉语教室（音响、投影仪、电脑）。

8.活动准备

在教室内摆放三张桌子，桌子之间保持足够的距离。每张桌子的四面各摆放一把椅子，并在桌上放三组拼音卡片。

9.比赛过程

（1）"故事大王"（9：30－10：05）

各组抽签决定题目，使用规定句型和指定词语讲一个故事，字数不限。9：30 第一组学生上台抽题，抽到题目后组内开始准备一个符合题目要求的故事，准备时间为五分钟，准备时间过后，选择一名代表上台讲述故事，讲故事的时间为五分钟，教师根据故事的逻辑性、词汇使用和语法运用进行打分。第一组结束后，第二组立即上台抽题。10：00 三组全部完成讲述，10：00－10：05 为成绩汇总时间。"故事大王"环节要求如表 5-13 所示。

表 5-13 "故事大王"环节要求

	第一组	第二组	第三组
词汇	上班、地铁、乘客、跑、迟到	森林、木头、水龙头、浪费、环保	北极熊、冰雪、融化、变化、人类、暖
句型	即使……也……	一 A 比一 A……	跟……有关系

（2）"妙手回春"（10：05－10：35）

本环节所选取的含有错别字的词汇均来自《体验汉语 4》第 9～12 课。教师事先给每组学生发放一张白纸。"妙手回春"环节于 10：05 准时开始，开始后教师在大屏幕上投影出六组词，每组三个，每组词在屏幕上的停留时间为一分钟，共六分钟。第六组词放完后比赛结束，此时教师回收学生的答题纸，10：11－10：25 为分数统计时间，得出成绩以后及时计入总积分。

乘客 历害 迟到
灾害 海啸 后退
疏菜 题醒 身份
扑灾 记念 海摊
面临 污染 裙子
融化 温暖 遂渐

图 5-2 含错别字的六组词

（3）看图说话（10:25—10:40）

老师分别向三个小组展示五张图片，每个小组选出一名代表用一到两句话描述图片内容（见图 5-3）。词汇准确且没有语法错误的小组获胜。10:25"看图说话"准时开始，每张图片停留时间为一分钟，其间学生对图片的内容进行描述，学生描述的过程中教师对学生的表现进行打分。10:30 第二组开始描述，10:40 三组全部结束，10:40—10:45 为成绩汇总时间，按照各组成绩排出名次并把相应积分计入总分。

| 第一组 | 第二组 | 第三组 |

图 5-3　"看图说话"环节图片

（4）"勇攀高峰"（10:45—11:05）

10:45 老师开始对第一组学生进行提问，共计十个问题，教师提问期间不计时。学生回答十道题时间总计一分钟，一分钟用完比赛宣告结束，学生遇到不会的问题可以选择"过"来节省时间。10:50 开始教师对第二组进行提问，11:00 三组全部结束，11:00—11:05 教师对各组的正确率进行排名并把对应积分计入总成绩。"勇攀高峰"环节题目如表 5-14 所示。

表 5-14 "勇攀高峰"环节题目

	第一组	第二组	第三组
1	"真让人着急"的"着"有几个读音?	"刚刚"和"刚才"用法完全一样对吗?	"真倒霉"的"倒"还有什么读音?
2	在中国汽车靠哪边行驶?	最早的红绿灯出现在哪个城市?	红绿灯的发明受到了什么的启发?
3	最早的红绿灯没有黄灯对吗?	第一个红绿灯出现在广场上对吗?	最早的红绿灯不需要人控制对吗?
4	中国的报警电话是多少?	中国的急救中心电话是多少?	中国的火警电话是多少?
5	"一次性"是什么意思?(泰语回答)	环保是什么意思?(泰语回答)	亲切是什么意思?(泰语回答)
6	中国从哪一年开始实施限塑令?	卧龙国家级自然保护区始建于哪一年?	卧龙被称为什么?
7	"南极狼"现在灭绝了吗?	塑料袋是哪国人发明的?	塑料袋是哪一年发明的?
8	斑驴以前生活在哪里?	第一款环保塑料袋上写着什么?	19世纪伦敦已经结婚的女性穿什么颜色的衣服?
9	一个世纪是多少年?	"结果"中"结"读第一声的时候是什么意思?(泰语回答)	一周年是 12 年对吗?
10	浪费和消费是近义词对吗?	"今天的气候很热"这句话对吗?	"权利"和"权力"读音一样对吗?

10.比赛分析

(1)"故事大王"

"故事大王"也是一种比较传统的考查形式,在纸笔考试中同样适用,重点考查选手的词汇量和语言组织能力。作为一个比赛环节,"故事大王"也可以很好地发挥测试功能。

(2)"看图说话"

"看图说话"和"故事大王"考查的内容比较类似,不同点在于"看图说话"要求更加精确。基本过程大致是观察图片、概括主题、构思并表达。在描述过程中关键词的选择要紧扣主题,仅仅是语句通顺但描述不准确同样不得分。

(四)综合测试

1.检测内容

综合测试环节的综合设计如表 5-15 所示。

表 5-15　综合测试环节综合设计

比赛项目	比赛规则	评价方式
"汉字拼图"	老师向各组发放基于三个汉字的事先打乱顺序的拼图(每个汉字被平均切分为九个部分)三个小组同时进行比赛,最先拼出这三个汉字的小组获胜	
"你比我猜"	屏幕上一次显示一个词语,一共有三个词,小组派一名成员来猜词,其余成员中选一个人通过语言和动作来描述这个词。描述的语言不得涉及所给词语中的字。除了猜词的选手固定不变,剩余三位学生一人描述一个词	每个环节第一名 4 分,第二名 3 分,第三名 2 分 比赛中可以出现并列名次,如两组并列第一名则都记 3.5 分
"文化驿站"	选择课本中自己感兴趣的文化进行详细介绍,以 PPT 的方式呈现。如庙会、福娃、十二生肖、节日习俗、交通规则等	
"词语接龙"	比赛先从第一组开始,第一组上前抽题,每题包含三个词语,第一组选择一个词语开始进行词语接龙,要求后一个词的第一个字和前一个词的最后一个字读音一样。每组比赛时间为五分钟,时间用完比赛结束。如果所选择的词语无法接上来新词而时间还没有走完,就从剩下两个词中选择一个重新开始。三个词语全部用完比赛结束。最后统计各组接上来的词语数来决定名次	

2.活动主题

以竞赛模式为基础的综合能力检测。

3.活动目的

检测学生《体验汉语 4》第 1～12 课的具体学习情况,以及一学期学习结束后的汉语水平。

4.活动对象

高中三年级汉语选修班的全体学生。

5.计划日程

2017 年 3 月 3 日星期五上午第 1～2 节课,上午 9:30—11:10。

6.时间长度

两课时,一节课 50 分钟。

7.活动地点

孔敬大学附属中学的汉语教室(音响、投影仪、电脑)。

8.活动准备

在教室内摆放三张桌子,桌子之间保持足够的距离。每张桌子的四面各摆放一把椅子,并在桌上放三组汉字拼图。

9.比赛过程

(1)"汉字拼图"(9:30—9:55)

老师向各组发放基于三个汉字的事先打乱顺序的拼图(每个汉字被平均切分为九个部分)三个小组同时进行比赛,最先拼出这三个汉字的小组获胜。9:30"汉字拼图"准时开始,9:45比赛结束,教师检查各组拼出的汉字,9:55给出各组的最终排名。"汉字拼图"环节题目如表5-16所示。

表5-16　"汉字拼图"环节题目

第一组	第二组	第三组
邀、宿、熊	擅、篮、憾	虑、搜、靠

(2)"你比我猜"

屏幕上每次显示一个词语,共三个,小组派一名成员来猜词,其余成员中选一个人通过语言和动作来描述这个词。描述的语言不得涉及所给词语中的字。9:55"你比我猜"准时开始,每个小组除了猜词的学生固定不变,其余学生一人描述一个词语,各组的猜词时间为两分钟,为了节省时间可以选择说"过"。10:05三组选手全部结束,教师对选手的表现进行打分,10:10本环节结束。"你比我猜"环节题目如表5-17所示。

表5-17　"你比我猜"环节题目

第一组	第二组	第三组
主持人	律师	猩猩
大熊猫	蜜蜂	哈利波特
总统	洗澡	鲨鱼

(3)"文化驿站"

10:10开始"文化驿站"环节,三个小组按照顺序展示并讲解事先已经准备好的PPT,每组有10分钟的展示时间,在各组展示的过程中教师对其综合表现进行打分,综合表现包括PPT的内容和学生讲解。10:40分本环节结束。

课本的第1~12课总共出现了12个文化项目,而课本对这些文化项目的介绍点到为止,学生可以选择自己感兴趣的文化项目做进一步的研究和梳理,并把整理好的内容在比赛过程中展示给大家。如表5-18所示。

表5-18　12个文化项目

序号	文化项目	序号	文化项目
1	庙会、福娃	7	第29届北京奥运会
2	十二生肖	8	选秀活动
3	中国人的生日习俗	9	中国人的饮食习惯和四大菜系
4	李小龙和中国功夫	10	塔克拉玛干大沙漠
5	交通规则	11	中国的报案、急救电话
6	中国的"限塑令"	12	卧龙国家级自然保护区

(4)"词语接龙"

比赛先从第一组开始,第一组上前抽题,每题包含三个词语,第一组选择一个词语开始进行词语接龙,要求后一个词的第一个字和前一个词的最后一个字读音一样。每组比赛时间为五分钟,时间用完比赛结束。如果所选择的词语无法接上来新词而时间还没用完,就从剩下两个词中选择一个重新开始,直到三个词语全部用完或比赛时间用完。10:40第一组抽题,比赛随即开始,10:45第一组结束并统计第一组成绩。10:50第二组抽题,随即比赛开始,10:55第二组比赛结束并统计第二组成绩。11:00第三组比赛开始,11:05第三组比赛结束并统计第三组成绩。如表5-19所示。

表 5-19　词语接龙环节初始词汇

第一组	第二组	第三组
出生、耐心、书法	以后、早上、梦想	对面、夏天、行走

10.比赛分析

(1)"汉字拼图"

"汉字拼图"是整个学期所有比赛当中唯一一个单纯考查汉字能力的环节,因此它是不可或缺的。这一环节重在测试学生对汉字各部件和笔画的熟悉程度,要求学生在第一时间反映出该部件所应该出现的位置。

(2)"你比我猜"

"你比我猜"也是一种比较传统的猜词游戏,无论对以汉语为母语的人来说还是对非语学习者来说,这个游戏都具有很强的趣味性,可以把肢体语言和口头表达结合起来,对观众来说也有很强的观赏性和参与性,在电视综艺节目中运用非常广泛。

(3)"文化驿站"

这个环节是专门为课本中的文化板块量身打造的,是课本知识的一种延展,学生搜集和整理资料的过程同样也是一个学习的过程,而最后的汇报阶段则考查了学生的语言能力。

(4)"词语接龙"

"词语接龙"作为整个学期所有比赛的最后一个环节,它已不再局限于本学期所学习的词汇和知识,而是鼓励参赛选手开动脑筋尽可能多地说出相关词语,选手可以尽情发挥,这样比赛也很容易达到高潮,因为越是往后接出下一个词语的难度就越大。把"词汇接龙"安排在最后一个环节非常合适。

五、设计反思

(一)设计优点

1.创新了考试形式

在形式上本模式借鉴了"汉语桥"和其他当下流行的电视综艺节目中的游戏环节,融入了《体验汉语4》中不同阶段所出现的词汇、语法、语用功能等知识,颠覆了传统的考试方式,把纸笔考试演变成了以小组为单位的比赛活动。学生可以全身心地参与到比赛当中,也可以在比赛中与小伙伴交换意见,让自己的汉语能力得到直观的体现。更重要的是学生可以在比赛过程中调整自己的整体状态,培养团队意识。

2. 将个体与集体相结合

个体与集体相结合是本模式最大的亮点所在。本模式中的积分环节是由个人积分和团队积分组成,学生可以通过每周播报和才艺比拼获得个人积分,也可以通过组成团队参加阶段性测试来获得积分,把个人表现和团队合作结合起来。这一点也是《"汉语桥"世界大学生中文比赛》中比较突出的特点。

另外,在借鉴《"汉语桥"世界大学生中文比赛》积分模式的基础上,还在团体赛中设置个人奖项,这一点是受到了世界上一些主流体育赛事的启发。美国职业体育联盟在常规赛结束后会评选出"最有价值球员""得分王""最佳防守球员"等奖项,足球赛事中也会每年为表现优异的球员颁发"金球奖"。这些奖项是对一些在比赛中表现突出的运动员的奖励,球员们会为了得到奖项而全力以赴。把这些引入各个阶段的测试中,也可以激发学生们表现的积极性。

3. 富有趣味性

新模式与传统考试最大的不同之处在于新模式包含了很强的趣味性。相比于在一间考场内坐一两个小时又不能够开口说话的传统考试,在新模式中学生的活动范围有所扩大,同时学生也可以在自己的团队内畅所欲言、各抒己见,在合作中共同克服难题。新模式的考试环节结合了一些课堂上常用的游戏和《"汉语桥"世界大学生中文比赛》的比赛形式,其自由度和灵活性远远超过了以往的纸笔考试,最大限度地缓解了学生的考试压力。新模式结合了个人竞争和团队竞赛,在没有削弱竞争强度的情况下,丰富了竞争的形式。新模式在以上这些方面的突破都可以不同程度地增加比赛的趣味性。

(二)问题与不足

1. 维持考试秩序是关键

泰国学生喜欢参加活动,动手能力很强。这也导致他们在参加活动的时候会由于情绪投入而忽视考场秩序,使得整个考场陷入比较混乱的局面。这样比赛中的各个环节就无法在规定时间内完成,最终导致考试时间顺延,甚至会使考试无法进行下去。

考试模式需要针对学生特性而定,以学生为中心的教学理念除了考虑学生的学习感受,还要根据学生的特点,进行针对性的教学。后方法时代强调教师需要动态调整自己的教学方式就为相应的设计提供了指导。这种模式是一种可调节的模式,它的大致理念不变,但是具体操作却有巨大的自由度。

2. 对教师的管理能力要求较高

比赛中存在对抗,就难免出现各种争议,这就需要老师在第一时间做出最正确的判罚,如果学生觉得无法接受老师的判罚,老师也要迅速找到处理的措施以保证公平。而如果有些老师由于缺乏组织相关比赛的经验,在遇到争议的时候无法参考以往的判罚进行处理,也会导致比赛进程放缓。此外,老师计分经验不足也会导致在统计和核算各组积分的过程出现错误。

教师的权威主导作用由此体现。教师在整个测试中是一个主导人物,他的个人能力将决定整个模式实施的具体效果。这也涉及教师在测试中的作用,教师是测试的设计者也是实施者,不能以为试题的所有评判功能绝对客观,因为教师的经验也在评判中起到重要作用。

3.比赛的试题和环节设置有待打磨

新模式中所有的比赛环节和活动来源丰富,借鉴了《"汉语桥"世界大学生中文比赛》的比赛形式、各种受欢迎的课堂活动及热门电视节目,也包括原创活动等。整个测试是一种相对理想化的设计,但这些环节和活动是否适用于汉语考试还需要实践的进一步检验。

实践三：真人秀汉语节目与汉语文化活动——以《叮咯咙咚呛》节目为例

本章总结《叮咯咙咚呛》节目的特点，梳理其与对外汉语文化活动的关联，探索节目带来的启示。节目以真人秀的方式，体现了"体验式""参与式"的文化学习方式，并采用任务法，让学习过程成为一种深度的文化体验。对外汉语课堂如何借鉴节目特点，在文化教学上创新，是本章的研究重点。并在此基础上设计具体案例进行探索。

第一节 《叮咯咙咚呛》节目概述

《叮咯咙咚呛》是中央电视台推出的一档明星以真人秀方式学习戏曲的原创综艺节目。节目突破以往戏曲节目的舞台呈现模式，创新性地使用了真人秀的方式，通过中韩两国明星拜师学艺的方式来全方位地展现戏曲艺术的魅力。正如节目的口号——"用时尚向经典致敬"所倡导的那样，该节目不仅原汁原味地宣传了经典戏曲艺术，呈现出戏曲学习的各个环节和戏曲演员平时的状态，而且大胆地加入了现代的流行元素，从韩国明星为主体的嘉宾阵容，到明星学习戏曲时的任务环节和游戏设计，再到最后节目会演时的创新编排，以及节目本身真人秀的录制模式和制作方式，都是极具新意的。

一、节目内容

《叮咯咙咚呛》一共邀请了十位明星，其中六位是韩国明星，四位是中国明星，他们分为三组，分别奔赴北京、嵊州和重庆学习京剧、越剧、川剧，最后在梅兰芳大剧院进行戏曲演出。

《叮咯咙咚呛》呈现了三组明星学习戏曲的过程。嘉宾们按照传统的戏曲学习的模式，通过拜师学艺的方式来进行戏曲知识的学习。节目在各个阶段都设置了一些游戏环节，嘉宾们只有通过考验才可以进行下一个阶段的任务，等到全部课程结束后，各个小组将进行一场会演比赛，表演呈现效果最佳的小组将获得奖励。

嘉宾分组和对应的导师分别如下。

京剧组：导师——梅葆玖，成员——郭京飞、安七炫、金圣洙。

越剧组：导师——赵志刚，成员——刘雨欣、金钟国、熊黛林、曹世镐。

川剧组：导师——沈铁梅，成员——吉克隽逸、朴宰范、张赫。

该节目旨在通过嘉宾对戏曲的学习，向观众介绍相关的戏曲知识。与此同时，节目组也有意识地在一些环节穿插进一些中华文化（比如饮食方面的糖葫芦、火锅等），由于拍摄场景的不同，中国各具地方特色的景观风情也在节目中一并展现出来。

其中有几期节目，还有中国和韩国的其他嘉宾参与录制，以配合整个戏曲学习的进程及任务的完成。这样的方式丰富了节目内容，也展现出中韩文化各自的特色。如表 6-1 所示。

表 6-1 第一季 1～10 期节目主要内容

期数	主题	节目主要内容		
		京剧组	越剧组	川剧组
1	找队友、赏戏曲	嘉宾们寻找队友，确定三组的阵容；在大观园欣赏戏曲表演，感受戏曲魅力		
2	选剧种、体验唱念做打	嘉宾们通过游戏比赛来选择剧种；在长城学习唱念做打的戏曲基本功		
3	进行拜师考验任务	顺利通过考验，拜入京剧大师门下	进行拜师考验任务	进行拜师考验任务
4	开始上课、完成拜师	在戏曲学院上课，学习戏曲基本功	通过考验，拜入越剧大师门下	通过考验，拜入川剧大师门下
5	竞选角色、学习基本功	嘉宾们通过比赛竞选角色	嘉宾们通过拉票竞选角色	学习川剧基本功
6	努力练习、尝试创新	练习基本功，尝试融入现代舞蹈	确定各自演出角色，感情表演课学习	确定各自演出角色
7	学习基本功、接受考验	确定各自演出角色，学习上妆	穿戏服试戏，练习培养默契感	学习考验
8	深入学习、融入角色	变装，更深入地融入角色	练习基本功	爬山，锻炼体力
9	进行第一次试演	努力练习，进行试演	努力练习，进行试演	努力练习，进行试演
10	最终表演	三组嘉宾在梅兰芳大剧院进行演出，最终京剧组胜出		

二、节目游戏设计

作为一档综艺节目，《叮咯咙咚呛》也同众多综艺节目一样，设置了许多游戏和任务来丰富节目内容和增加趣味性。但与其他综艺节目不同的是，《叮咯咙咚呛》里的游戏设置独具匠心，不单纯为了营造娱乐气氛，而是融合了许多文化内容，在进行游戏的同时展现了戏曲艺术魅力和中华文化特色，为整个节目添色不少。节目中游戏大致分为三类：一是与戏曲文化相关的游戏；二是与戏曲文化无关，但与中华文化相关的游戏；三是与文化特色无关的游戏。

（一）与戏曲文化相关的游戏

与戏曲文化相关的游戏又可分为两类，分别是与戏曲基本功"唱念做打"相关的游戏和戏曲其他领域相关的游戏。

1. 与戏曲"唱念做打"基本功相关的游戏

戏曲学习不是一蹴而就的，需要漫长的积累和大量的训练。基本功，是每位戏曲表演者都非常熟悉，也是从小就开始学习的东西。戏曲舞台上的一招一式，都与基本功有密切的关系。而对初学戏曲的嘉宾们而言，基本功的重要性不言而喻。每个剧种都有其各自的特点，基本功也不尽相同。在学习戏曲的过程中，为了更好地配合学习并检查学习效果，节目精心设计了以下游戏。

（1）游戏一：穿针引线

嘉宾们需要在规定时间内，用接力的方式，依次将底端挂着秤砣的线穿过 20 个针孔，每个人只有一次机会，一次通过即为成功。

这是第 2 期川剧组的游戏任务。该任务与戏曲基本功"唱念做打"中的"做"有关。"做"有时候需要丰富的手部动作表现复杂的心理活动，因此对手指和胳膊的力量都有较高的要求。游戏中秤砣很重，针线又比较软，针孔虽然大，但将挂着重物的软线穿进针孔仍不是一件容易的事情。需要足够的上肢力量，而且动作要稳。该任务的设计正是为了锻炼嘉宾们的手和胳膊的力量，道具针线也富有中华文化特色，因此两者的结合使游戏变得新颖别致。

（2）游戏二：抬轿运水

女嘉宾坐在轿子上，手捧装满水的浅口盘，男嘉宾抬起轿子送水到指定地点。要尽量保证水不要洒出，在 3 分钟内运送超过 1000 毫升的水才算成功。

这是第 2 期越剧组的游戏任务。该任务与"穿针引线"游戏任务类似，也是对"唱念做打"中"做"的考查。轿子是中国古代的一种交通工具，抬轿者依靠上肢和颈背的力量来支撑轿子的重量。嘉宾们抬起轿子，既需要手臂和头颈力量，前进行走时，也需要彼此间的默契配合。运送水的任务又要求轿子在行进过程中的稳定性，有助于嘉宾们练习脚下的步伐，以更好地适应戏曲表演中的走步。

（3）游戏三：夹豆子

嘉宾们深吸一口气，在不换气的前提下拉长音念出"叮咯咙咚呛"5 个字，同时用筷子夹盘子里的豆子，三人轮流进行，把豆子夹光即为成功。

这是第 3 期川剧组的游戏任务。该任务与"唱念做打"基本功中的"唱"密切相关。练好"唱"功的前提自然是良好的肺活量，同时控制气息也是必不可少的环节。该游戏任务考虑了这两方面的因素。不换气念字能够有效地保证嘉宾控制气息，而筷子夹豆子的设计能够让嘉宾自觉尽可能地延长发音。"叮咯咙咚呛"是节目名称，又能够起到宣传节目的效果。三者结合起来，既达到了戏曲唱功学习的训练要求，更增加了节目的趣味性和观赏性。

（4）游戏四：最高音阶

这是第 5 期越剧组的游戏任务。嘉宾们为争夺出演主角的机会而进行游戏比赛。要求是两位嘉宾由音阶"哆"开始发音,轮流依次提高音阶,坚持到最后发出最高音阶的人获胜。

该游戏也是结合"唱念做打"基本功中的"唱"功要求,目的是考察嘉宾们的音域宽广程度。学习"唱"功有多种要求,扩大音域、锻炼音色也是其中一个方面。但以往戏曲吊嗓常常是"啊"字发声,该游戏则融入了跨界音乐元素,运用音阶"哆咪咪"为载体来进行练习。观众们也对此比较熟悉,能够达到亲民的目的。通过比赛的方式,嘉宾们挑战其音域中的最高音极限,这对戏曲学习十分有益,也为节目增加了趣味性和时尚性。

(5)游戏五:高腔接力

这是第 7 期川剧组的游戏任务。嘉宾们此前已经学习了川剧高腔,为了使嘉宾更好地感受高腔而设计了这个游戏。三位嘉宾分别处在山谷中彼此距离遥远的位置,通过高腔的方式来传递单词。单词一共有 5 个,最后一人说对 3 个单词即为成功。

该游戏也是与"唱念做打"中"唱"功相关,但侧重点是扩大音量,锻炼歌喉的耐力。嘉宾通过远距离的嗓音训练,可以更好地体会发声技巧。值得一提的是,为了让嘉宾尽快熟悉川剧中的四川方言以学习川剧唱词,5 个单词中还穿插了 2 个四川方言"耙耳朵"和"过来",这虽然给游戏增加了难度,却也添加了趣味性。接力赛的方式更是十分别致,把体育元素融入戏曲学习中,让原本枯燥的喊嗓练习变得活泼生动起来。

(6)游戏六:一棵菜

这是第 4 期越剧组的游戏任务。四位嘉宾臂膀相互扶持,屈起一条腿单腿站立,在屈腿的脚踝处放一只水碗,端平水碗坚持 5 分钟即为成功。

该游戏与"唱念做打"中的"做"相关,考验嘉宾的下肢力量和身体的协调性。而且因为是四人相互扶持,因此与团队协作也密切相关。戏曲表演不是某个演员单独的演出,而需要各个角色的相互配合,才能完成一场精彩的表演。该游戏为了培养团队的默契,要求嘉宾们相互扶持。而水碗的加入也为游戏增加了一丝紧张感,起到了吸引观众的目的。

(7)游戏七:穿越藤蔓

这是第 5 期京剧组的游戏任务。要求嘉宾运用指定的 3 个戏曲动作穿越藤蔓到"灵芝"处,利用身体的柔韧性躲避铃铛,铃响则为失败。这 3 个戏曲动作分别为"翻身""射雁"和"弓箭步",都是京剧的基本功。

该环节依旧是训练"做"功。所谓学以致用不仅需要嘉宾们学习基本功,更需要将所学到的基本功真正地使用出来。该游戏中藤蔓的设计十分有趣,像是科幻电影里的红外线射线,而"灵芝"则为了呼应京剧队表演曲目《盗仙草》中的"灵芝仙草"而设置的。运用戏曲动作穿越藤蔓,拿到"灵芝",融合了戏曲与科幻电影的特色,既有趣又刺激。

(8)游戏八:飞檐走壁

这是第 8 期川剧组的游戏任务。为了学习川剧表演中轻盈灵活的动作和体态,尝试控制身体,嘉宾需要依次跳上方桌,方桌正中间放有一只装满水的碗,嘉宾不能让水碗里的水洒出来,否则即是失败。

控制身体是"唱念做打"中"做"功的部分。表演者为了在舞台上达到完美的效果,需要将肢体动作表现得轻盈自然,给观众以美的享受。但简单地重复动作,对初学戏曲的嘉宾来说难以把握,也无法让观众们看到不同力度的反应。但方桌上水碗的加入,让嘉宾和观众对身体力道的控制有了一个较为直接的观察和体会。水碗内水的波动幅度与身体控制情况紧密相关,既增强了表演性,又营造了紧张感。

(9)游戏九:剑敲歌曲

这是第 5 期川剧组的游戏任务。嘉宾们在学习完川剧"把子功"中的刀法后,需要将川剧的"把子功"融入表演,在指定的六边形区域内用剑准确敲击铃铛演奏《小星星》,铃铛不掉即为成功。

"把子功"是武戏中表现战斗场面的技巧套路,是"唱念做打"戏曲基本功中"打"的部分。"打"是戏曲形体动作的重要组成部分,是传统武术的舞蹈化,也是生活中格斗场面的高度艺术提炼。刀法是"把子功"中嘉宾需要学习的环节,戏曲演员通过刀法技巧来表现格斗场面,展示人物的精神面貌和神情气质。但戏曲表演与真实格斗不同,需要对力量进行控制和把握。用剑敲击铃铛演奏歌曲的方式,能够很好地考验嘉宾们动作的精准度和对力度的控制,如果无法控制动作则可能将铃铛打掉甚至将线斩断,继而导致演奏失败。用铃铛演奏歌曲属于音乐艺术层面,清脆悦耳的铃声缓和了刀法的凌厉,形成了一种刚柔并济的意境。

2.与戏曲其他领域相关的游戏

除了"唱念做打"基本功,戏曲艺术也融合了音乐、舞蹈、美术等多种表演形式。为了突显戏曲中的多种艺术元素,节目还设置了以下游戏。

(1)游戏一:寻找脸谱

这是第 6 期川剧组的游戏任务。嘉宾们在学习了川剧中"喜怒哀乐"的不同表情后,需要在 20 分钟内,从 18 个藏在石海里的川剧脸谱面具中,找出代表"喜怒哀乐"4 种表情的脸谱面具。

脸谱艺术是戏曲艺术的独特组成部分,不同剧种脸谱也不尽相同。脸谱种类繁多,逐个认识起来难度太大。该游戏主要选取了"喜怒哀乐"这 4 种最具代表性的表情,而且通过将脸谱隐藏起来让嘉宾寻找的方式增加了游戏的神秘性。最后助教对找到的各个脸谱进行了讲解,达到了节目教育性的目的。

(2)游戏二:化半面妆

这是第 8 期京剧组的游戏任务。嘉宾们被带到戏曲舞台的化妆室进行戏曲妆容的学习和体验。化妆指导老师给每位嘉宾分别按角色化好了半边妆容,另外半边妆容由嘉宾自己动手完成。

在戏曲表演中,演员的舞台妆容需要自己进行勾勒。因此,学习给自己化妆也是戏曲演员功课的一部分。该游戏的创新之处在于没有给嘉宾全脸上妆,保留一半不化的做法可以使戏曲妆容与普通素颜形成强烈对此,由此看出戏曲演员上妆前和上妆后的差别,再一次展现戏曲表演的真实性。而让嘉宾自己动手完成另一半的做法,更是为节目增添了趣味性,同时也反映出想化出精致的戏曲妆容并不简单。

(二)与戏曲文化无关,但与中华文化相关的游戏

《叮咯咙咚呛》节目中,除了和戏曲艺术相关的游戏任务外,也包含了其他风格不同的游戏。这些游戏蕴含着中国特色,穿插在嘉宾学习戏曲的过程中,在帮助嘉宾学习戏曲表演的同时也营造出节目浓郁的中华文化氛围。

1. 游戏一：躲沙包

这是第 3 期京剧组的游戏任务。要求嘉宾 3 人中至少有 1 人成功躲避沙包，然后 3 人排成一列，同时成功躲避沙包，两项都通过即为成功。

沙包是指用碎布及针线缝成的小袋，填充物为黄豆或沙子。躲沙包是指将沙包投向他人，被沙包击中者就视为失败。20 世纪 80 年代，该游戏在中国非常流行。躲沙包游戏看似简单，但在近距离时，需要身体具有快速反应和灵活移动的能力。而这些刚好符合戏曲表演对身体素质的要求。而且 3 人一同躲沙包增加了游戏难度，同时也考验了嘉宾们彼此间的配合与默契。

2. 游戏二：踢毽子

这是第 5 期川剧组的游戏任务。要求嘉宾 3 人依次轮流踢毽子，每个人只有一次机会，加起来总数超过 20 个即为成功。

毽子在古代被称为抛足戏具，通常将鸡毛插在圆形的底座上制成。踢毽子是一种古老的民俗体育活动，富有中华特色。想连续踢毽子，需要下肢稳定而灵活。戏曲表演中演员肢体也需要灵活轻盈，才能自如地表现技巧动作。通过踢毽子的方式可以达到训练下肢灵活性和稳定性的目的，游戏设计得既有趣且亲民。

3. 游戏三：斗鸡游戏

这是第 2 期的游戏任务。要求 3 组嘉宾各派出一名代表参加斗鸡比赛，选手独自打败另外两名参赛嘉宾才算获胜。

斗鸡游戏也被称为"撞拐子"，是一种童年游戏。游戏规则是一脚独立，另一脚用手扳成三角状，膝盖朝外，用膝盖去攻击对方，若对方双脚落地，则赢得胜利。该游戏简单而富有童趣，具有中华特色，能够拉近与观众之间的距离。

4. 游戏四：纸杯乒乓球

这是第 1 期川剧组的游戏任务。要求两位嘉宾共同参加，一名嘉宾负责发球，另一名嘉宾在乒乓球桌的另一边头顶纸杯等候接球。负责接球的嘉宾共有 10 次机会，接到 3 个乒乓球即为成功。

乒乓球是中国的国球，也是世界流行的运动项目。节目特地选用乒乓球作为比赛项目，能够凸显中国特色。但又创新性地打破以往传统乒乓球比赛的方式，改成用纸杯来接球。游戏考验了嘉宾们手与眼的协调性以及彼此间的默契，也充满了趣味性。

5. 游戏五：双节棍灭火

这是第 1 期川剧组的游戏任务。要求嘉宾手持双节棍，在 30 秒时间内靠挥舞双节棍产生的风来灭掉 30 根蜡烛，期间不能碰倒蜡烛，否则即是失败。

双节棍是中国古代流传下来的一件奇门武器，短小精悍，威力巨大。得益于李小龙及其功夫影视作品，双节棍的魅力影响深远，吸引了众多国际友人，也成为中国武术的一张名片。节目中双节棍元素的加入，其实是武术的融入。但创造性在于不用这件兵器来进行武术比赛，而是用它来灭掉蜡烛的火，同时又不能碰倒蜡烛。其中也含有刚柔并济的武术思想，这也是中华文化精神的一部分。

(三)与文化内容无关的游戏

作为一档综艺节目,《叮咯咙咚呛》中也存在一些与文化内容无关的游戏。这些游戏主要是为了考察嘉宾之间的配合,锻炼团队的协作能力。

1.游戏一:团结协作

这是第3期越剧组的游戏任务。要求嘉宾在3分钟内,利用节目组提供的锅、勺子、小黄鸭等道具,把岸边的船划到池塘中央。

划船一般都是用桨,但节目组却只提供了一些厨房用具,增加了游戏难度,却也使划船变得富有趣味性。嘉宾们用了各种办法来让船前进,也在摸索中学会了合作与团结,达到了游戏设计的目的。

2.游戏二:贴脸猜物品

这是第3期越剧组的游戏任务。要求嘉宾戴上眼罩两人一组,穿过悬挂着不同物品的走廊,依靠脸部的触觉来猜测物品名称,在3分钟内答对5种物品即可成功。

人们在被蒙上眼睛时往往会产生恐惧感,脸部与日常生活物品也很少有直接的接触。于是用贴脸的方式来猜物品就变得趣味横生。嘉宾们两人一组用脸贴住物品进行猜测,彼此之间需要默契与配合,也营造出良好的节目效果。

第二节　《叮咯咙咚呛》节目设计对汉语文化教学活动的启示

《叮咯咙咚呛》节目的成功,推动了戏曲文化的传播。对外汉语教学也致力于文化的传播与推广,因此从对《叮咯咙咚呛》节目的分析中可以得出一些在文化教学方面的启示,主要从节目特色及游戏设计角度来进行总结。

一、节目特色的启示

(一)扎根传统,超越传统

鉴于节目的创新性和时尚性特点,可以将节目"用时尚向经典致敬"的创新精神运用到文化教学中,积极为课堂引入流行元素,使得文化教学不再拘泥于传统模式。

《叮咯咙咚呛》作为一档以传播戏曲文化为主旨的综艺节目,没有延续以往戏曲节目的舞台制作模式,而是结合了当下流行元素,采取最受欢迎的真人秀模式进行录制,利用明星嘉宾的粉丝效应来赢得关注,利用网络等新媒体传播平台进行宣传等,这些方式都紧跟潮流,因此受到了社会的高度关注,也吸引了大批的年轻观众。从节目口号来分析,传统戏曲文化是"经典",节目的模式是"流行",用流行模式来推广传统文化,以观众喜闻乐见的方式轻松实现文化传播的目的。

这样的文化传播思路可以运用到对外汉语文化教学中,用学生喜欢的方式来讲授中华文化。目前,对外汉语文化教学的对象多为学生群体,大多数都是年轻人,因此将年轻人喜欢的潮流元素融入文化教学课堂定能调动学生的学习兴趣,激发学生的学习热情。

例如,引入明星元素,利用学生喜欢高颜值明星的特点,在文化导入或解释环节,加入明星相关的资料以激发学生兴趣,比如讲授武术时可以放黄子韬表演武术的照片,讲授舞蹈时可以播放章子怡跳古典舞的视频等。

引入动漫元素,利用学生们喜欢二次元漫画的特点,在总结或复习课堂内容时可以加入漫画加深学生的理解,比如讲授了中国神话故事课程后,要求学生把学习内容画成漫画,或者重新为故事设计出一个新的结局,制作新的剧本等。

引入网络元素,利用学生经常上网的特点,把网络流行内容加入课堂并充分利用网络社交平台以服务学习,比如将网络流行语或者表情包元素引入课堂,这些表情包既可以在讲授过程中使用,也可以加入到多媒体课件中,用可爱或者夸张的方式来提醒学生注意,增加一些有趣的小点评,为课堂增添趣味性,同时也有利于加深学生的印象。在网络社交平台方面,可以利用微信群进行签到打卡,也可以将作业布置在班级微博上,学生在完成课下的任务型作业时还可以利用直播平台进行录制等。

引入游戏元素,利用学生喜欢游戏的特点,可以简单地把游戏角色引入到课堂教学中,比如使用游戏中的角色名称来进行演示,或者采取游戏中的对战模式,学生分小组进行比赛,也可以复杂一点,将整个学期系统性的学习过程设置成为一个大型成长类游戏,学生们扮演游戏角色,每一个文化主题都是一个游戏关卡,学生需要通过测试和考验才能通过关卡获得奖励赢得成长等。

引入音乐和舞蹈元素,利用学生喜欢流行歌曲的特点,把学习内容与歌舞结合起来,比如把中华文化学习内容改编成歌词,用学生喜欢的歌曲旋律演唱出来,配上画面拍摄成自己的音乐短视频等,或者在学生进行中华舞蹈武术学习时,将其与学生自己国家的舞蹈结合起来,创造出全新的武术表演模式。

除了以上这些方面,对文化教学的创新也可以体现在一些细节上,比如主题导入的方式,知识点讲解的顺序,学生互动的模式,师生交流的方式等。总而言之,立足整个对外汉语文化教学,结合当下流行元素,考虑学生兴趣爱好,在这些基础上从任何一点进行创新尝试都是值得鼓励的,目的是将课堂变得鲜活起来,生动活泼地展现传统的文化知识。

(二)增加趣味,改变风格

鉴于节目的趣味性特点,在对外汉语文化教学中应增加游戏活动的设置,采取活泼生动的教学风格,营造愉快轻松的课堂氛围。

《叮咯咙咚呛》节目虽然致力于传播中华传统戏曲文化,但节目整体风格是轻松愉悦的,观众接受起来也较为容易。这与节目中"神字幕"的点评和各种各样游戏环节的设置密不可分。"神字幕"是指在节目后期制作中添加的就嘉宾的表现进行点评或具有引导作用的字幕,字幕常常色彩缤纷,字体不一,能够更好地营造幽默的氛围。例如,第5期京剧组的嘉宾为了竞选角色参加穿越藤蔓的游戏时,三位男嘉宾为了避免身体触碰到藤蔓而尽量将身体扭转,做出一些不太常见的姿势,这些姿势被节目组定格,配上神字幕"妩媚""柔软""简直难以置信"等。看似平淡的游戏过程因为字幕而变得有趣起来,让人忍俊不禁。

节目中游戏环节的设置更是起到了画龙点睛的作用，嘉宾们需要完成游戏才能进行下一阶段的学习或任务。从最初的通过游戏寻找队友，到通过游戏才能见到导师，进行拜师学艺，再到学习戏曲艺术时，要完成种种不同的游戏来复习学习内容等。游戏贯穿整个节目过程，使节目变得有趣生动，吸引观众，最终实现传播文化的目的。

联系到对外汉语文化教学，教师可以为课堂引入"神字幕"，引导学生发现文化知识的有趣之处，营造轻松活泼的教学风格。而且可以充分利用游戏来服务教学，导入、解释、体验、练习等环节均可。关于游戏教学方法，在对外汉语语言教学中关注度相对较高，但在文化教学中似乎涉及较少，因此建议增加游戏在文化教学中的比重，学习《叮咯咙咚呛》节目中游戏设计的模式，通过游戏来调动课堂氛围，激励学生进行积极配合，以达到文化教学的目的。

（三）注重真实，增加实践

鉴于节目的真实性特点，在对外汉语文化教学中应鼓励学生参与实践，多为学生提供真实性的体验。

《叮咯咙咚呛》节目的真人秀录制模式为观众呈现了嘉宾学习戏曲的真实过程，包括嘉宾平时学习训练和生活的状态，内容的真实性拉近了与观众的心理距离，深刻的代入感使观众更容易融入节目氛围中，对节目的好感度与喜爱度也随之增加。反观以往戏曲节目的舞台表演呈现模式，精彩的表演虽然值得称赞，但因为不够真实容易给观众带来距离感，最终难以被认可和喜爱。

同样地，在对外汉语教学中，在进行文化知识点介绍和展示时，教师不应只凭借图片和视频来进行教授，应提供真实的条件和情境使学生亲自参与实践。图片与视频虽然方便易得，却像舞台表演一般脱离生活，难以给学生带来深刻印象。例如，在进行茶文化教学时，带学生去茶园参观，零距离感受和学习茶叶的采摘和制作方式；在进行戏曲文化教学时，带学生去戏院欣赏戏曲表演，近距离感受戏曲艺术魅力，学习简单的唱腔和基本功；在进行饮食文化教学时，带学生去餐厅，现场品尝中国菜的味道，观看和学习中国菜的制作等。这些实践带来的直观感受能够使学生深刻理解文化知识，获得跨文化的全新体验。但是，如果没有这些实地体验的条件，也可以退而求其次，在文化教学的某个点给予学生真实的体验。比如，在古典舞蹈文化教学中，为学生提供一段现场的舞蹈表演；在太极文化教学时，为学生提供现场太极拳表演；在书法文化课上，让每个学生都亲自执毛笔试写繁体汉字等。提供现场表演的可以是教师自己，也可以是请来的其他人员。表演结束后要鼓励学生积极参与学习，教授相关的基本知识，使学生不只是单纯地欣赏，更要亲自参与并进行表演。

为了实现以上目标，教师应积极提高自身素质，多掌握一些中华才艺，相关学校也应积极地给予物质和经济上的支持，购买教学相关的用具物品，为学生参与真实文化体验营造条件。

(四)线索明确,设计清晰

鉴于节目的系统性特点,学习节目设计脉络,在对外汉语文化教学中明确教学线索、课时主题及学生角色设定。

《叮咯咙咚呛》节目在整体设计上脉络清晰,具有系统性,在节目线索、每期主题及嘉宾角色设定上都有体现。节目线索为三组嘉宾拜师学艺,按照寻找队友—拜见导师—跟着导师学艺—登台表演的顺序依次展开。每期节目都有不同的主题,比如"戏曲第一课""团队大作战""更上一层楼"等。并且每组嘉宾在角色设定上也各不相同,川剧组嘉宾的角色设定为"兄妹",京剧组嘉宾的角色设定为"兄弟",越剧组嘉宾的角色设定则为"恋人"。系统化的设计使节目层次清晰,观众易于理解,也因此能够得到观众的认可与喜爱。

联系到对外汉语教学,教师在设计文化课教学方案时也要注意设计的系统性,教学也应具有清晰明确的线索,导入方式、教学内容、讲授顺序、游戏安排、课程连贯及作业布置等,都需要体现明确的顺序与逻辑,保证教学过程的流畅。在主题把握上,鉴于中华文化覆盖面广的特点,讲授不同文化时必然具有不同主题,但在具体的课时安排上也要注意每节课的主题设置,不同课时之间也要相互联系,使学生明确教学目的,对课程有更为清晰明确的把握。在角色设定上,教师应起到"节目导演"的作用,根据学生学习情况为学生设定角色。比如,在文化教学的初级阶段,学生作为初学者,对中华文化不太了解,这种情况下学生的角色是中华文化的学习者。随着学习难度的加深,学生对中华文化有了一定的了解,可以要求学生通过小组讨论或搜集资料的方式将中华文化与自身国家文化进行对比或融合,此时学生的角色是跨文化的点评者或者创新者。最后当学生对文化有了较为深入的了解后,可以通过活动让学生来讲授或宣传所学文化知识,此时学生的角色为中华文化的传播者。学生角色从学习者到传播者的变化过程,正体现了教学设计方案的系统性,也有利于加强学生对文化知识的理解,升华教学目的,为中华文化传播提供更多的方式与可能性。

(五)欣赏差异,融合创新

鉴于节目的跨文化性特点,在对外汉语文化教学中应引导学生发现不同文化特色,培养学生跨文化对比分析及融合创新的能力。

《叮咯咙咚呛》节目邀请了六位韩国嘉宾参与录制,这些嘉宾的参与使节目展现出独特的跨文化魅力。节目客观地展示了中韩两国文化特色,并且对中韩文化进行了融合创新,很好地解决了跨文化问题,文化的融合使两国文化都产生了新的发展方向。在展现中韩文化特色方面,地域景观上展示了韩国首都首尔和中国首都北京的不同景象;文化习俗上,特写出韩国人搬家后要给邻居送礼物,中国人拜师学艺要进行奉茶仪式的习俗;饮食习惯上,介绍了韩国人喜爱的炒年糕、辣炖鸡汤,以及有中国的火锅、糖葫芦、羊杂汤、炸昆虫等一系列美食。节目有意识地通过字幕的方式引导观众认可两种文化,没有任何文化评判,非常客观。除此以外,《叮咯咙咚呛》节目试图对中韩文化进行融合,为中华传统戏曲赋予新的生命力。在戏曲文化学习过程中,京剧组嘉宾曾邀请韩国偶像团体成员来教授韩国舞蹈,并将动作运用到京剧表演中;川剧组的演出则借鉴了韩国武术截拳道,与川剧的武打动作相融合,呈现出有韩国特色的川剧表演;越剧组的演出曲目直接选取了来源于韩国文学题材的戏曲《春香传》,用韩语进行演唱,并且加入了韩国传统长鼓舞,达到了别具一格的演出效果。韩国嘉宾学习到了中国传统戏曲,而中国传统戏曲也借鉴了韩国特色元素,这样的跨文化融合实现了双赢局面。

联系到对外汉语文化教学,由于学生群体的独特性,跨文化问题是教师和学生都必然要面对的。因此,在文化教学中可以借鉴《叮咯咙咚呛》节目中对中韩文化的处理方式,引导学生发现不同文化特色,并培养学生跨文化融合创新的能力。在进行中华文化的讲授时,引导学生与自身文化相联系,而不是单纯地接受中华文化。鼓励高水平的学生将不同文化进行对比分析,找出相似与不同之处。因此在文化教学设计时,可以添加小组讨论环节,要求学生类比自身文化,进行小组讨论和总结。这样可以使学生更为主动深刻地了解所学知识,并进行深入思考。引导学生进行跨文化的融合与创新,将中华文化与其他文化结合起来,比如学习本国文化或者网络流行文化。在具体操作上可以通过小组活动或者作业的形式来进行,给予学生充足的时间进行创新实践。例如,在泰国进行茶文化教学时,可以鼓励学生联系泰国茶的特点,将两者融合,制作有泰国特色的中国茶饮。在进行太极文化教学时,可以结合流行舞蹈,将两者融合创作出全新的太极舞蹈。类似的跨文化活动兼具趣味性和挑战性,在设计上大胆创新,为解决跨文化问题提供了新的思路,充分体现了《叮咯咙咚呛》节目的文化融合精神。

(六)教育核心,寓教于乐

鉴于节目的教育性特点,在对外汉语文化教学中应坚持以文化传播教育为主旨,所有活动都要围绕教育来进行。

《叮咯咙咚呛》作为一档综艺节目,虽然整体风格轻松幽默,加入众多流行元素,设置了种种游戏和任务,但在戏曲文化知识传播方面仍旧秉持一丝不苟的认真态度,积极传播戏曲文化,对戏曲的相关知识进行了细致的解释,保证观众能够理解和学习。例如,对于表演曲目,演员的表演风格,演员表演时展现的技巧等,节目都配以字幕进行详尽解释。节目中第2期越剧表演时,字幕解释道:"越剧传统剧目《红楼梦》著名唱段,是徐派小生与王派花旦对唱的名家名段。讲述了林黛玉第一次与贾宝玉相见时二人对彼此的印象。越剧是中国流传最广的地方剧种,在国外被称为'中国歌剧',越剧长于抒情,以唱为主","表演唯美典雅,极具江南灵秀之气,多以'才子佳人'为题材"。在第5期嘉宾们参加"穿越藤蔓"的游戏时,对游戏涉及的"翻身""射雁"及"弓箭步"的三个京剧动作,节目组也进行了细致解释:"翻身——以腰或胯为轴,以手臂为动力进行旋转;射雁——脚抬至与头同高;弓箭步——前腿屈膝下蹲如弓,保持把右腿伸直转上半身。"这些内容的补充让观众在观看节目的同时学习到了戏曲知识,保证了节目的教育性意义。

联系到对外汉语教学,虽然笔者呼吁变革教育方法,改变教学风格,增加课堂游戏等,但是文化教学归根到底还是一种教学,无论如何变革都不能脱离这个主旨,否则就背离了变革的初衷。毕竟改革文化教学的目的是更好地服务于文化教学。因此,在文化教学时,不提倡无意义的变革与游戏,没有充分的设计作为前提,就会陷入为了变革而变革的怪圈,不利于文化教学的长远发展。

二、节目游戏的启示

《叮咯咙咚呛》节目设置了众多游戏,在前文的分析中可以看出,这些游戏大致分为三类:与戏曲文化相关的游戏,与戏曲无关,但与中华文化相关的游戏,以及与文化内容无关的游戏。这些游戏在节目中发挥了重要作用,使节目内容衔接更为紧凑,节目层次更为丰富,节目风格更为轻松活泼,增强了节目的趣味性和观赏性。通过前文分析可以看出,节目中出现的游戏都是精心设计的,与中华文化紧密联系,目的是实现寓教于乐的节目效果。

联系到对外汉语文化教学,游戏法作为一种教学方法,在文化课的教学中应用范围仍旧是有限的。那么,如何借鉴《叮咯咙咚呛》节目中的游戏设计来服务于对外汉语文化教学呢?笔者将节目中出现的游戏再次进行分类,分为可直接在教学中使用的游戏,以及经过改造后可以在教学中使用的游戏。

(一)直接在教学中使用的游戏

1.穿针引线游戏

在规定时间内,将底端挂着重物的线穿过 20 个针孔,可以接力进行,全部通过即为成功。

2.夹豆子游戏

深吸一口气,在不换气的前提下拉长音,同时用筷子夹盘子里的豆子,把豆子夹光即为成功。

3.最高音阶游戏

由一个人开始从音阶"哆"开始发音,剩下的人轮流依次提高音阶,坚持到最后发出最高音阶的人获胜。

4.躲沙包游戏

单人近距离躲避沙包,然后三人一列同时躲避沙包,两项都通过即为成功。

5.踢毽子游戏

依次轮流踢毽子,每个人只有一次机会,加起来总数超过规定数目即为成功。

6.斗鸡游戏

三人制,独自打败另外两名参与者即为获胜。

7.纸杯乒乓球游戏

两人一组,一名负责发球,另一名在乒乓球桌的另一边头顶纸杯等候接球。在 10 次接球机会内用纸杯接到 3 个乒乓球即为成功。

以上这些游戏具有准备简单、占地范围小、操作性强的特点,可以在文化教学过程中直接使用,使学生通过游戏感受中华文化的魅力。

(二)改造后在教学中使用的游戏

节目中的某些游戏对场所、道具要求较高,或者内容仅限于戏曲文化,因此在教学时对这些游戏进行了改造,使之更适应对外汉语文化教学课堂。

1. 穿越藤蔓游戏

原游戏规定用指定的 3 个戏曲动作"翻身""射雁"和"弓箭步"穿越藤蔓到指定处,利用身体的柔韧性躲避铃铛,铃响则为失败。在实际操作过程中,可以将藤蔓改成简单的丝线,或者直接用红外线验钞灯的射线来替代。指定的戏曲动作可以换成较为简单的,也不一定非得用戏曲动作,武术动作也可以。

2. 一棵菜游戏

原游戏规定 4 人相互扶持站立,女生站在两个男生的腿根立起,每个人都屈起一条腿,在脚踝处放一只水碗,保持平衡,用脚踝端平水碗坚持 5 分钟为成功。在实际操作时,学生不需要立在腿根上,可以所有人都站在地上,而且在脚踝处不一定要放置水碗,也可以放置别的物品,比如键子,沙包等。也可以只选取游戏中保持静止的这一项内容,并结合太极动作慢的特点,创作出停顿太极动作的游戏。

3. 化半面妆游戏

原游戏规则是工作人员给每位参与者化半边妆容,另外半边妆容由参与者自己动手完成。在实际操作中,考虑到课程时间的限制及学生的个人体质情况,可以将一半的妆容化在空白的脸谱上发给学生,让学生在脸谱上完成另一半脸谱妆容。

4. 寻找脸谱游戏

原游戏规则是在 20 分钟内,从 18 个藏在石海里的川剧脸谱面具中,找出代表"喜怒哀乐"4 种表情的脸谱面具。在实际操作时,可以将寻找脸谱的地点范围缩小,比如某一楼层,或者某个学院等。也可以不单纯拘泥于寻找脸谱,可以寻找别的与文化教学相关的东西,从而增加学生兴趣、导入学习主题等。

5. 高腔接力游戏

原游戏规则是参加者 3 人分别在彼此距离遥远的位置,用川剧高腔的方式来传递单词。在实际操作时,可以变换一下游戏规则,首先传递距离不一定需要这么远,传递的方式也不仅仅限于使用戏曲高腔,也可以用动作、图片等来表达,传递内容不仅限于单词,也可以是诗句、成语、故事等。

以上的游戏构想只是一小部分,在设计文化教学内容时,可以借鉴《叮咯咙咚呛》节目中游戏与文化结合、时尚与传统结合的理念,将文化教学变得时尚和有趣,吸引学生的兴趣,激发学生参与学习的动力和热情,最终实现寓教于乐的目的。

第三节　对外汉语文化教学案例设计与分析

一、教学设计

（一）教学设计一：风味茶饮

中国是茶的发源地，茶文化历史悠久。中国茶文化从萌芽到形成，糅合了儒、道、释三家的精华，体现在物质、精神、语言等各种的文化中。因此，在对外汉语教学中开设茶文化课程，有利于丰富学习者的中华文化知识，提升其汉语文化的能力。

1.课程类型

活动课。

2.课时安排

两课时，每节课 50 分钟。

3.教学对象

泰国国王科技大学本科四年级学生，共 15 人，有 2 年以上汉语学习经历，汉语水平达到中高级。

4.教学方法

直观展示法、实践体验法、文化比较法、组织游戏法。

5.教学目标

（1）通过茶叶展示使学生了解一些茶叶的基本常识，能够区别不同种类茶叶，并能够简单说出特点。

（2）通过茶道欣赏与学习，学生可以了解泡茶、品茶的流程，能够自己进行简单的操作。

（3）通过小组讨论，对比中国茶与泰国茶，简单说出几个方面的异同。

（4）通过游戏活动，分小组制作出有泰国风情特色的"风味茶饮"，在此过程中学习泰国文化与中华文化的创新融合。

6.教学过程

（1）课时一

①主题导入（2 分钟，关键词：流行歌曲）

教师提前到达教室播放视频，内容为周杰伦的歌曲《爷爷泡的茶》。上课后，教师询问学生是否知道歌曲，引出本次活动课的主题"中华茶文化"。

②展示与活动（25 分钟，关键词：教育性、实践活动）

a.茶叶展示讲解（10 分钟）

老师拿出绿茶、红茶、乌龙茶、普洱茶、黑茶和花茶六种不同的茶叶给学生进行直观展示,配合多媒体课件进行讲解。

b.茶道展示讲解(5分钟)

为学生进行现场茶艺展示,讲解茶艺的各个环节。

c.茶道体验活动(10分钟)

学生分小组进行茶艺体验,每个小组负责冲泡不同种类的茶叶,要求每个小组至少冲泡5杯茶。各个小组之间交换品尝。

③游戏环节(10分钟,关键词:冲茶品茶文化、游戏改编)

a.游戏一:争当茶博士(5分钟)

展示茶博士冲茶的图片,简单介绍茶博士的手艺。请学生进行模仿,用特定茶壶倒茶(将茶壶举高代替也可),要求在30秒内连续倒满3杯茶,且都不能洒出。

b.游戏二:蒙眼猜茶(5分钟)

将上一个游戏中每个小组冲泡的茶水打乱顺序全部放置在一起。分小组依次蒙眼前来品尝并猜测茶的种类。每个人品尝两次,如果小组成员全部猜对即为成功,将获得茶叶奖励。

④小组讨论(8分钟,关键词:跨文化)

根据活动与游戏,从外观、气味、味道等方面分小组讨论总结中国茶与泰国茶的区别。老师对小组发言进行总结。

⑤总结并布置作业(5分钟,关键词:网络、流行广告)

a.总结本堂课所学内容。

b.学生作业:请学生进行中国茶的资料搜集,内容要求是课堂上没有涉及的,将搜集到的资料发到班级微博平台上,每个人至少两条,不能重复。

c.小组作业:请学生结合泰国茶的制作方式,利用中国茶叶设计富有泰国特色的"风味茶饮",每个小组设计两种,并为茶设计广告,下节课进行展示。

(2)课时二

①复习环节(10分钟,关键词:游戏设计、教育性)

分小组进行"谁是卧底"游戏,每个小组给出一组词语。比如"花茶"和"黑茶"。小组中只有一人的词语与其他人都不一样,即是卧底。但小组成员彼此不知道其他人的词语,请每个人对自己的词语进行描述,通过推理判断出谁是拥有不同词语的卧底。找对卧底的小组获得胜利。

②总结回顾(5分钟,关键词:教育性)

对游戏进行总结,带领学生回顾上节课知识。

③活动环节(30分钟,关键词:跨文化、创新性)

进行最佳"风味茶饮"评选活动,分小组展示设计的茶饮,讲解设计理念,展示广告。请全班学生进行品尝和评价。展示结束后全班进行投票,评选出最佳的"风味茶饮"。第一名的小组获得奖励。

④总结和布置作业(5分钟,关键词:文化传播)

a.老师带领学生回顾总结茶文化所有知识。

b.班级作业:在校园内举办一场风味茶饮免费体验活动,设计中国茶文化的相关海报,请更多的人来参与和体验中国茶文化。

7. 设计分析

(1)积极为课堂引入流行元素,将《叮咯咙咚呛》节目"用时尚向经典致敬"的创新精神运用到了文化教学中。课时一的导入环节使用周杰伦的流行歌曲《爷爷泡的茶》,周杰伦作为明星歌手,有社会影响力,可以吸引学生兴趣,歌曲内容讲述的是中国茶文化,契合学习主题。作业环节利用新媒体社交平台,请学生在网络上搜集资料,并将资料汇总在微博平台上,操作方便也便于监督与管理。小组作业中加入了广告的流行因素,响应现代社会广告传播方式,激发学生的学习热情。

(2)游戏活动设置使课堂更有趣味性。茶文化活动课学习和借鉴了《叮咯咙咚呛》中的游戏设计。游戏"争当茶博士"改编自节目游戏"飞檐走壁",将"飞檐走壁"游戏中的戏曲文化"把子功"改成了茶文化的冲茶技艺;游戏"蒙眼猜茶"改编自节目游戏"贴脸猜物品",将贴脸猜物品改成了品茶猜种类。两者的设计均参考了《叮咯咙咚呛》节目中游戏设计方案,但是又根据课堂内容进行了一些调整。课时二中的游戏"谁是卧底"则是根据现如今的流行游戏改编的,将需要猜测的词语换成了学过的茶文化内容,达到在游戏中学习的目的,也营造了轻松愉快的课堂氛围。

(3)注重学生参与实践,多为学生提供真实性的体验。借鉴《叮咯咙咚呛》节目的真实性特点,在活动课中,为学生提供了真实的茶叶和茶具,并让学生现场感受了茶道魅力。在茶道体验活动中,学生参与实践,亲自体验了茶道。在游戏活动中,学生也再次接触茶,进一步熟悉和了解了茶文化。

(4)教学线索、课时主题和学生角色设定明确。借鉴《叮咯咙咚呛》节目的系统性特点,茶文化活动课的整体设计脉络清晰。教学环节按照"导入—讲解—体验—游戏—总结"的顺序进行,具有逻辑性。在课时主题安排上,课时一的主题是茶文化的讲解与体验,课时二的主题是活动的展示,两节课有不同的教学目标。在学生角色设定上,学生由最初单纯的文化学习者——体验中国茶文化,变成文化审视者——讨论中泰茶的不同,再变成文化的创新者——融合中泰茶的特点制作新式茶饮,最后变成文化的传播者——开展茶饮免费体验活动,不同身份的转变来源于教师对学生角色的设定。

(5)引导学生发现不同文化特色,培养学生跨文化对比分析及融合创新的能力。根据《叮咯咙咚呛》节目跨文化性的特点,在课程设计时注意中泰文化的对比与融合。因为教学对象的水平为汉语高级水平,在课时一中,学习和体验中华茶文化环节结束后,设置了小组讨论环节,目的是探讨中泰茶的差异。将中华茶文化与泰国茶文化相联系,把新的知识与学生已有的知识建立联系,有助于学生将知识内化入自己的结构体系,增强对中华茶文化的理解。在作业设置方面,布置了"风味茶饮"任务。要求学生对中国茶制作进行改造,与泰国茶的制作结合,将中泰文化进行融合,制作出有泰国特色的中国茶。此活动具有创造性和趣味性,可以充分发挥学生的创造性,也有助于学生跨文化融合创新能力的培养。

(6)坚持以文化传播教育为主旨,所有活动都围绕教育来进行。借鉴《叮咯咙咚呛》节目的教育性特点,在课堂设计中,教育始终是设计的出发点的核心理念渗透在教学设计的所有环节。整个教学方案不存在无意义的游戏或者活动。游戏"争当茶博士"设计来源于茶文化的冲茶文化,并介绍了茶博士的概念;游戏"蒙眼猜茶"设计来源于茶文化的品茶文化;游戏"谁是卧底"的设计目的是复习上节课所学内容,因此游戏都是围绕着教学展开的。茶道体验活动及"风味茶饮"的评赏活动,则是为了使学生更直观更深刻地理解中华茶文化的精神内容。

(二)教学设计二:舞蹈太极

中华武术文化世界闻名,而太极文化是中华武术文化的重要组成部分,蕴含着民族精神。太极文化博大精深,其中又以太极拳最为流行广泛。作为现今普及的运动锻炼形式,太极拳有着强身健体、调节身心的保健作用,也展示了中国的文化个性和文化内涵。因此,学习太极拳可以提高外国留学生学习汉语的兴趣,让他们在实践中获得不同的文化感受和体验。

1.课程类型

活动课。

2.课时安排

两课时,每节课 50 分钟。

3.教学对象

泰国国王科技大学本科二年级学生,共 20 人,有 1～2 年汉语学习经历,汉语水平达到中级。

4.教学方法

直观展示法、实践体验法、组织游戏法。

5.教学目标

(1)通过太极介绍,学习了解太极的基本知识,能说出基本特点。

(2)通过太极拳的体验学习,能够掌握大致动作,或能进行一小段表演。

(3)通过游戏活动,分小组创作出具有泰国特色的"舞蹈太极",并进行表演。

6.教学过程

(1)课时一

①主题导入(3 分钟,关键词:游戏、改编)

进行"寻找宝物"的游戏。老师提前进入教室,将印有太极图案的印章藏到某位同学的座位抽屉里。等学生来齐上课后,请学生来寻找。待印章找到后,简单介绍服装,引出太极文化学习的主题。

②展示与活动(35 分钟,关键词:教育性、实践活动)

a.太极基本知识介绍(10 分钟)

老师通过多媒体设备介绍太极基本知识,包括太极发展历史、基本精神、武术流派等,配合视频短片进行展示。

b.简化太极拳展示(5 分钟)

在学生欣赏视频时,老师换上太极拳服装。视频播放结束后,老师进行二十四式简化太极拳现场表演。同时介绍太极拳不同动作名称。

c.太极拳体验(20 分钟)

学生学习太极拳的 8 个基本动作。练习后,分小组进行展示。

③游戏环节(5 分钟,关键词:游戏、阴阳文化)

进行"左阴右阳"的游戏。学生围成圆圈坐下。规定左边为阴,右边为阳,而且只能对左边的人说"阴",同时举左手,对右边的人说"阳",同时举右手。每个人都可以选择左边或右边,但同方向传递的次数不能超过 3 次。最后留下的 5 个人为胜出者。

④总结和布置作业(7 分钟,关键词:网络、跨文化)

a.带领学生进行本节课知识的复习总结。

b.学生作业:搜集太极文化的相关资料,要求是课堂上没有涉及的内容,将资料分享到微博平台上,每人一条,不能重复。

c.小组作业:请学生将所学的太极拳动作与泰国舞蹈动作相结合,设计一段时长两分钟带有太极拳动作的泰国舞蹈,要有设计理念,下节课进行展示。

(2)课时二

①复习环节(10 分钟,关键词:游戏)

进行"一二三,太极人"游戏,由学生进行太极拳展示。老师喊口令"一二三"时学生可以进行表演,喊"太极人"时必须保持静止不动。如果学生没有静止,即为失败。坚持到最后的 3 名学生将获得奖励。

②总结回顾(5 分钟,关键词:教育性)

对游戏进行总结,带领学生回顾上节课知识。

③活动环节(30 分钟,关键词:跨文化、创新性)

进行"最佳太极舞蹈"评选,分小组展示准备好的太极舞蹈,解释设计理念,全班进行投票评选。前两名小组进入终极比赛。随机放音乐,请小组成员进行两分钟斗舞,舞蹈中必须带有太极动作,最后投票选出最佳小组,给予奖励。

④总结和布置作业(5 分钟,关键词:文化传播)

a.教师带领学生进行太极学习的回顾。

b.班级作业:组织一场校园太极舞蹈的快闪表演,并进行直播。

6.设计分析

(1)积极为课堂引入流行元素,将《叮咯咙咚呛》节目"用时尚向经典致敬"的创新精神运用到了文化教学中。在教学设计中加入舞蹈元素,将太极与舞蹈结合起来,在进行最终展示时以快闪方式进行,使太极文化与潮流文化相结合。作业环节充分利用新媒体社交平台,在网络上提交作业,可以激发学生学习动力,公开的平台保证了搜集的资料不会重复。

(2)游戏活动设置使课堂更有趣味性。教学案例设计学习和借鉴了《叮咯咙咚呛》中的游戏设计。游戏"寻找宝物"改编自节目游戏"寻找脸谱",将脸谱改成了带有太极图案的印章;游戏"一二三,太极人"改编自节目游戏"一棵菜",只选取了"一棵菜"游戏中静止环节,并结合了游戏"一二三,木头人"的游戏内容。两者的设计均参考了《叮咯咙咚呛》节目中的游戏设计方案,但是又根据课堂内容进行了一些调整。游戏"左阴右阳"则根据桌游"我爱你与臭流氓"改编,保持游戏规则不变,但将口令"我爱你"和"臭流氓"改成了"阴"和"阳",结合了太极内容,强化了学生的学习印象。

(3)注重学生参与实践,为学生提供真实性的体验。借鉴《叮咯咙咚呛》节目真人秀的录制模式,在教学中提供现场的太极拳展示,使学生直观感受到了太极拳文化魅力。在太极拳体验活动中,学生参与实践,亲自学习太极拳动作,能够切实了解太极拳内容。

(4)教学线索、课时主题和学生角色设定明确。借鉴《叮咯咙咚呛》节目的系统性特点,太极文化活动课的整体设计脉络清晰。教学环节按照"导入—讲解—体验—游戏—总结"的顺序进行,具有逻辑性。在课时主题安排上,课时一的主题是太极文化的讲解与体验,课时二的主题是太极舞蹈活动的展示,两节课有不同的教学目标。在学生角色设定上,学生由最初单纯的文化学习者——体验中国太极文化,变成文化的创新者——将太极拳动作融入泰国舞蹈,最后变成文化的传播者——开展太极舞蹈快闪活动,教师的课程设计决定了学生角色的转变。

(5)引导学生发现不同文化特色,培养学生跨文化对比分析以及融合创新的能力。根据《叮咯咙咚呛》节目跨文化性的特点,在课程设计时注意中泰跨文化的融合。根据教学对象水平和兴趣,学习中华太极文化后,请学生将太极拳动作与泰国舞蹈相融合,设计出创意的太极舞蹈。这项活动可以发挥学生的创造性,有助于学生跨文化融合创新能力的培养。

(6)坚持以文化传播教育为主旨,所有活动都围绕教育来进行。借鉴《叮咯咙咚呛》节目教育性的特点,始终坚持教育性的重要地位。教学设计方案各个环节都围绕着文化展开,"寻找宝物"的游戏环节是为了导入太极文化的主题;游戏"一二三,太极人"则为了复习所学太极拳的动作,并且突出了太极拳动作绵延缓慢的特点;游戏"左阴右阳"则来源于太极阴阳文化,阴阳相对,且要保持平衡。太极舞蹈活动更是为了利用舞蹈元素激发学生学习兴趣,并更为深刻地理解太极拳内容。

(三)教学设计三:歌唱戏曲

戏曲艺术是中华文化的瑰宝,在文学、音乐、美学、武术等方面都独具特色。作为一项综合性表演,戏曲艺术从演员服装、伴奏唱腔到舞台表演都具有强烈的中国色彩,吸引着世界的目光。将这项东方艺术引入对外汉语文化教学课堂很有意义,戏曲文化的诸多方面也可以为文化教学提供素材与背景。

1.课程类型

活动课

2.课时安排

3课时,每节课50分钟。

3.教学对象

国王科技大学本科二年级欧美留学生,共12人,有1年左右汉语学习经历,汉语水平初级。

4.教学方法

实践体验法、组织游戏法。

5.教学目标

(1)通过戏曲介绍对中国戏曲有一些基本了解,能够说出不同种类的戏曲及各自基本特点。

（2）通过脸谱学习掌握脸谱基本知识，学会描画简单脸谱。

（3）通过游戏感受戏曲"唱念做打"基本功。

（4）通过小组合作，总结戏曲特色，形成歌词，拍成 MV（music video，音乐短片）进行展示。

6. 教学过程

（1）课时一

①主题导入（5 分钟，关键词：游戏）

进行"最高音阶"游戏，每个小组派一名代表参与游戏，要求从某一人开始依次提高音阶唱"啊"，坚持到最后发出最高音阶的人获胜。

游戏结束后播放一段川剧高腔，感受戏曲高腔的音阶，引入戏曲文化主题。

②展示与活动（20 分钟，关键词：教育性、实践活动）

a. 戏曲知识展示与讲解（15 分钟）

结合图片与视频，介绍戏曲基本知识，包含四大流派和"唱念做打"的基本概念。

b. 念白体验活动（5 分钟）

教师演示念白，带领学生学习。依次轮流念出多媒体课件上的材料（材料可以是学习过的课文、诗词或者歌词）。

③游戏环节（15 分钟，关键词：游戏、唱念做打）

a. 游戏一：夹豆子（5 分钟）

分小组进行比赛，要求各小组成员轮流在一口气的时间内从盘子里用筷子夹豆子，首先把豆子夹光的小组获胜。

b. 游戏二：戏曲碟中谍（10 分钟）

教师展示戏曲三个动作"翻身""射雁"和"弓箭步"，学生需要利用这三个动作穿越红外射线（用验钞灯即可达到效果）达到指定地点，身体碰触射线即为失败。

④总结和布置作业（10 分钟，关键词：教育性、跨文化）

a. 教师带领学生回顾知识，复习总结要点。

b. 请学生上网搜索中华戏曲相关资料，发在班级微博平台上，每个人至少一条，不得重复。

（2）课时二

①复习环节（10 分钟，关键词：游戏、复习）

进行"戏曲接力"游戏，分小组进行，学生根据教师给出的戏曲相关词语进行比画表达内容，接力进行。在两分钟内猜对 5 个词语即为胜利。

②总结回顾（5 分钟，关键词：教育性）

对游戏进行总结，带领学生回顾上节课知识。

③展示讲解（10 分钟，关键词：教育性、直观展示）

教师利用多媒体课件向学生介绍脸谱相关知识，并向学生展示脸谱面具实物。

④游戏环节（20 分钟，关键词：游戏、实践活动）

a. 游戏一：完成脸谱（15 分钟）

老师给每个学生分发化了一半妆的脸谱，每个人的脸谱图案不同，请学生完成剩下的半边脸谱。

b.游戏二：寻找表情(5 分钟)

分小组进行合作，在全班完成的脸谱中找出代表"喜怒哀乐"四种表情的脸谱，全部答对的小组获得奖励。

⑤总结和布置作业(5 分钟，关键词：创新性、跨文化)

a.老师带领学生进行知识回顾与总结。

b.学生作业：脸谱表情包。在自己完成的脸谱基础上，结合自己喜欢的表情，设计一个新的脸谱表情，可以配以文字，发在班级微博平台上。

c.小组作业：整理所学知识，将戏曲学习内容变成一段不超过 200 字的歌词，配以歌曲旋律进行表演，也可以说唱，下节课进行展示。

(3)课时三

①复习环节(10 分钟，关键词：游戏设计、教育性)

进行"表情包连线"游戏，展示学生的戏曲表情包，配以脸谱本来的名称，请学生进行连线配对。

②总结回顾(5 分钟，关键词：教育性)

对游戏进行总结，带领学生回顾上节课知识。

③活动环节(30 分钟，关键词：跨文化、创新性)

进行最佳"戏曲歌唱"评选，分小组展示所编写的歌词并进行演唱，全班进行投票选出最佳表演，对第一名的小组进行奖励。

④总结和布置作业(5 分钟，关键词：文化传播)

a.回顾学习的所有戏曲知识，进行总结。

b.小组作业：将各小组的歌曲录制成 MV，将视频发送到微博班级平台。

7.设计分析

(1)积极为课堂引入流行元素，将《叮咯咙咚呛》节目"用时尚向经典致敬"的创新精神运用到文化教学中。利用流行影视作品，借鉴电影《碟中谍》的故事情节设计游戏。结合网络文化，将表情包元素引入课堂，与戏曲脸谱进行结合。结合流行歌曲元素，将戏曲学习内容改编成歌词进行演唱。这些设计改变了课堂的陈旧风格，使课堂具有时尚性。

(2)游戏活动设置使课堂更有趣味性。教学设计借鉴了《叮咯咙咚呛》中的游戏，游戏"最高音阶"和"夹豆子"来自节目，在教学中进行了直接使用；游戏"戏曲碟中谍"改编自节目游戏"穿越藤蔓"，保留了戏曲动作，将藤蔓改成了红外射线，将"灵芝"改为指定地点；游戏"戏曲接力"改编自节目游戏"高腔接力"，保留了接力进行的模式，将远距离的高腔传递转变为近距离的肢体表达传递，接力内容是课堂的相关学习内容；游戏"完成脸谱"改编自节目游戏"化半面妆"，将表演妆容转移到了面具脸谱上；游戏"寻找表情"改编自节目游戏"寻找脸谱"，取消了大范围的地域，直接在完成的脸谱中进行寻找，因为学生不了解喜怒哀乐的戏曲表情，所以游戏具有意义；游戏"表情包连线"则借鉴了连线游戏，将学生制作的脸谱表情与真实脸谱相联系，再次考查学生对脸谱的掌握情况，增加了课堂趣味性。

(3)注重学生参与实践，为学生提供真实性的体验。借鉴《叮咯咙咚呛》节目的真实性特点，在活动课中，展示了真实的脸谱面具，要求学生参与念白体验。在游戏"夹豆子"中体会戏曲唱功,在游戏"戏曲碟中谍"中体会戏曲做功。现场完成戏曲脸谱图案,使学生对戏曲脸谱图案的绘制有了直观感受。

(4)教学线索、课时主题和学生角色设定明确。借鉴《叮咯咙咚呛》节目的系统性特点,歌唱戏曲课的整体设计脉络清晰。教学环节按照"导入—讲解—体验—游戏—总结"的顺序进行,具有逻辑性。在课时主题安排上,课时一的主题是戏曲文化的讲解与体验,课时二的主题是戏曲脸谱文化的展示与体验,课时三的主题是戏曲文化活动。每节课的教学主题都不同。在学生角色设定上,学生由最初单纯的文化学习者——体验中国戏曲文化,变成文化的创新者——将戏曲文化与流行文化融合,制作脸谱表情和戏曲歌曲,最后变成文化的传播者——录制戏曲视频上传网络。

(5)坚持以文化传播教育为主旨,所有活动都围绕教育来进行。借鉴《叮咯咙咚呛》节目的教育性特点,课堂设计紧紧围绕服务教育的理念,整个教学方案不存在无意义的游戏或者活动。游戏"最高音阶""夹豆子""戏曲碟中谍"设计来源于戏曲唱念做打的基本功,目的是让学生通过游戏进行体验。游戏"完成脸谱""寻找表情""表情连线"设计均与脸谱文化紧密相连。在作用上,游戏"最高音阶"起到了导入作用,游戏"戏曲接力"起到了复习作用。在教学设计上,讲解、展示、总结环节在每个课时都有设置,以保证学生可以充分理解知识并及时归纳总结,构建一个知识系统。

二、设计反思

(一)设计创新点

对教学案例设计进行分析,结合《叮咯咙咚呛》节目特色和设计,总结三个教学案例设计有以下创新点。

1. 案例设计具有创新性特点

在对外汉语文化教学中加入流行性元素,创新教学方式。在文化教学设计中结合了流行歌曲、流行舞蹈、网络流行文化及新媒体传播平台,并通过游戏、活动或者作业的方式来展现,在文化教学中发挥导入、总结、复习、提高的不同作用。这些教学方式的设计灵感来源于《叮咯咙咚呛》创新的节目内容。案例设计改变了课堂的陈旧风格,使课堂具有时尚性。将年轻人喜欢的潮流元素融入文化教学课堂,转变教学风格,能更好地激发学生的学习热情,在文化教学方法探索上更是一种创新之举。

2. 案例设计具有趣味性特点

在对外汉语文化教学中,注意游戏和活动的运用。在三个文化教学案例中,运用到的大部分游戏来源或改编自《叮咯咙咚呛》节目,也有部分游戏是原创的,但也结合了节目中设计游戏的方式和理念。这些游戏不是单纯的游戏,都与所学文化知识紧密联系。通过游戏学生可以更深刻地理解和学习中华文化,在轻松愉快的课堂氛围中实现寓教于乐的目的。

3.案例设计具有真实性特点

打破传统文化教学模式,强调对外汉语文化教学给学生提供真实直观的文化学习体验。借鉴《叮咯咙咚呛》节目的真人秀录制体验模式,在教学设计中,依据教学主题为学生提供相应的文化教学用具或现场表演,使学生可以通过视觉、触觉、听觉、嗅觉和味觉等多种方式综合体验中华文化。并且给予学生参与实践的机会,让学生真正地全身心融入文化氛围中,感受真实的中华文化。

4.案例设计具有系统性特点

在文化教学方案设计中,教学线索、课时主题和学生角色设定明确,符合逻辑。借鉴《叮咯咙咚呛》节目脉络清晰的设计,按照"导入—讲解—体验—游戏—活动—总结"的顺序进行教学,线索清晰易于把握。在课时主题安排上,根据课时设定不同的教学主题,以更好地服务教学。在学生角色设定上,根据教学设计的安排,学生角色会经历文化学习者、文化审视者、文化创新者及文化传播者的逐渐转变,具体角色设定会依据学生学习水平进行一些调整。

5.案例设计具有跨文化性特点

面对对外汉语教学不可避免的跨文化问题,给出了新的引导方向,即在尊重文化差异的基础上,将不同文化进行融合创新。这样的设计构想来源于《叮咯咙咚呛》节目对中韩两国文化的处理方式。在教学设计上,根据教学内容和学生具体身份,将文化知识与学生熟悉的文化结合起来,这一构想在案例的活动设计中体现地最为明显。文化不仅分国别文化,也可以是不同领域文化。通过文化的融合创新,赋予文化教学别样的风格魅力,也有助于学生更为深刻地理解不同的文化。

6.案例设计具有知识性特点

虽然设置了游戏与活动环节,但是整个设计仍旧是围绕着文化教学展开的,知识性始终处在最主要的地位。鉴于《叮咯咙咚呛》节目的教育性特色,在教学设计中,对文化知识的讲解、复习、总结环节都具有明确设置,以保证教学效果。游戏与活动的安排也都与教学内容紧密相连,目的是让学生更好地了解所学知识,而不仅仅是单纯的娱乐。

7.案例设计具有针对性特点

三个案例设计均考虑到教学对象的汉语程度水平及地域差异。在茶文化案例中,学习者汉语水平较高,因此设置了讨论中泰文化差异的环节。在戏曲文化案例中,考虑到学习者汉语水平较低,因此游戏环节设置相对较多,游戏难度也比较低。而且在活动设计上,考虑到欧美学生更为活泼,且对政治题材比较敏感,因此没有设置国别文化差异的相关活动,而是利用学生喜欢流行歌曲的特点设计了相应的活动方案。

(二)设计不足

虽然教学案例设计具有一定的创新特色,但是就设计的环节和内容而言,其存在以下不足。

1.知识学习流于表面

中华文化博大精深,茶文化、太极文化和戏曲文化都只是其中一个小的方面,但仅仅如此内涵也很丰富,涉及知识众多。仅仅两三个课时的讲授,其中还包括活动和游戏,这样的教学肯定无法使学生学习到系统深刻的文化知识,只能了解到一些浅显的文化内容。也许无法满足有较高文化学习需求的学生。

2.课堂管理难以执行

为了改变文化教学局面,在设计时较为注重游戏和活动,在增加课堂趣味性的同时也增加了课堂管理的难度。游戏和活动组织比较松散,学生也许会趁机偷懒,而教师有时候可能无法进行及时的管理,因此也许会影响教学进度和教学效果,难以确保教学目标的实现。

3.准备材料多,操作性无法确切保障

为了增加学生动手操作和亲身体验的机会,案例中设计的活动多数都要求学生直接参与。虽然这样可以让学生更为直观地了解体验相关文化知识,但是在准备环节需要较多的材料,比如茶叶、茶具、脸谱面具,等等。在进行戏曲广播体操学习时,也要求有相关的训练场地。但是无法确保每个学校都能提供这些材料和条件,因此在操作性上有待提高。

(三)实践后的问题

在将教学案例设计应用于具体文化课教学的实践中,收到了理想的教学效果,达到了寓教于乐的文化教学目的,赢得了学生的喜爱。但在实践过程中也产生了一些问题,主要有以下几点。

1.材料准备比较困难,需要进行实地变通

为了给学生提供真实体验,在教学设计中有许多让学生参与实践的环节。但是在具体教学中,有些富有中国特色的教学用具很难在异国他乡买到。比如中国的各种茶叶和太极服装。而且鉴于语言沟通的问题,有时候会出现买的实物与打算准备的教学用品相差甚远的情况。除此以外,有些教学用具,比如茶具,在泰国的价格异常昂贵,只为了一堂活动课,学校不会提供资金去购买。本文给出的教学设计是比较理想的状态,如果条件无法满足就需要教师因地制宜采取合适的策略进行教学准备了。

2.环节设计过于紧凑,时间不好把握

在教学设计中,每个环节都有明确的时间限制。但在具体实践中,学生可能会迟到,错过开头的导入环节,影响整个课程的计划进度。教学设计的环节比较多,课程节奏比较快,有些学生会出现跟不上的情况。比如在游戏环节,每节课有不同的游戏,每个游戏又有不同的游戏规则,有些反应比较慢的学生常常是刚理解过来游戏规则,游戏已经快要结束了。这样便无法达到让学生参与游戏、享受游戏的目的。

3.要规范多媒体平台的使用,加强课后的监督

在教学设计中,学生的作业提交和检验都在多媒体平台上进行。但是微博在国外运用较少,所以换成了学生常用的社交平台。但因为学生对平台过于熟悉,有时态度不够严肃,会发一些无关紧要的内容。在资料搜索和分享上也存在一些舞弊的行为,需要教师认真加强监督,做好统计和审查工作。告知学生使用规则,规范学生使用方式。

第七章

实践四：电视节目的趣味性与对外汉语教学——以《Hello 中国》节目为例

本章总结《Hello 中国》节目的特点，梳理其与对外汉语教学的关联，探索节目带给对外汉语测试的启示。节目突出趣味观念，展示了与娱乐时代相关的设计。趣味性贯穿于节目的各环节，对对外汉语教学课堂颇具启示性。如何将节目特点运用于对外汉语课堂，发掘教学中的趣味性，是本章的研究重点，并在此基础上设计具体案例进行探索。

第一节 《Hello 中国》节目概述

《Hello 中国》是广东卫视于 2014 年原创策划的一档全新模式的、外国人为参与选手的、以传扬中华文化为宗旨的综艺节目。共分为两季，两季的节目形式略有不同，本章主要介绍第一季的节目形式和内容。《Hello 中国》第一季共有 32 期，每期邀请四位在华留学或工作的汉语学习者作为节目嘉宾，通过丰富多样的形式展示嘉宾风采。嘉宾在不同的环节展开比拼，在竞争和欢乐中学习汉语知识、展示中国文化，同时也能够使中国观众了解世界各地的文化习俗，开阔文化视野。节目在各个环节的细节编排和设置都运用了大量中国文化元素，依托于电视媒体将中国文化生动、形象地融入情景剧之中，并将富有中国文化特色的小游戏融入其中，立体地展示给观众。

一、环节一之热身赛

在四位选手正式进行比赛之前会先有一轮热身赛，营造比赛氛围。热身赛采取"击鼓传花"的方式，由班长小鱼击鼓，四位选手依次传花球，鼓声停时花球在谁的手里，谁就获得热身赛的答题权，有时也会换成"击鼓抢凳子"的方式。热身赛共有 8 个题目，获得答题权的选手可以从中任选一个进行答题。8 个题目分别如下。

(一)绕口令

例如，07-24 期的热身赛，四位选手首先通过"击鼓抢凳子"的方式进行比赛，现场准备三个凳子，四位选手随着鼓点节奏围着凳子转圈，鼓声停时没有抢到凳子的选手，参与热身赛答题。一期中，来自哈萨克斯坦的阿伊达没抢到凳子，她选择了热身赛中的"绕口令"，当期的绕口令题目为"山前有个圆圆脸，山后有个圆脸圆，两人山上比脸圆，圆圆脸比圆脸圆的脸扁，圆脸圆比圆圆脸的脸圆"。阿伊达完成热身赛挑战后获得了美味蛋糕奖励。

(二)猜字谜

选手根据大屏幕给出的谜语来猜汉字(由于节目中没有选手抽过此题，所以不予详细举例)。

(三)你比画小鱼猜

节目前期是由在"击鼓传花"或"击鼓抢凳子"游戏中输掉的选手参与此游戏。选手将大屏幕展示的词语或者成语用肢体语言表现出来，但可以提示猜词者有几个字，而班长小鱼则根据选手的比画进行猜词。班长小鱼背对大屏幕，选手正对大屏幕。规则是1分钟之内必须正确猜出4个词语才算挑战成功。例如，07-24期来自加拿大的范明禹没有抢到凳子，他选择了"你比画小鱼猜"的游戏，这一期大屏幕展示的词语有：武术、乌龟、踢足球、鸡飞蛋打、对牛弹琴、灭火器，而班长小鱼根据范明禹的比画共猜出了3个词，分别是武术、踢足球和鸡飞蛋打，所以挑战失败。

(四)拼成语

规则是大屏幕给出7或8个汉字，选手要从给出的这几个字中拼出一个成语，例如，06-12期热身赛中的"拼成语"题目所给出的汉字为：水、鱼、现、出、打、落、石，主持人让四位选手都试着说了一下，来自乌克兰的耶果说"落石出水"，主持人鸥哥提示说4个字都正确只是顺序有点问题，然后耶果又说"石出落水"，来自美国的Don说"打鱼水出"，来自秘鲁的华裔女孩王美明说"打水落鱼"，没有一个选手从这7个字中正确拼出成语。

(五)断句

规则是大屏幕给出一段话或一首诗，没有任何标点符号，让选手进行断句(由于节目中没有选手抽过此题，所以不予详细举例)。

(六)看图说故事

大屏幕呈现图片，选手根据图片讲述故事。例如，05-02期"看图说故事"环节给出的4幅图分别为守株待兔、狗急跳墙、狐假虎威、对牛弹琴，但选手们根据图片所进行的故事描述往往都不是图片所示成语的原始故事，而是天马行空、脑洞大开的结果，常常使观众们捧腹大笑。

(七)到底有多窘

要求选手讲述一件自己生活中经历过的窘事。05-29期中来自塔吉克斯坦的米禄讲述了一件他朋友的窘事："我有一个哥们儿，他来到哈尔滨学中文，他一句话(中文)也不会说，他每一次出门的时候只能听见三句话：'哎呀妈呀、老黑呀、吓死我了。'他感觉很奇怪，难道这么大的一个国家只有三句话吗？后来呢，过了两个星期，他交了一个中国朋友，会说英语的这么一个中国朋友，然后开始向他解释，what does'哎呀妈呀'mean，然后中国朋友给他解释说，'哎呀妈呀'就是'Oh my god'——'我的天哪'。然后他开始问第二句话，说'老黑'是什么意思。那个中国朋友说就是'You look so cool！'——'你显得很酷！'，然后他显得很得意。那第三句话'吓死我了'是什么意思，朋友解释说是'I hope to see you again'——'我希望再见到你'。之后他一出门，别人说'哎呀妈呀，老黑呀'，他就说'吓死你了吧'。"凭借观众的笑声和热烈掌声，米禄获得了栏目组的一份精美礼品。

（八）大冒险

大屏幕会随机呈现题目，往往是一些带有挑战性的活动。例如 07-03 期中热身赛"大冒险"的题目是"筷子夹鸡蛋"，选手用筷子在 30 秒内至少将 5 个鸡蛋夹至另一个篮子内则挑战成功；07-17 期的"大冒险"的题目是"老鹰捉小鸡"，"击鼓抢凳子"输掉的选手扮演老鹰，其他 3 位选手扮演小鸡，老鹰能够抓到一只小鸡即为挑战成功。

热身赛中节目的趣味性来源于简单易懂、便于开展的各种游戏活动。游戏是综艺节目制造趣味性的常见方法，它能够营造紧张与轻松交叠、竞争与求胜并存的氛围，能最大程度吸引参与者与观看者。

二、环节二之中国大调查

（一）主要规则

这一环节的趣味性来源于话题内容与话题背后的文化差异，具有跨文化冲突下的戏剧性效果。该环节先通过"Hello 茶馆"演员们幽默风趣的情景剧表演引出讨论话题，然后主持人邀请选手和观众们一起参与该话题的讨论，讨论结束后大屏幕会给出该环节的正式题目与选项。答案是在中国真实人群调查中所占百分比最高的选项，也就是说选手要站在中国人的角度来看待该话题，猜测哪一个选项可能是大多数中国人的看法。该环节通过话题展现和讨论，使参赛的外国选手能够更多地了解现代中国社会的人们对一些话题的看法，同时通过选手们的表述，观众朋友们也会了解到其他国家人们看待问题的方式，可以说是中外思想的交流碰撞。该环节的话题主要是社会性话题，即中国社会关注度和讨论度比较高的话题。

（二）主要话题

该环节中所涉及的话题主要有以下几个方面。

1. 婚恋话题

例如，中国公婆喜欢什么样的儿媳妇；你对裸婚的态度，裸婚后住房问题如何解决；中国人是怎么看待跨国婚姻的；等等。

2. 社会新闻事件引出的话题

例如，该不该以貌取人，以及你对整容的看法；当听到"将手机上瘾列为精神病"，你的第一反应是什么；中国人怎么看北大研究生闹市卖牛肉粉；等等。

3. 教育类话题

例如，孩子是否应该从小上各种各样的学习班、兴趣班；教育孩子，家长应该采取何种方法；学霸是否该享有特权；等等。

4. 与工作有关的话题

例如，如果老板观点有误，大多数中国员工会怎么做；中国人选择工作时哪个因素最重要；面试时哪一点更能获得面试官的青睐；等等。

5. 生活类话题

例如，你最难以接受自己国家的哪种事情；你是如何使用人生中赚到的第一笔钱的；你认为哪个国家的人民最勤劳；等等。

这些话题的呈现方式让我们想起教学片时代的情景剧，两者不同的地方在于，教学片中情景剧的功能是呈现知识点以便于教学，综艺节目中的情景剧是呈现话题以便于展开交流，它让观众和嘉宾都在观看有趣节目的同时展开跨文化的思考。在话题设置上，也充分发掘话题的跨文化对比潜质，让每一个具有时代感的话题都能够进行对文化差异的解读，"中国大调查"其实是对中国问题的世界性观察。

三、环节三之中国真奇妙

这一环节的趣味性来源于一种文化猎奇与沉浸式的体验。中国真奇妙环节主要是展现中国丰富多彩的文化技艺，让选手能够在现场感受中华技艺大师的现场表演，同时也会给选手提供亲身体验的机会，通过这样的身临其境的学习，让选手对中国文化有一个更加直观和真切的感受。在该环节中，选手们不是只看热闹，而是要认真观看嘉宾表演，因为问题会包含在嘉宾的表演之中，同时选手的体验模仿表演也会由表演嘉宾做出评判，学得最好的选手可以加分。

表 7-1 呈现的中华文化内容非常多元，它有时以地域和民族为线索，呈现了各地各民族的独特技艺，如朝鲜族的象帽舞、潮丑大师的潮剧表演、安塞腰鼓队的腰鼓表演、苗族敬酒歌表演等；有时以技艺的门类为别，呈现歌舞、相声、武术、杂技等表演；有时将中国人的日常生活纳入其中，如饮食、坐立姿势等。这些项目具有极强的观赏性和表演性，所以嘉宾的表演过程其实更是一个文化展示的过程，有一种中国精彩世界看见的意味。

表 7-1 《Hello 中国》涉及的中华文化内容

主题	节目期次	内容
中国民族传统艺术	05-01	朝鲜族传统舞蹈——象帽舞表演
	05-15	潮丑大师的潮剧表演
	05-29	安塞腰鼓队的腰鼓表演
	06-05	中国曲艺表演
	06-12	非遗项目青花瓷乐坊表演
	07-31	长嘴壶花式茶艺表演
	08-07	相声贯口表演
	08-21	提线木偶表演
	09-11	花毽表演
	09-25	苗族敬酒歌表演
	10-09	广州传统文化——鸡公榄表演
	10-30	糖塑艺人的吹糖人表演
武术表演	05-22	"一指禅王"的中国功夫表演
	07-03	洪拳大师的中国功夫表演
	07-10	中国武术——"虎鹤双形拳"表演
	07-24	中国"吸星大法"创始人"掌心吸物"表演
	08-14	少林拳法表演
	11-06	峨嵋派武术表演
	12-18	"铁砂掌"表演
	12-24	中国功夫双节棍表演
中国杂技、戏法表演	06-26	杂技演员的"顶缸"表演
	07-17	中国北派古典戏法——"中国环"表演
	09-18	自行车杂技表演
中国传统美食	05-08	魔幻厨王的面艺表演
	08-28	中华美食之包子
	09-04	专业面点师展示"广式月饼"的做法
	12-11	选手根据菜名搭配食材
中华礼仪	10-23	"拱手礼""叩指礼"表演
	11-27	关于古代人坐姿的表演
其他	10-16	歌舞剧《老上海》

四、环节四之"敢拼就会赢"和"高墙挑战赛"

该环节的趣味性来源于竞赛制下知识与游戏的有机结合。该环节共有两种形式,节目前期的"敢拼就会赢"采用大转盘抽题的方式进行考核,最后一题的分值以场上分数最高者的分值为基准,一题定输赢。每个选手都有答题权,共有 10 个答题领域:文学、历史、地理、音乐、生活、娱乐、礼仪、民族、美食、文字。该环节采用抢答的方式,答错的人会受到惩罚,并失去该题的答题权。节目后期采用"高墙挑战赛"的形式,分数最高的两位选手进入挑战赛,主持人会依次对两位选手进行提问,最先答对 8 道题且没有被高墙推落的选手成为本场冠军,并获得现金奖励。

例如,"敢拼就会赢"有以下这些题目。

(1)05-02 期的美食题:下面哪一种是中国古代最有名的酒?

A. 鹤顶红 B. 高原红 C. 女儿红 D. 胭脂红。

(2)05-08 期的地理题:五岳是指中国哪五座名山?

(3)05-15 期的历史题:请把下面五位中国古代皇帝按照历史的先后顺序重新排列:成吉思汗、唐太宗、秦始皇、康熙、汉武帝。

(4)05-29 期的文字题:有句话说"四川人不怕辣,贵州人辣不怕,湖南人怕不辣",从这句话的字面理解,哪个地方的人最会吃辣?

(5)08-21 期的文学题:"沉鱼落雁、闭月羞花"是形容中国古代民间四大美女西施、杨玉环、貂蝉、王昭君的诗句,请分别把她们的名字对应填上。

这些问题极为博杂,具有类似《一站到底》节目的益智元素,是一种趣味性的知识考察和学习。有的题目甚至较为冷僻,似乎在试探外国人的中国文化知识储备。后期"高墙挑战赛"的题目延续了这样的博杂风格,同时增加了高墙这一游戏元素,更具紧张感和挑战性,这是"竞赛+益智"节目的一种优化呈现。节目的嘉宾为外国人,试图以外国人的视角引领观众们梳理中国文化知识。

第二节 《Hello 中国》节目对对外汉语教学的启示

《Hello 中国》作为一档以外国人为嘉宾的综艺类电视节目,有很多节目形式和理念可以运用到对外汉语课堂教学中。本节通过将丰富的节目形式和典型的娱乐化元素与汉语课堂相结合,探索《Hello 中国》对对外汉语课堂教学的"趣味"启示,为下一节的具体教学设计做铺垫。

一、节目环节对对外汉语教学的启示

(一)中国大调查与课堂"话题"

《Hello 中国》的"中国大调查"环节,由节目组事先将话题设置成选项,投放到中国社会中进行调查采访,统计出不同人群对该话题的看法的百分比。这个数据是节目中用以判定嘉宾答案正确与否的主要依据。《Hello 中国》采用情景剧的方式呈现话题,"Hello 茶馆"的演员们用幽默风趣的情景表演引出话题之后,主持人会邀请选手和观众们一起参与该话题的讨论,大家各抒己见,从各自的文化背景出发去分析中国社会现象,可以说是一种中外文化的交流碰撞。

可以对"中国大调查"的话题调查方式及呈现方式加以改造并运用于对外汉语口语教学中。首先,在选择话题时可以采用"调查"的方式。教师可以将学生设定为校园记者,让学生通过对群众的调查和采访深入了解所学话题,从而使学生言而有物,有感而发。其次,话题的呈现方式可以更为多元和有趣。口语课堂也可以运用情景剧的话题呈现方式,在引入新课的话题时,老师可以给学生播放与话题相关的影视片段、话剧小品,也可以将学生分组,轮流布置课前预习的情景任务,这样的话题呈现方式正是体现了娱乐化的学习模式,将娱乐元素适当融入口语课堂,并为学生提供将所学技能运用到实际交际中的机会,创设最大化学习机会。

口语课需要培养学生的交际能力,要推动学生把课本中学到的知识运用到实际生活中。所以,怎样更大限度地激发学生的学习兴趣、提高学生的开口率,怎样推动学生将课堂与生活相结合是口语课的一个思考方向。我们说"话题"是口语课的灵魂,它可以产生一种力量,让学生充满交流欲望。借鉴节目开展"课前大调查",有一种让学生自己探寻口语课话题的意味,让学生感到课堂的平等意识,让他们说自己之想说;在调查的过程中,一种课堂与真实社会关联的机制被创设出来,学生走向真实人群进行交流,实现了口语课的情境化输出,并确保了社会关联性。

口语课尝试情景剧的话题呈现方式,其实是对学生综合技能的整合。这种方式极具趣味性,但是也有相当的难度,需要充分的课前准备。虽然这不适宜作为常规教学方法,但是偶尔用之,却能带来趣味。影视、话剧、小品等,都是语言的趣味化情境输出,且能促进协商式互动,学生在课前的准备过程,是一个反复操练语言的过程,但是表演使这种操练少了机械感,多了趣味性。

(二)竞赛答题与口语课的团队协作

《Hello 中国》中竞赛答题的机制是贯穿整个节目的。在热身赛环节,选手们要通过"击鼓传花"或"击鼓抢凳子"的游戏进行角逐,输掉游戏的人要进入热身赛答题游戏;在正式比赛环节竞争氛围更是浓厚,"中国大调查"的话题性问题回答、"中国真奇妙"的中华文化技艺题目的回答,以及"敢拼才会赢"环节的抢答题和"高墙挑战赛"无一不是采用竞赛答题的方式。节目中由于每期只有 4 个选手,为了节目效果采用"个人战"的方式来竞争答题。

在节目中,参赛选手数量有限,所以参赛选手更多的是一种个人秀的展示,如果将"答题竞争"机制融入对外汉语课堂,考虑到课堂人数,我们可以稍加变化,变成"团体战"的形式。为了提高学生参与度,课堂的教学活动尽量涉及每一个学生,让每个学生都能参与其中,所以"答题竞争"机制运用在课堂上,最好的形式是团体合作与竞争。这样为了赢得团队的胜利,团体成员需要合作互助,在团队合作竞赛中,每一个团队都有一个目标,所有队员会一起努力实现这个目标,有助于帮助学生建立互帮互助的理念,学生们可以体会到团结合作的乐趣,也能够让学生们提高自身的合作意识。而不同的团体之间又存在竞争,可以刺激团体成员的好胜心,激发队员的学习动机和学习热情,制造一种愉悦的学习氛围,使学习变成一件快乐的事。

口语教学训练的是学生"说"的能力,这种能力是个人化的,但是后方法时代的课堂管理核心是建立合作,所以需要思考如何让个人能力更多地在合作中成长。让学生结为团队,开展竞争,无疑是一种很巧妙的方式,促进了学生的协商式互动。但是在课堂应用中,需要注意的是,学生个人口语水平常常存在较大差异,团队有时会掩盖某些个人的劣势,突显某些个人的优势。如何在课堂中兼顾所有学生的水平,展开口语训练,是教学中的一个管理难点。需要探索某些方法让每个个体都能参与到集体的互动之中。

(三)"中国真奇妙"与体验式教学

《Hello 中国》的"中国真奇妙"环节展现了丰富多彩的中国文化,该环节邀请不同领域的中华技艺大师,现场展示文化"绝活",然后从其表演中出题。在这个环节中,选手们不只是观看中华技艺大师的文化展示,还有机会跟大师进行现场"学艺",并且要"现学现卖",大师也会对选手的体验模仿表演进行评判,获得大师赞许的选手还可以获得额外加分。这样的身临其境的熏染,可以让选手对相关中国文化有一个更加直观和真切的感受。

这其实是我们对外汉语教学中倡导的"体验式"教学。"体验式"教学在对外汉语文化课中被尝试和研究过,它是一种内发式的教学模式,要求"以学习者为中心",侧重于创造学生的学习体验,但同时要注重师生的"互动性",教师应该起到把控和指导的作用。"体验"在对外汉语文化课教学中的应用较为普遍,在口语课中的应用则常常显得缺乏创意。口语课的体验常常是为了设置语言情境、激发表达而存在,借助现代化的媒体技术,可以通过视频、音频、图片等在课堂内展现,但是在真实的实践中却未推广。语言与文化的关联,语言与现实的关系都决定了"体验"也应该是口语课的一种重要教学方式。口语课完全可以用任务的方式,让学生在过程中完成口语的训练目标。特别是中高级阶段,可以和中华才艺的学习结合起来进行口语课的教学。如古筝教学,师生互动的有效性也取决于语言沟通的效果,学生能学习到一种中国文化的才艺,也能在其中练习口语。这种"实用任务"将会是中高级体验学习的一种发展方向。

二、节目游戏对对外汉语教学的启示

游戏是娱乐的重要手段,对外汉语课堂上趣味性的建立当然不可缺少游戏。《Hello 中国》节目中运用了许多形式丰富且娱乐与教育效果显著的游戏活动,对这些游戏的娱乐元素进行梳理,将其分为可直接运用到对外汉语课堂上的游戏和改后运用到对外汉语课堂上的游戏。

(一)《Hello 中国》中可直接运用到对外汉语课堂上的游戏

1.看图讲故事

《Hello 中国》中"看图讲故事"的游戏规则是在大屏幕上展示一幅卡通图片,图片一般表示一则成语,选手根据图片展现的内容来讲述故事。例如 05-02 期"看图讲故事"环节给出的四幅图分别为守株待兔、狗急跳墙、狐假虎威、对牛弹琴。图 7-1(a)、图 7-1(b)是守株待兔、狗急跳墙两个成语的图片。选手根据图片能描述出一个人、一棵树、几只兔子,也能说出几只兔子正在撞向树。关键是要梳理出兔子撞树的小概率和坐等兔子的机会渺茫之间的关联,才能明白成语守株待兔的含义。选手也能说出一只狗跳上墙,有几个人在追赶它。关键也是梳理出狗能跳上高高的墙与人的追赶之间的关联,才能理解成语狗急跳墙的意思。

这个游戏为对外汉语教学和教师的角色发挥提出了要求。"看图讲故事"的游戏可以很好地运用到对外汉语课堂的词汇学习中,尤其是成语学习中。成语是外国学生学习汉语的一个难点,因为成语的由来大都是有历史典故的,同时具有字面意义和引申意义两种含义,母语为汉语的人有时也会用错,对于外国汉语学习者来说就更为困难。但是将成语与故事相联系却给词汇教学指明了一个新的方向。成语故事通过图片得以视觉化地呈现,学生将图片转化为语言,这个过程是一个经由描述深刻理解和思考的过程,符合成语学习的认知规律,也让这个过程充满趣味性。语言描述只是一种表面观察的语言表达,但是成语的含义需要引申,这一过程需要教师来完成,教师需要帮助学生通过故事理解更深刻的意义内涵。

a   b

图 7-1　"看图讲故事"的图片

2.寻根究底

这是从《Hello 中国》"敢拼就会赢"环节中文字题受到的启发,追根溯源,展示汉字的字源及演化过程,探寻一个字历史变迁背后的文化意蕴。在汉语学习过程中,汉字一直是外国人认为比较难掌握的部分,学习起来也会相对枯燥。如何使汉字教学有效且有趣,也一直是对外汉语教学不断研究探讨的问题。中国的文字历史悠久,演变过程比较复杂,古汉字与现代汉字在书写和意义上更是有很大差别,所以仅凭古汉字的字形很难猜出与其对应的现代汉字字形,但是有些汉字通过"六书"是能找到一些痕迹的,尤其是象形字。以图 7-2 为例,"鹿"字的字形其实就是一幅图画,选手凭借图画很容易猜出这个字。

图 7-2 "敢拼就会赢"的文字题

在汉字教学中展示字源,以象形字激发学生的学习兴趣,并解释汉字创造的思维方式,都是较受欢迎的教学方法。教学中可以用分散与集中相结合的方式来进行呈现。在汉字教学中如遇象形字,可以进行图画展示,这种方法零散、灵活,不会为学生带来负担;也可以在学生有一定汉字储备之后,集中展示象形字,让学生建立象形字的整体概念。当集中展示时,竞赛就可以作为一种激励学生参与的手段。

但是需要注意的是教学的"度"。这种方式具有趣味性,适量运用可以起到激发汉字学习兴趣、调动学生积极性的作用,但是大多数汉字的古汉字字形与现代汉字已有很大的差异,所以仅靠字形是不易猜对的,有时反而会增加学生理解和记忆的负担,带来不良效果。所以,对外汉语教师一定要掌握好尺度。

3.到底有多窘

"到底有多窘"的规则为选手讲述一件有关"窘"的故事,可以是自己生活中经历过的窘事,也可以是朋友经历的窘事,但要紧扣"窘"字。

"到底有多窘"的游戏可以直接运用到对外汉语口语课堂中。口语课作为一门专项技能课,以锻炼学生的口语表达能力为目标,话题是保证语言输出的原动力。"到底有多窘"的游戏需要参与者顺畅流利地讲述一个有趣的"窘事",话题是大家乐于听乐于说的,既可以锻炼学生的口语表达能力,又因为"窘事"的特点使故事具有趣味性。"到底有多窘"的游戏可以设置在口语课的课前板块,作为固定流程之一。

4.文字游戏之"绕口令、猜字谜、断句、拼成语"

节目在热身赛中融入了绕口令、猜字谜、断句、拼成语等文字游戏,绕口令、猜字谜的传统小游戏可以作为"润滑剂"灵活运用到课堂教学中,而断句、拼成语则可以作为课堂小测验的出题方式之一,它们都可以作为课堂比赛中对输队的惩罚方式。这些游戏灵活多样,不会挤用较多课堂时间,反而为课堂创造出一种时间弹性。

这些游戏在趣味中融合了知识与文化,本身就是中国语言魅力的一种凝练的呈现,是中国人利用语言文字制造趣味的一种传统方式。绕口令可以用作语音语调的训练,猜字谜可以用于汉字的辅助教学,断句则考验了学生的语感和综合分析能力,拼成语则是对知识储备和汉字造词能力的考验。

(二)《Hello 中国》中改后可运用到对外汉语课堂上的游戏

1. 你比画我猜

该游戏的原规则是由选手根据所给词语进行比画，班长小鱼根据选手的比画进行猜词，有时也将选手分成两组，一人表演一人猜。表演者可以提示猜词者有几个字，可以整体表演，也可以逐字表演。如"对牛弹琴"一词选手分别表演出对着牛和弹琴的动作；"开门见山"一词则用开门和看见山两个连续动作来表现。

若将该游戏稍加改造后运用到对外汉语课堂，可以取得更好的效果。节目中为了追求娱乐效果，采用了单纯比画的方式，若运用到汉语教学中，应该考虑到教学所训练的语言技能是听说读写，可以在游戏中突出听和说，将"你比画我猜"改为"你比画和说，我猜"。表演者可以在表演的同时加上语言的辅助，提示对方该词有几个字、是什么词性、表示什么意思，但不可直接说出词语中任何一个字，否则无效。这样可以同时锻炼学生"说"和"演"的能力。

2. 我爱中国字

"我爱中国字"的规则是在给定的一个字的基础上加一笔，使之变成另外一个字，可以写成多个字。例如 05-02 期，题目是在"大"字，答案有：天、太、犬、夭。

"我爱中国字"的游戏可以改编后运用到汉字教学中。汉字与众多语言中的表音文字有很大的区别，这也是外国学生学习汉字的难点之一。汉字的笔画笔顺往往是书写难点。但是传统课堂上一笔一画的教学难免枯燥，因此可以适当地创新。在汉字教学中，老师可以借鉴"我爱学汉字"的游戏，将具有共同笔画特征的汉字归纳在一起教学。我们在进行"我爱学汉字"的游戏时，不仅可以在简单字的基础上增加一笔变成另一个字，也可以在复杂字的基础上减掉一笔变成另一个字，同时也可以为同一个偏旁加上不同的字变成另一个字。

3. 看图讲故事

"看图讲故事"游戏在《Hello 中国》中被用于成语教学，可以直接将其借鉴到对外汉语教学中，同时，改造后的"看图讲故事"还可以用于更广泛的教学中。

"看图讲故事"实现了视觉到语言的转换，其实可以利用人体的多种感官和表现来与语言表达相配合。可以采用听故事画图的方式，一人讲故事，一人用图画呈现故事内容，这是将听的技能与图画表达相结合；可以采用听故事表演的方式，由教师讲述故事情节，学生设计表演动作、对白等，将听的技能与表演相结合。各种方式的思路是一致的，即采用各种手段让语言技能的训练更加丰富，从而具有趣味性。

4. 疯抢麦克风

《Hello 中国》中"疯抢麦克风"的游戏规则是将四名选手分为两个战队，两队选手听歌曲猜歌名，由于参与选手是来自不同国家的汉语学习者，而非以汉语为母语的中国人，所以节目在歌曲的选择上多为外国人广泛了解的现代歌曲或者由名著改编的电视剧中的歌曲。

我们可以将"疯抢麦克风"游戏改编后运用于听力课教学，将节目中"听歌曲，猜歌名"的形式改换成听力课堂上的"听问题抢回答"的形式，例如，在听力课教学中，可以将学生分成两个战队,在听完对话后,抢答问题,答对积一分,答错后重新抢答。这些题目应该以学习的知识点为考察范围,以此促使学生复习并熟知课堂知识。

三、节目趣味性对对外汉语教学的启示

(一)趣味性的创造方式多元化,创建学中有乐,乐中学习的快乐学习模式

《Hello 中国》作为一档的文化综艺节目,具有丰富多彩的娱乐元素,外国选手的才艺表演、"萌大叔和金发美女"相互"呛声"的搭配主持、形式多样的趣味游戏、形式新颖的趣味惩罚等都使《Hello 中国》极具娱乐效果,而且这种娱乐效果又可以跟文化的考察与传播交相辉映、相得益彰。

联系到对外汉语教学,我们可以将丰富多彩的游戏形式与教学内容相结合。寓教于乐是一种教学的智慧,它是对今天教学中出现的各种问题的一种解决方法。教师、教材、教法在信息时代、新媒体时代都遭到挑战,课堂需要更多的娱乐性来增加魅力。《Hello 中国》的节目理念、环节设置和游戏形式都具有很强的娱乐性,可以借鉴。例如,设置课前热身环节作为课堂导入的一种新颖形式;将《Hello 中国》中热身赛的游戏形式融入课堂教学,让学生在进行娱乐游戏的同时不知不觉地学习知识,锻炼语言能力等。

(二)趣味性与知识性结合,娱乐化的形式始终要为教学服务

《Hello 中国》作为一档综艺秀,既具有丰富的娱乐形式和节目笑点以保证节目的娱乐性,同时又紧紧围绕中国语言文化的节目主题,通过对选手进行丰富多样的语言和文化功底的考察,给观众呈现众多中国语言和文化知识,能够使观众在欢乐的气氛中"观有所获"。知识性是避免娱乐节目浅俗之弊的一种方式,可以在娱乐之外起到一种文化传承的功能。同时,在教授和考察中国语言和文化知识时,不是一种严肃刻板的传授,而是以一种轻松与紧张交替的节目样态呈现。形式与内容实现了一种调和。

联系到对外汉语教学,课堂教学的主旨始终是教与学,无论教学过程和教学方式如何,教学的目标都是学生学有所获。这是课堂娱乐化必须坚守的底线,不能为了制造娱乐效果,或是迎合学生的娱乐需求而放弃知识的传授。这也是课堂与节目之间最大的区别。娱乐教学的意义是学生能够快乐地学习,通过具有娱乐效果的形式或元素让学习变得不那么无趣和枯燥,但所有娱乐元素的添加和运用都要为教学服务,不能因为娱乐而娱乐。

(三)趣味性与文化性结合,展示跨文化的视角和眼界,有融合中外、贯通古今的教学理念和胸怀

《Hello 中国》是一档综艺节目,将文化元素作为一个重要的内容。每期节目的嘉宾又是来自世界不同国家的汉语学习者,通过他们来展示中国文化的学习过程和成果,是节目的一个特别的视角。在学习的中国文化过程中,古今文化都要兼顾。所以在节目设计上,在考察选手中国古典文化的同时,也会关注与中国现代文化的差异。同时,节目又通

过选手将中国文化与他们自己国家的文化进行对比,让观众在了解中国文化的同时,又能对世界其他国家的现状和文化有一定了解,同时感受到中外文化之间的对比。

联系到对外汉语教学,无论是语言教学还是文化教学,教师都要有跨文化的视野,语言教学可以将汉语的语音、语义等特征与学生的母语进行对比,文化教学更是少不了跨文化对比的方式,将中外古今文化全方位地立体呈现。

第三节　对外汉语教学案例设计与分析

《Hello 中国》作为一档文化综艺类节目,本身与对外汉语教学并没有直接的联系,但是该节目是专门以学习汉语和中华文化的外国学习者为主体对象的,这跟对外汉语的教学对象是一致的;在内容方面,节目是以汉语言和汉语言文化及中外文化对比为考察内容的,这也与对外汉语教学的内容不谋而合;此外,综艺节目具有风趣幽默的娱乐化风格,灵活有趣的活动形式,将之运用到对外汉语课堂教学中可以增强学习的趣味性,改善课堂教学枯燥乏味的现状。

一、教学设计

(一)教学设计一:词语学习之猜词游戏

学习任何一门语言,词汇的积累都是十分重要的,汉语也不例外,词汇的学习和积累过程中存在遗忘曲线,所以词汇记忆的一个重要方式就是复现,这也是对外汉语词汇教学中的一条重要原则。然而课堂上常规的词汇复现方法常常缺乏趣味性。本课词汇的教学设计受《Hello 中国》节目中"你比画我猜"环节的启发,将"你比画我猜"的概念范围扩大,将"表达"与"比画"融入词语复习环节,力求在趣味中学习词语。

1. 教学内容

本课的生词来自《长城汉语》"生存交际 6"的第 2 单元——我想马上过春节,本课共有 35 个生词,名词有 13 个:精神、节日、老伴儿、农历、新年、春联、鞭炮、服装、圣诞晚会、期末、圣歌、圣诞老人、小孩子;动词有 11 个:放假、旅行、照、包、贴、放、拜年、穿、抓紧、耽误、互赠;形容词有 6 个:没精神、少、传统、有精神、热闹、意外。

2. 教学对象

本课的教学对象是孔敬大学孔子学院汉语选修课学生,汉语水平为中高级,学生具备基本的汉语听说读写能力,以及运用汉语进行交际的能力,具有一定的汉语本体知识储备。

3. 教学目标

利用娱乐化的猜词方式让学生在轻松愉悦的环境中温习所学词语,通过口耳、肢体并用的方式带动学生的学习积极性,从而使学生能够加深和强化对所学知识的印象,起到良好的词汇复现和记忆的作用。

4.教学方法

将班级分为4组（可视班级人数灵活分组），采用竞赛激励的机制。每组选一名代表上台表演既定词语，该组其他成员猜词。表演者可以利用已学的汉语和肢体语言描述词语（考虑到对外汉语课堂的复杂性和多变性，表演方式可以尽量多样化，以便精简规则），但不可直接说出词语中任何一个字，否则这个词将作作废处理。猜词过程中可以采用教师定时（或定量）的方式来控制。若遇长时间难以猜出的词语，表演者有一次"过"的权利。所猜词语由教师通过词卡或PPT呈现。

5.教学安排

此为第2课时中词汇复习部分的教学设计，第1课时中已经学习了本课词汇，教学时间为10～15分钟。

6.课前准备

第2单元第1课时下课前告诉学生，下节课生词复习环节要用"猜词"的方式进行，每个人都要课后复习。并提前将全班学生分成两组，下节课每组抽取两名学生上前"表演"，该组其他同学进行猜词回答，获胜组的两名表演代表可获得老师的小礼物奖励，输的一组要接受惩罚。

老师需要将本课词语平均分成两部分，每组难度相当，词性平均分配，尽量保证公平（动词可以与名词搭配为一个词）。

第一组：精神、圣歌、农历、春联、圣诞老人、节日、期末；旅行、包饺子、放鞭炮、互赠礼物；没精神、热闹、耽误时间。

第二组：新年、老伴儿、鞭炮、服装、圣诞晚会、小孩子；放假、抓紧时间、照相、穿衣服、贴春联；有精神、传统、意外。

7.教学过程

（1）导入（2分钟）

老师：上节课我们已经学了第2单元"我想马上过春节"的生词、语法和第一部分的课文，还记得上节课下课前老师布置的任务吗？

学生：记得。

老师：好，老师对规则进行说明（第一次进行猜词游戏时需将规则详细介绍给学生，下次进行猜词游戏时就可以省略规则介绍。规则用PPT的形式展示给学生，然后老师逐条解释）。

①每组推选两名同学到前面进行表演，该组其他同学负责猜，该组有一名同学猜出该词，该词就算有效。对于要求学生掌握书写的词语，猜出后要由该组的一名同学上前书写。

②两名负责表演的同学可以用动作比画来表演这个词，也可以用汉语进行解释（解释意思，创设情境进行解释都可以，但是不能说出该词中的任何一个字，否则该词作废）。

③负责表演的同学面向大家，在一组进行的时候，另一组需要选出两名同学，一名负责向表演的同学展示词卡，一名负责计时。

④每组共有4分钟时间，4分钟内猜对最多的组获胜，每组有一次"跳过"（pass）的机

会。获胜组的两名表演代表可获得老师的小礼物奖励,输的一组要接受"成语拼拼拼"的惩罚。

(2)正式开始(10 分钟)

老师:现在两组分别派出两名代表进行"击鼓抢凳子"的游戏,输的一组先进行。

(两组同学代表进行"击鼓抢凳子"游戏,一组获胜。)

老师:现在"击鼓抢凳子"输的一组推选两位同学上前进行猜词表演,第二组派一人计时,一人展示生词卡片。

(学生就位后正式开始)

第一组猜的词:精神、圣歌、农历、春联、圣诞老人、节日、期末;旅行、包饺子、放鞭炮、互赠礼物;没精神、热闹、耽误时间。

所有学生准备好后,老师喊"开始",学生 A 开始计时,学生 B 同时将第一个词卡展示给第一组负责猜词表演的两个人。

示例:第一个词是名词"精神",因为不好用动作表述,所以可以用汉语进行解释或创设情境,如"两个字,我昨天晚上睡得很好,所以今天有什么";"圣歌":"两个字,信仰基督教的人在教堂的时候要唱什么",如果说成"信仰基督教的人在教堂的时候要唱什么歌",就是不小心将该词中的字说了出来,这个词就作废。再如"包饺子",第一种方式是纯用语言进行描述,例如表演者说:"三个字,中国人过新年的时候都要吃的东西是什么?"组员回答:"饺子。"表演者说:"对,这是后两个字,第一个字是做这个东西的动作。"组员回答:"包。"表演者说:"对,所以连起来三个字是什么?"组员说:"包饺子。"第二种方式是用动作进行演示,或者是动作和语言同时进行,要求书写的词语由该组任意一名同学上前书写,书写的同学不可重复。

(3)输者"大惩罚"(3 分钟)

在猜词游戏中输掉的队伍要接受"成语拼拼拼"惩罚,将 PPT 上给出的 8 个汉字拼成一个成语,并解释意思。

(4)老师小结(2 分钟)

老师对学生没有猜出的词语或者花费很长时间才猜出的词语再次进行简单解释,巩固学生记忆。

8. 教学设计阐释

(1)该设计受《Hello 中国》中"你比画我猜"游戏的启发,用游戏的方式让词汇学习具有娱乐趣味,且能够使学生"乐有所获"。教师把十几分钟的课堂教学时间交给学生开展猜词活动,学生在游戏中学习和巩固词语,减少了听写词语等机械任务带来的焦虑,为学生营造了一个轻松愉悦的学习氛围。猜词活动中融入竞争的机制,可以进一步激发学生的积极性和好胜心,大多数学生会在课下为猜词活动做准备,主动预习和复习所学内容,促进自主学习。

(2)将猜词游戏的娱乐元素融入课堂教学,改变传统词语复习方式的机械无趣,不仅可以在一定程度上有针对性地提高词语的复现率,为对外汉语词汇教学,尤其是为词语的复习与记忆提供一个有效且有趣的方式,还可以使教师更容易知晓学生掌握不牢固或理解有偏差的词语,从而进行重点讲练。从频率上来说,很多词语可以在课堂上被表演者、猜词者及教师复现两到三次;从参与人数上来说,课堂中的每个学生几乎都在积极地参与猜词活动,因而,猜词方式的融入,可以大大提高词汇在课堂教学中的复现率,同时将猜词游戏与汉字书写融为一体,全面锻炼学生的听说读写能力。

(3)有利于锻炼学习者的口语表达能力,提高学习者运用汉语进行交际的能力。在猜词的活动中,表演者为了使猜词者快速且正确地猜出词语,要充分调动语言组织能力及肢体表演能力。表演者要将词语的意思或者该词语可以使用的环境用汉语进行表述,同时猜词的过程也是表演者和猜词者近于真实的交际过程,为了使交际顺畅进行,表演者大胆表达,既包括语言表达也包括肢体表达,在这个过程中学生们还可以发掘一些识记词语的方式,例如联想、推理、猜测等。所以说,猜词活动有利于提高学习者运用汉语进行交际的能力。

(4)"成语拼拼拼"是输者"大惩罚"的形式,借鉴了《Hello 中国》热身赛中"拼成语"的游戏,通过拼成语的方式进行"惩罚",既能够达到"惩罚"的目的,又能够使学生在"惩罚"中进步,这就是将娱乐元素融入课堂教学的目的。

(二)教学设计二:口语课之校园记者报告会

汉语口语课是一门语言分技能课程,注重培养学生在实际生活中运用汉语进行交际的能力。"校园记者报告会"的形式是将一部分课堂时间交给学生,让学生将课堂上的学习与课外的"交际实践"相结合,然后再将"交际实践"所获得的相关信息在课堂上汇报,老师进行点评与指导,从而让学生做到"学以致用"。"校园记者报告会"的设计是受到了《Hello 中国》节目中"中国大调查"环节的启示,让学生走向社会,确保交际的社会关联性。

1.教学计划

将口语课设计成课堂学习和课外实践相结合的形式,学生根据所学话题,以"校园记者"的身份到以汉语为母语的真实人群中作相关采访,然后再回归课堂,对自己的采访进行汇报。为了保证教学进度,课外实践也不会占太大的比例。一学期的汉语口语课中有四次"校园记者报告会",每次报告会满分 10 分,4 次共占期末总成绩的 25%。"校园记者报告会"不仅需要在真实人群中作相关采访与记录,还需要学生将采访的内容进行整理,然后做口头汇报,需要学生利用课余时间做采访和整理工作,为了保证每个学生认真完成任务,汇报时需要每个小组成员都发言。

2.教学内容

教学内容为《发展汉语》中级汉语口语上,第 2 课《富有标准》的第 2 课时;本课共分两个课时,"校园记者报告会"为第 2 课时的教学设计,1 节课 40 分钟,共 80 分钟。

3.教学对象

基本掌握现代汉语语法和 2000 个左右的词语、汉语水平达到中级的西南大学国际学院留学生。

4.教学目标

让学生扮演校园记者角色,对真实人群进行相关话题的采访,使学生将课堂上学到的汉语知识和技能运用到真实的交际中,促进情境化语言的输入与输出。

5.教学安排

在"校园记者报告会"上课前,一星期告诉学生,学生按照小组形式利用课外时间到社会中进行"富有标准"的话题采访。学生可以根据情况征询受访者是否同意对其采访进行录音,因为录音更便于学生对采访信息进行整理,若采访者不同意录音,则想其他办法对采访进行记录,以便进行课堂汇报,采访时需要询问受访者的职业、年龄,这些信息要反映在报告会上。

6.教学过程

(1)课前热身(5分钟)。将口语课的前5分钟定为"课堂热身时间",每节课的课后采用"击鼓传花"的方式选出一名"幸运儿",热身环节共有5项,分别为"到底有多窄""看图讲故事""拼成语""绕口令""你比画我猜",学生可任选其一。老师作为课堂的主导者,应该扮演主持人的角色,在学生进行热身活动时要积极进行引导,同时热身题目应通过多媒体设备展示给大家,便于全体同学的参与。热身结束后,老师积极鼓励学生,对学生的表现进行简要点评,并对所涉知识进行简单讲解。

(2)讲解规则并推选学生评委(3分钟)。老师图文并茂地进行规则讲解,然后每组派出一名同学作为评委。规则要求如下。

①说明采访人的职业、年龄,然后阐述受访人的观点。

②小组中每人至少采访3个人,汇报时每个人选择2个受访人的观点进行阐述。

③小组中推选一个人进行汇报总结,每组不超过10分钟。

④评委的任务是在每组进行汇报以后对其表现进行打分和点评,评委不参与自己组的打分,每组汇报后推选一名评委进行点评。满分10分,评判标准共有5项:表达流畅、语音标准、用词准确、语义清晰、总结到位,每项各2分。

(3)"击鼓抢凳子"决定小组汇报顺序(2分钟)。

(4)第一组开始汇报(20分钟)。

(5)点评(15分钟)。每组汇报结束,学生评委点评后老师补充评论,然后指出汇报中语音、语法、语体、语用的错误,并打分。

(6)第二组汇报(20分钟)。

(7)点评并总结(15分钟)。

7.教学设计解读

(1)"课前热身"活动的设计是受《Hello 中国》"热身赛"环节的启发,我们可以将娱乐性强且易于口语练习的活动融入口语课的课前环节。但要明确的是课前热身并不是课堂教学的重点,作用是每次课开始时刺激学生学习的兴奋点,因此时间不宜过长,3~5分钟为佳。起到调节课堂气氛,营造和谐、愉悦、轻松的学习环境的作用。

(2)中级汉语口语班的学生已经具备较为丰富的语言知识和语言技能,具备运用汉语进行听说读写的能力及汉语自学能力,能够在真实的社会环境中运用汉语进行交际,具备运用汉语对汉语使用者进行相关话题采访的能力。采访的过程也是锻炼学生汉语听说能力的好机会,通过对特定话题进行采访,学生可以拓展与人进行汉语交际的深度,有助于提高学生的交际能力。

(3)该设计除了需要学生在真实的社会语境用汉语与人沟通外,还需要学生将采访的信息进行整理分析。也就是说并不是从听到说的简单转换，而是需要学生进一步整理思考，并将采访得到的内容变成有条理的成段输出，这是一个"输入—转化—输出"的过程。

（4）选取学生作为"评委"可以督促学生认真听取他人的汇报，"评委"点评也可以锻炼学生的表达能力，同时老师将课堂的大量时间交给学生，使学生成为课堂的主体，老师作为引导者给予指导并掌控课堂，提高学生学习自主性，也使学习机会最大化。

（三）教学设计三：文化课之体验节日味道

《Hello 中国》在展示中国文化时，最重要的方式就是体验。让嘉宾能够亲身参与其中，语言是一种介质，文化的学习、理解成为重要的目标。体验的意义在于参与产生的真实性，这是一种内化的个人体验，只有体验才可以产生某种"趣味"。中国文化的知识性很强，但是在对外汉语教学中，体验可以更具感染力，也更易于与语言教学相结合。本课设计就是希望能够将语言和文化教学很好地结合。同时，在复习回顾环节融入《Hello 中国》中的竞赛答题机制，用既具竞争性又不失娱乐性的方式来进行知识回顾。

1. 教学内容

《文化全景——中级汉语教程》第 1 课"传统节日"主要内容为中国三大传统节日：春节、端午节和中秋节，该教学设计的主要内容是春节、端午节和中秋节习俗，以及节日中的"味道"，以节日的特色饮食为切入点，将传统节日与饮食文化相结合。

2. 教学对象

泰国孔敬大学教育学院三年级学生，共 28 人，已经接受过两年汉语教育，汉语水平达到中级，大部分学生还没有去过中国。

3. 课时安排

两个课时，共 120 分钟，中间无课间休息。

4. 教学目标

（1）让学生了解中国传统节日的历史文化，主要介绍三大传统节日：春节、端午节和中秋节。

（2）让学生了解与节日有关的饮食风俗。

（3）通过包饺子和做月饼的活动，让学生亲身体验和品尝节日"味道"。

5. 教学过程

（1）复习导入："疯抢麦克风"之竞赛答题（15 分钟）

老师：上节课我们已经了解了一些中国传统节日，下面大家来比一比谁知道的最多。同学们以小组的形式来举牌抢答，答对最多的组获得"中国通"的称号，并可以获得老师的美食奖励。

老师：现在进行随机分组，老师这里有一个盒子，盒子里有 28 个纸条，每个纸条上写有"春、元、端、中"四个汉字中的一个，抽到"春"字的同学为第一组，抽到"元"字的同学为第二组，抽到"端"字的同学为第三组，抽到"中"字的同学为第四组，每组领取一个答题牌。答题规则为：老师念题目和选项，每组轮流派人上前抢答，允许在老师没念完题目的时候抢答，答错该组失去本题答题权，每题 10 分。

题目设计如下。

①吃粽子划龙船的节日是_____。

　　A 春节　　　　　　B 中秋节　　　　　　C 重阳节　　　　　　D 端午节

②在中国的传统节日春节,人们通常要吃_____。

　　A 元宵　　　　　　B 月饼　　　　　　　C 粽子　　　　　　　D 饺子

③"独在异乡为异客,每逢佳节倍思亲。遥知兄弟登高处,遍插茱萸少一人。"这首诗反映
　的习俗是_____。

　　A 七夕节　　　　　B 重阳节　　　　　　C 中秋节　　　　　　D 端午节

④王安石的诗句"爆竹声中一岁除,春风送暖入屠苏。"描绘的是中国的传统节日_____。

　　A 清明节　　　　　B 中秋节　　　　　　C 春节　　　　　　　D 端午节

⑤北方人年夜饭一般都要吃饺子,其象征意义是_____。

　　A 团圆美好　　　　B 年年有余　　　　　C 更岁交子　　　　　D 五福临门

⑥中国民间有哪三大传统节日_____。

　　A 春节、元宵节、中秋节　　　　　　　　B 元宵节、中秋节、端午节

　　C 春节、端午节、中秋节　　　　　　　　D 春节、重阳节、中秋节

⑦我们称农历八月十五为"中秋节",又称_____。

　　A 故乡节　　　　　B 团圆节　　　　　　C 月饼节　　　　　　D 诗人节

⑧以下不是端午节习俗的是_____。

　　A 吃粽子　　　　　B 赛龙舟　　　　　　C 登高采菊　　　　　D 饮雄黄酒

⑨以下四种活动,_____是春节的传统习俗。

　　A.和父母外出旅游　　　　　　　　　　　B.和朋友去游乐场游玩

　　C.跟着父母给亲戚拜年　　　　　　　　　D.观看中央电视台的春节联欢晚会

⑩在端午节这天将粽子或者糯米饭投入江中的意义是_____。

　　A.祭祀屈原　　　　　　　　　　　　　　B.喂鱼,避免鱼类伤害屈原的身躯

　　C.粮食多了吃不完　　　　　　　　　　　D.贿赂河神,避免洪涝

　　教师在揭晓答案过程中可以对题目进行简单讲解,方便学生理解;答题结束后,教师
对获胜组进行口头表扬,并奖励中华特色食品"粽子"。

　　(2)新课学习(40分钟)

　　①知识讲解(20分钟)

　　老师利用PPT图文并茂地逐一对三大节日的由来和习俗进行简要讲解。

　　老师:通过刚才的知识抢答环节可以看出,大家通过预习,对中国传统节日已经有了
一定了解。大家都知道,庆祝节日肯定少不了美食,那么中国人在庆祝传统节日时都会吃
什么呢? 今天我们大家就来一起感受一下中国人的节日"味道"。在中国,过传统节日的
时候一定要吃上一些特色的食物,大家都知道哪些特色的传统节日美食?

　　(学生回答)

　　老师:很好,同学们说得很好,大家很厉害,今天我们再一起来了解一下中国的三大传
统节日又有什么样的代表性美食。(老师讲解)

　　②学生讨论发言(15分钟)

　　将中国传统节日习俗及节日美食与泰国传统节日习俗及节日美食作对比分析。

老师:根据上节课老师布置的任务及老师的讲解,同学们应该已经对这 3 个节日有了一点了解,现在再给大家 5 分钟的时间进行讨论,然后每组进行简要发言。

规则:以小组形式总结该节日的主要习俗和代表性的食物,并适当和自己国家的节日及代表性食物做简要对比。每组成员合作完成一个主题的任务,组员相互讨论,最终达成一致意见,最后每个小组派一名代表进行陈述,其他组员进行补充发言,每组发言 3~4 分钟。

(小组发言)

③老师小结(5 分钟)

老师:大家都准备得很认真,说得很好,现在老师带领大家再梳理一遍(利用多媒体工具,图文并茂地将春节、端午节和中秋节的节日由来和节日习俗呈现出来,并着重突出节日美食)。

③体验活动(55 分钟)

组织大家进行包饺子和做月饼比赛。

教师需要提前准备好相关食材和烹饪工具,为了节约时间,老师可以在家将包饺子和做月饼的面和好,将饺子和月饼的馅料准备好,做月饼的模具也需要老师准备。做之前,老师先示范,然后学生们再根据个人爱好体验包饺子或做月饼,在学生进行的同时用相机记录每位同学出彩的作品,并评选出小组"最漂亮的作品",最后将包好的饺子煮熟让大家分享,月饼可以由学生带回家自行烘烤。

(4)课堂总结(5 分钟)

在学生品尝过自己亲手包的饺子后,老师做最后的课堂总结,感谢在场每一位同学的学习和参与,并布置课后作业。

6.教学设计解读

(1)"疯抢麦克风"之竞赛答题环节根据《Hello 中国》"疯抢麦克风"游戏改编,将题目内容由歌曲变成与教学内容有关的知识,通过具有娱乐性的抢答方式督促学生们课前预习,有助于调动学生们的学习热情和学习积极性。老师可以将学过的文化知识和没学过的文化知识以合适的比例融入题目中,既可以起到复习和预习的作用,又能使学生轻松愉快地了解到新的知识,是一个集知识性与娱乐性为一体的活动设计。

(2)本节课的教学设计受《Hello 中国》"中国真奇妙"环节体验表演的启发,融入了体验式的娱乐元素。课堂以文化知识为铺垫,让学生开展动手操作的体验过程,老师示范,学生模仿,产生具有展示功能和实用性的成果。教师以节日为切入点,将节日文化与饮食文化有机结合,让学生通过制作饺子和月饼获得学习乐趣,提升学生文化意识。

(3)本课的教学设计融入了跨文化意识。正如《Hello 中国》中的跨文化理念一样,文化需要交流。每个国家都有自己的特色节日和特色食物,中外节日文化、饮食文化只有异同之说,没有高低之分。在学习中国传统节日和饮食的同时,让学生适当对比展示自己国家的节日饮食文化,既能更明了地展示中外节日饮食文化的异同,又可以使学生和老师教学相长,让课堂文化民主而平等。

二、设计反思

(一)设计创新点

结合《Hello 中国》节目特色,对教学案例设计进行分析,总结出以下三个创新点。

1. 在"娱乐"概念下思考课堂的"趣味性"

课堂中的"娱乐"元素借鉴了电视节目,体现了在信息传播过程中制造吸引受众的趣味这一理念。真实课堂常常有"乏味"的困惑且难以改善,所以引入"娱乐"概念为突破这一困境提供了一种思路。教学设计借鉴了节目的理念,重视学生的感受,关注他们在上课过程中能够获得的情感愉悦。将节目中采用的各种活动、游戏有选择、有目的地融入课堂设计中,力图让教学过程"趣味化"。

2. 为课堂"趣味"的创设探索各种方式

课堂教学是一个过程,不是过程中的每一个环节都适合"趣味化",课堂是一个严密通过设计来组织的知识学习的过程,需要有科学性、针对性、实用性等的保障。本教学案例对课程中适合和不适合趣味化的环节做出选择,从而使课堂张弛有度,对如何将趣味性融入课堂带来一定的实践参考。

3. 思考各种课型的"趣味"手段

本设计尽量涉及较多课型,希望在综合课、口语课、文化课等各种课型中尝试趣味的创造。每一种课型都有创造趣味的巨大空间,如果将趣味理解为一种持续的课堂吸引力,那么这种吸引力的建立是一种必要,也是一种挑战。借鉴性地建立趣味是一种方式。

(二)设计不足

虽然教学案例设计具有一定的创新特色,但是根据设计的环节和内容,笔者经过反思总结,认为教学案例设计存在以下不足。

1. 节目与课堂的关联梳理不够清晰

节目中"娱乐"的概念与课堂"趣味"的概念有区别也有联系,关键需要在这两者之间梳理出一种彼此关联的线索。主要从节目环节、节目内容上考虑,是一种直接的,或是半直接的借鉴,因此,在原创性方面还有待提升。这就需要更加深入地梳理节目与课堂之间潜在的关联,考虑这种借鉴的理论意义和价值。

2. 课堂应用性还有待提升

本设计虽然在实际教学中得到过检验,但是教师在操作过程中常常感受到设计与实际的差距,每一种设计都有最理想化的状态,但是实际教学又是千变万化的。特别是真实课堂与电视节目存在距离,这也给借鉴化的设计带来挑战。如何让应用性更强也是一个需要继续思考的话题。

3.课堂应用的深度、广度还需要进一步探索

本设计从三个角度进行发掘,但是其代表性总是有限的。限于篇幅也没有全面地考虑所有可能借鉴的情况。课型方面,阅读课、听力课、写作课等分课型的讨论也未涉及。每一种课型,或是每一个教学的环节其实都有巨大的讨论空间,需要不断思考完善。

结 语

向电视媒体借鉴对外汉语教学的方式,是一种尝试,是在新的时代语境中的一种观念突围。在后方法时代,对外汉语教学不再是对一种固定法则的执行,而是教师一种具有创造性的探索。这种创造性能使课堂不被媒体技术所取代,因为课堂会在教师的主导和师生的共建中创造媒体技术无法取代的意义。

一、对外汉语教学的时代挑战与回应

创新不是一种跳脱的追求,它本身是一种"问题意识"的反映。新的时代对对外汉语教学提出了新的挑战,原有的社会语境发生了变化,"三教"问题也需要重新思考。

从"教师"这个角度而论,教师的"权威"存疑。这种存疑并不意味着对教师意义的颠覆,而是教师角色的新诠释。教师权威一方面来源于社会制度、文化传统的法定权威和传统权威,一方面来源于教师个人因素的感召权威与专业权威。但是后者在新的时代显得极不稳定。教师的知识权威在"技术"浪潮中遭到某种程度的消解。留声机、电影、电视、广播、网络等技术改变了知识传递方式的同时,传统意义上教师通过占有文献从而拥有知识权威的情况已经遭到挑战。知识由精英化变为扁平化,教师作为知识权威的地位也正被消解。社会正在进入后喻文化时代,"弟子不必不如师,师不必贤于弟子"已经是一种社会现象。

对外汉语教师自然也不能再以知识占有来标榜权威,必须思考自己新的课堂角色。学生可以通过媒体方式自主地、便捷地、随时地获取语言知识,进行语言练习,如果对外汉语教师仍然仅仅关注知识教授问题,自然会导致课堂扁平化并丧失趣味。后喻文化提醒教师们应该正视与学生之间的民主关系及在此基础之上的各种互动,避免单向的传授维度。主体间性的理念也倡导"交互主体"为中心的和谐一致性。学生与教师可以在课堂中共在、共享、共创、共长,实现双向的互动和共同发展。

对外汉语教师可以从这个角度去思考,除了语言理论、教学技巧、跨文化能力之外,还应着眼于自己课堂组织能力的提高,这种组织能力不仅仅是传统意义上的课堂管理,还是一种课堂设计和规划的能力,能够实现对课堂内外的整合,将学生的学习有效地延伸至实践;也能组织课堂中的多维互动,让师生、生生之间能够产生协作式的互动关系;也要有一种自我发展的能力,不断学习技术、利用技术,让新的技术手段成为一种组织课堂的新方式。但是如何利用媒体技术增强教师的教学管理仍然是一个探索中的问题。

从"教材"这个角度而论，教材的形态和内容都在不断发展。根据学界对于教材分期的说法，教材大致可以分为 20 世纪 50－70 年代的结构法教材期，80－90 年代的结构与功能相结合时期以及 21 世纪结构、功能、文化相结合的时期。在目前的对外汉语教学语境下，对教材又有了新的认知。教材的国别化、动态化、资源化等对教材编写提出新的要求。

在这个过程中，技术也扮演了重要角色。技术的发展导致教材的载体呈现多媒体趋势。教材按照其载体大致可以分为纸质教材、数字教材，后者正在成为教材革新的方向。数字教材又可以分为静态媒体数字教材、多媒体数字教材、富媒体数字教材三类，三种类别的丰富性、交互性、动态性都在不断增强。

对外汉语数字化教材的编写也逐渐在引起学界的重视，且有实践性的编写成果。但是作为一种尝试和探索，仍然存在诸多问题，有的仅仅是对纸质教材的电子化呈现，并未产生实际的观念改进；有的着重发展人机交互，学生可以直接使用电子教材学习知识，教材的技术发展在某种程度上取代了教师原有的"讲授"，却对于教师的角色发展没有推动意义。未来教材应该具有自主、互动、协作、发展等特点，强调交互式的学习方式，强调学习者之间的协作，强调知识与应用的关系。这样的教材将会把课堂引导向一种"民主"关系。如前述关于教师角色的分析那样，建立一种互动协作关系将是教材的一个使命。

从"教学法"的角度而论，当前已经进入后方法时代。汉语作为第二语言，其教学方法观深受各种语言教学法的影响。需要注意的是，不论翻译法、听说法、认知法、结构法、功能法还是任务法，都是特定的时代背景下的产物，是对于某种具体社会情境下教学的理论思考。"方法"具有高度的凝练性，常常经过实践的检验，具有很强的指导意义，但是，它的针对性也很强。所以当方法实施的环境变得复杂的时候，方法反而显出一种拘束感。

后方法时代具有很强的思想解放性，它不是反对方法，而是把方法时代的针对性具体化，让教师充分地调动自己的能动性，参与课堂方法的设计和建构，而不是被动地使用方法。当社会变得复杂而变动不居时，教学的环境也随之变得很难用一种归纳的方式总结出"共性"。后方法理论下，对外汉语教学也需要针对变化中的时代、动态中的教学环境、差别化的教与学的主体寻求有针对性的解决方案。对外汉语界总结的"结构－功能－文化"的教学法其实是对后方法理念的一种回应，都强调一种综合性的解决方案。

技术的发展也对对外汉语的教学法提出挑战并带来机遇。技术怎样实现最大化的学习机会、怎样促进协商式互动、怎样创造情境更好地输入语言、怎样确保社会的相关性、怎样更好地与文化结合，都是未来的思考方向。

"三教"问题给对外汉语教学提出新的时代命题，教师角色的发展、教材的进步、教法的演进等都需要在后方法时代的思想解放之中探索更贴合实际的答案。后方法的思想解放呈现这样一种底色，相对于方法的理论身份，其实践意义更受欢迎。这也为我们打开了一扇学习借鉴的门。当对外汉语教学自身出现困境的时候，可以尝试从别的学科，甚至别的领域去寻找启迪。上述"三教"问题的核心在于对外汉语教学对"技术"的应对问题。媒体时代，课堂的形态和形式都在发生变化，如教师的角色、师生之间的关系、教材的内容和形式、教学法的内涵等。如果对技术的回应从对外汉语教学自身出发还具有一定程度的困难,那也许可以回到技术去探索技术的问题。电视媒体作为技术的一种重要方式,与对外汉语的课堂教学有很多相似性和相关性。这是本书研究的一个路径,希望由此探寻节目给对外汉语教学带来的借鉴。

二、电视节目的"媒体"启示

对外汉语类电视节目是本书根据研究对象提出的一种新的电视节目类别,它具有教育类文化娱乐节目的某些特征,又有自己的特点。这是以外国人作为参与者,以汉语与中华文化的学习与展示为主要内容的一类节目。正因为此,它与对外汉语教学才具有千丝万缕的关联。

对外汉语类的电视节目最初的形态是教学片。从 20 世纪 90 年代初开始,电视节目中出现了这样一种形式,利用电视的形象、生动、灵活的特点来教授汉语。从《你好 北京》,到《快乐汉语》,再到《体育汉语》等节目,电视媒体着力于用技术来发展课堂。它源于课堂,进而技术化课堂,将原有课堂以影视方式呈现,不但有生词、语法、汉字、课文的展示和讲解,有些还配有教材。教学片在某种程度上与课堂教学相对贴近,它是以语言和文化的知识教授为主要目的的。这场将课堂媒体化的技术"革命",符合汉语学习人群增多、需求多样的社会实际。

但是将课堂搬上电视,在娱乐化浪潮到来之后便很容易失去其吸引力。一方面课堂内的媒体技术在不断发展,PPT 等在支持教学的"生动、形象"方面已经有了很大进步;另一方面,教学已经利用媒体技术发展出"视听说课"这样一种较为成熟的课型。真实课堂发展出主动利用影视资源的方式,更好地与教学相配合。对外汉语教学片的阶段性优势被打破。

对外汉语类电视节目需要在娱乐浪潮中思考自己的新的发展方向。电视综艺节目在娱乐浪潮中是最受欢迎的形式,它包含了游戏、益智、真人秀、竞赛等多种形式,每一种形式都创设出一个娱乐的巨大空间。从《"汉语桥"世界大学生中文比赛》到《Hello 中国》,竞赛类的节目提供了一种成功的模板,他们在竞赛的整体框架下可以容纳语言类的辩论、演讲、话剧,文化技能类的武术、茶艺、书画、戏曲、舞蹈等各种表演,用竞赛的线索呈现出一个外国人说中文的综艺表演。真人秀在中国的受欢迎也让对外汉语类节目开始将之引入其中。自 2013 年起成语、汉字、诗词开始成为真人秀的主要内容。节目的新坐标——文化,也为节目带来了一种讲好中国故事的新方式。《世界青年说》等谈话类节目用新颖的设计让谈话变得好听好看。甚至是《快乐汉语》第三季这样的节目,刻意营造"课堂感"的背后也是娱乐元素的融入。这些节目的成功向我们证明,对外汉语正被电视媒体"利用"技术很好地表现。

如果电视媒体能很好地表现对外汉语课堂,那么对外汉语课堂为何不从电视节目中获得借鉴?在我们寻找答案之前,首先需要梳理二者之间的关系。电视课堂不是真实课堂,它是用技术制造出的一个虚拟空间。教学片时代注重真实课堂与电视课堂教学内容的相关性,到了娱乐时代,课堂感逐渐淡化,节目变成一种"展示性"教学,它重在呈现教学的成果,让汉语学习的佼佼者用表演来制造"节目性"。从这个角度上说,电视课堂有很多超越真实课堂之处,也是我们借鉴的起点。电视课堂更具有趣味性、创造性、文化性、互动性、综合性,这些共同构成了"娱乐"的内涵。电视课堂不仅仅是一种让人快乐的趣味满足,更能让人在创造的激发、文化的体验、互动的协作、综合的发展之中获得一种持续学习汉语和中华文化的推动力。

在后方法时代,电视课堂的效果能够体现后方法理论提出的十项宏观策略中的重要内容,也符合后方法理论中师生关系的重要论点。我们可以通过借鉴电视课堂的"主题",将之作为一种推动教师自主、创设最大化学习机会的方式;也可以借鉴电视节目的"测试",为综合化考评,以及合作化考评打开思路;可以借鉴电视课堂运用"文化"设置节目的方式,考虑如何在教学中增进学生的文化意识,尤其是加深跨文化理解,并且可以尝试体验式的文化教学;可以借鉴电视节目的"趣味",推动外汉语教学对趣味观念的发展,在以学生为中心的理念下,关注学习者的感受,让他们的学习过程具有一种持续的趣味性和"娱乐性"。

娱乐无疑是电视节目带给对外汉语课堂最大的启示。电视节目能够吸引受众的最大原因正是其娱乐性。但是在引纳这一经验的同时也需要谨慎。本书将"娱乐"理解为一种学习的吸引力,而不是一种简单的快乐趣味的满足,是因为课堂与电视最大的区别在于课堂的教学责任。课堂需要承担教学的责任,娱乐是为了更好地教学,电视节目却可以将娱乐作为自己的使命和目标。课堂强调以学生为中心,但不是对于学生的迎合,而是一种师生平等角色关系的体认;电视以观众为中心,观众的趣味可以决定节目的设置。

所以在引纳媒体经验时,最大的原则就是适度"娱乐"。电视媒体在自我反思时应提醒自己,"娱乐"将有"至死"的危险,技术改变了人类的学习方式、生活方式,电视媒体打破了年龄限制,它让资讯可视化,打破了印刷时代成人与儿童之间的分隔。儿童的"童年时代"消逝,成人却被拉回了"童年时代",从这个角度讲,电视稚化了成人世界。面对电视节目发展的这一忧虑,电视媒体也在自我反省。在对外汉语教学中,就需要在反思中保持一种谨慎。借鉴是为了弥补真实课堂的不足,而不是为了娱乐而娱乐。

这就要求必须在实践中考虑到创新与教学的关联。教学是对计划的执行过程,它和电视课堂对教材的淡化、对教学过程的截取、对检测的放任等不同,教学的严密性更高,所以要从实际的教学内容出发,尊重实际的教学规律,在此基础上进行创新性的借鉴。

三、挑战的延续:从媒体到新媒体

随着技术的发展,媒体也有了新、旧之分。新媒体(new media)的概念在 1967 年由美国哥伦比亚广播电视网(CBS)技术研究所所长戈尔德·马克率先提出。传统媒体包括了报刊、广播、电视等,而新媒体主要以电脑、移动通信设备等为终端,通过搭建网络平台、运用即时通信软件等方式向用户提供信息与互动空间。移动性、即时性、互动性是其显著特征。随着时代发展,"新新媒介"的概念也被提出。保罗·莱文森将互联网上的第一代媒介称为新媒介,如电子邮件、亚马逊网上书店、itune 播放器、报刊的网络版、留言板、聊天室等；将互联网上的第二代媒介称为新新媒介，如 Facebook、博客网、维基网、播客网、掘课网、优视网、推特网等①。随着数字技术、互联网络技术、移动通信技术的迅猛发展，随着智能手机、平板电脑等智能移动终端的普及，新新媒体也成了人们生活的一部分。

这些技术的变革深深地推动了教育的发展。在总结对外汉语教师权威变化、教材的发展、教学法的革新时，我们就注意到每一次技术变革所带来的推动力。在媒体、新媒体兴起的时代，教师的知识权威因为技术的发展遭到一定程度的解构；教材的形态也随着技术的发展在不断进步，数字教材成为教材的发展方向，文本的载体变化也带来课堂关系的根本性变革，师生关系走向"后喻"时代的共生共建；教学法也受到技术发展的推动，走向后方法时代。

面对新新媒体的发展，对外汉语教学面临更多的来自技术对传统课堂的挑战。新新媒体培养出的"数字土著"学生，具有典型的后喻文化的特点，他们对数字媒体的依赖和熟练的程度远远超过其教师。他们被新新媒体培养出碎片化、移动化的学习方式也会对对外汉语教学带来挑战。他们更加高频率地利用携带的移动设备（如手机，iPad 等）进行移动学习（M-Learning），不受时间、地点的限制，能够随时随地展开学习。基于手机系统开发的第三方软件种类丰富，各类对外汉语学习的软件也层出不穷，这对传统课堂造成极大的冲击。教师的知识权威遭到进一步的冲击，教师的课堂权威内涵需要重新定义。教师的课堂角色将更多地在课堂组织上体现；教材的形态也将发生进一步的变化，移动学习所能获取的资源来自整个网络，在丰富性、即时性、自主性上具有充分的优势，对外汉语教材的革新也就不仅仅只是关注形态的更新，还要关注教材相对于移动媒体的核心优势在哪里；教学方法也要随着社会背景的变化而提出自己的解决策略，如果说后方法时代推动了教学思想解放，那么新新媒体语境下的教学法就需要进一步的创新。

未来的教学可能走向混合模式，走向线上线下教学的充分结合。它兼顾了传统课堂的优势，又能利用技术的力量将学习引向深入。这种混合式的教学模式目前对于对外汉语教学而言尚处于探索之中，如何处理线上线下的关系，如何将线上资源与课堂教学相融合，如何开展线下活动将语言知识转化为语言能力，如何开展线上线下的反馈和考试等都是有待开拓的研究内容。此课题也将在后续的研究中继续展开。

---

① 　保罗・莱文森.新新媒介[M].上海：复旦大学出版社,2011.

参考文献

一、专著

保罗·莱文森.新新媒介[M].上海:复旦大学出版社,2011.

程晓堂.任务型语言教学[M].北京:高等教育出版社,2004.

崔希亮.对外汉语教学设计导论[M].北京:北京语言大学出版社,2008.

崔永华等.对外汉语课堂教学技巧[M].北京:北京语言大学出版社,1997.

丹尼斯·麦奎尔.受众分析[M].北京:中国人民大学出版社,2006.

郭鹏,吴中伟.对外汉语任务型教学[M].北京:北京大学出版社.

郭庆光.传播学教程[M].北京:中国人民出版社,2011.

郝文武.教育哲学概论[M].北京:高等教育出版社,2015.

黄锦章,刘焱.对外汉语教学中的理论和方法[M].北京:北京大学出版社,2004.

嘉格伦.网络教育:21世纪的教育革命[M].万小器,程文浩,译.北京:高等教育出版社,2000.

孔令顺.中国电视的文化责任[M].北京:中国传媒大学出版社,2010.

库玛.超越教学法:语言教学的宏观策略[M].陶健敏,译.北京:北京大学出版社,2013.

库玛.全球化社会中的语言教师教育[M].赵杨,付玲毓,译.北京:北京大学出版社,2014.

李晓琪.对外汉语口语教学研究[M].北京:商务印书馆,2006.

李晓琪.汉语第二语言教材编写[M].北京:北京师范大学出版社,2013.

李筱菊,语言测试科学与艺术[M].长沙:湖南教育出版社,2001.

理查德.语言教学的流派[M].北京:外语教学与研究出版社,2008.

刘建鸣.电视受众收视规律研究[M].北京:北京师范大学出版社,2010.

刘捷.专业化:挑战21世纪的教师[M].北京:教育科学出版社,2002.

刘润清,韩宝成.语言测试和它的方法[M].北京:外语教学与研究出版社,2000.

刘润清.西方语言学流派[M].北京:外语教学与研究出版社,2002.

刘颂浩. 第二语言习得导论——对外汉语教学视角[M]. 北京：世界图书出版社，2007.

刘珣. 对外汉语教育学引论[M]. 北京：北京语言大学出版社，2000.

刘珣. 汉语作为第二语言教学简论[M]. 北京：北京语言大学出版社，2002.

隆·莱博. 思考电视[M]. 北京：中华书局，2005.

吕必松. 对外汉语教学研究[M]. 北京：北京语言大学出版社，1993.

吕必松. 汉语和汉语作为第二语言教学[M]. 北京：北京大学出版社，2007.

吕必松. 语言教育与对外汉语教学[M]. 北京：外语教学与研究出版社，2005.

马克斯·韦伯. 经济与社会：上卷[M]. 林荣远，译. 北京：商务印书馆，1998.

尼尔·波兹曼. 娱乐至死[M]. 章艳，译. 北京：中信出版社，2015.

石长顺. 电视栏目解析[M]. 武汉：武汉大学出版社，2008.

孙宝国. 中国电视节目形态研究[M]. 北京：新华出版社，2007.

孙宝国. 中国电视娱乐节目形态学[M]. 北京：新华出版社，2009.

涂尔干. 道德教育[M]. 陈光金，沈杰，朱谐汉，译. 上海：上海人民出版社，2006.

王坦. 合作学习的理念与实施[M]. 北京：中国人事出版社，2002.

王玉，乔武涛. 电视节目形态解析[M]. 北京：国防工业出版社，2015.

温梁华. 教育未来学[M]. 昆明：云南大学出版社，1991.

吴康宁. 教育社会学[M]. 北京：人民教育出版社，1998.

吴康宁. 课堂教学社会学[M]. 南京：南京师范大学出版社，1999.

阎玉主. 中国广播电视学[M]. 北京：中国广播电视出版社，1990.

杨翼. 对外汉语教学的成绩测试[M]. 北京：北京大学出版社，2010.

尹鸿，冉儒学，陆虹. 认识电视真人秀[M]. 北京：中国广播电视出版社，2006.

尹俊华. 教育技术学导论[M]. 北京：高等教育出版社，1996.

翟艳. 汉语口语：从教学到测试[M]. 北京：北京语言大学出版社，2013.

张海潮. 中国电视节目分类体系[M]. 北京：中国传媒大学出版社，2007.

张凯. 语言测试理论及汉语测试研究[M]. 北京：商务印书馆，2006.

张延成. 国际汉语教学网络资源与技术[M]. 武汉：湖北教育出版社，2012.

郑世珏，张萍. 对外汉语可视化教学方法论[M]. 北京：清华大学出版社，2013.

周健. 汉语课堂教学技巧与游戏[M]. 北京：北京语言大学出版社，1998.

周小兵，李海鸥. 对外汉语教学入门[M]. 广州：中山大学出版社，2004.

二、期刊论文

Alderson, C. & Wall, D. Does Wash Back Exist [J]. *Applied Linguistics*, 1993, 14(2).

Crabbe, D. The Quality of Language Learning Opportunities[J]. *TESOL Quarterly*, 2003(37).

Messick,S. Validity and Wash Back in Language Testing [J]. *Language Testing*,1996,13(3).

白艳.后现代教师权威的解析及现实意义[J].教育学术月刊,2009(7):9-11.

毕海滨,王安琳.数字教材的特征分析及其功能设计[J].科技与出版,2012(7):13-15.

蔡雪峰,赵湘慧.数字化教材研究与应用[J].中国大学教学,2009(1):95-96.

曹钢,徐娟.情境汉语移动学习的游戏型练习设计[J].现代教育技术,2013(2):84-88.

曹儒,刘思远.对外汉语教学慕课的发展现状及思考[J].辽宁师范大学学报(社会科学版),2017(6):114-121.

陈桄,龚朝花,黄荣怀.电子教材:概念、功能与关键技术问题[J].开放教育研究,2012(2):28-33.

陈侃,尉万传,毛良斌.中高级汉语口语教师的"主持人"意识[J].语言教学与研究,2010(4):17-22.

陈琦,张建伟.信息时代的整合性学习模型——信息技术整合于教学的生态观诠释[J].北京大学教育评论,2003(3):90-96.

陈向明.小组合作学习的组织建设[J].教育科学研究,2003(2):5-8.

陈渲颖.从《中国汉字听写大会》看电视益智类节目的探索与创新[J].戏剧之家,2013(3):336-338.

陈勇京."后方法"视角下国际汉语教学的相关思考[J].语文学刊,2015(7):121-122.

成晓光."后方法"时代的外语教学法研究[J].天津外国语学院学报,2006(4):63-68.

崔颂人.略谈对外汉语成绩考试的改进[J].语言教学与研究,2006(4):18-27.

崔永华."后方法"时代的汉语教学理论建设[J].国际汉语教学研究,2016(2):4-7.

崔永华.基础汉语教学模式的改革[J].世界汉语教学,1999(1):4-9.

崔永华.试论后方法时代的汉语教学资源建设[J].国际汉语教学研究,2015(2):71-76.

邓恩明.语言教材要有趣[J].语言教学与研究,1983(2):25-33.

邓志辉.教师赋权增能与后方法视野下的外语教学[J].外语界,2008(5):60-63.

冯建军.主体教育理论:从主体性到主体间性[J].华中师范大学学报(人文社会科学版),2006(1):115-121.

冯惟钢.视听说教学及其教材的编写[J].世界汉语教学,1995(4):95-100.

傅伟.富媒体技术在数字化学习终端上的应用探索[J].远程教育杂志,2011(4):95-102.

高凯.社教类电视节目叙事方式的研究[J].声屏世界,2012(2):21-22.

耿直."构建人类命运共同体"对国际汉语教材建设的新挑战[J].云南师范大学学报(对外汉语教学与研究版),2018(5):12-17.

耿直."汉语国际教育"十年来对外汉语教材编写研究综述[J].河南社会科学,2011(4):112-115.

弓丽娜.论文化反哺视野下教育者权威的建构[J].继续教育研究,2010(10):

160-162.

龚朝花,陈桄.电子教材:产生、发展及其研究的关键问题[J].中国电化教育,2012(9):89-94.

顾小清,冯园园,胡思畅.超越碎片化学习:语义图示与深度学习[J].中国电化教育,2015(3):39-48.

郭文革.教育的技术发展史[J].北京大学教育评论,2011(7):137-157.

郭修敏,刘长征.基于"后方法"理论的"汉字——词汇"二元动态教学模式探索[J].学术论坛,2016(5):177-180.

郝红艳.对外汉语视听说课的选材探析[J].云南师范大学学报,2004(3):20-23.

何莲珍.语言测试的主要研究范式及其发展趋势[J].浙江大学学报(人文社会科学版),2010(10):131-139.

何敏,张屹.网络环境下的学习资源设计研究——基于对外汉语可视化教学平台实证调查[J].现代教育技术,2008(1):88-92.

何晓燕.真人秀如何更好地向传统国粹致敬——对《叮咯咙咚呛》深入创新的思考[J].现代传播(中国传媒大学学报),2015(7):104-106.

何学森.浅析电视媒体传播传统文化的贴切性[J].电视研究,2013(1):18-20.

胡玲.浅析《世界青年说》娱乐元素的设计[J].新闻研究导刊,2016(7):154-155.

胡畔,王冬青,许骏,等.数字教材的形态特征与功能模型[J].现代远程教育研究,2014(2):93-98.

黄启兵.教师权威的消解与学生自主性的确立——论教育技术对师生关系的影响[J].教师发展研究,2018(2):51-55.

黄荣怀,陈庚,张进宝,等.关于技术促进学习的五定律[J].开放教育研究,2010(1):11-19.

黄荣怀,陈庚,张进宝,等.论信息化学习方式及其数字资源形态[J].现代远程教育研究,2010(6):68-73.

黄荣怀,杨俊锋,胡永斌.从数字学习环境到智慧学习环境——学习环境的变革与趋势[J].开放教育研究,2012(1):75-84.

黄荣怀,张晓英,陈桄,等.面向信息化学习方式的电子教材设计与开发[J].开放教育研究,2012(3):27-34.

黄荣怀.关于教育信息化的思考——兼谈转型期的教育信息化建设[J].中国教育信息化,2008(21):14.

黄永华.基于"交际化、任务型、自主学习和合作探究"教育理念的数字教材研发与设计[J].中国信息技术教育,2014(7):99-104.

姜丹.外语跨文化交际能力培养与"后方法"理论教学模式分析[J].沈阳农业大学学报(社会科学版),2017(1):90-93.

靳洪刚.21世纪的外语教学:以能力为出发点的主题导入教学新论[J].国际汉语教学研究,2015(3):19-24.

靳洪刚.现代语言教学的十大原则[J].世界汉语教学,2011(1):78-98.

康宁,于丹.在媒介角色变更中提升 CETV 的媒体品格——中国教育电视台台长康宁与北京师范大学传媒艺术系主任于丹对话录[J].中国广播电视学刊,2006(2):27-30.

孔朝蓬.文化类真人秀节目中传统文化传播策略探析[J].中国电视,2016(11):23-26.

来云鹤,路云.在快乐中学习汉语、在学习中感受中国——浅析电视汉语教学节目策划及定位[J].中国电视,2008(10):60-62.

来云鹤.新形势下汉语电视教学节目的机遇与挑战[J].电视研究,2006(12):72-73.

兰彩萍.浅谈汉语测试方法对汉语教学质量的影响[J].语言与翻译,2001(2):56-59.

李冰.对外汉语电视节目的教育功能研究[J].当代电视,2013(11):43.

李芒,陈维超.信息化学习方式的理论阐释[J].开放教育研究,2006(2):18-22.

李泉,高增霞.汉语综合课教学原则和教学意识[J].海外华文教育,2010(4):8-21.

李泉.汉语教材的"国别化"问题探讨[J].世界汉语教学,2015(4):56-59.

李泉.近20年对外汉语教材编写和研究的基本情况述评[J].语言文字应用,2002(8):100-106.

李泉.论对外汉语教材的针对性[J].世界汉语教学,2004(2):49-58.

李泉.文化内容呈现方式与呈现心态[J].世界汉语教学,2011(3):288-399.

李如龙.论汉语国际教育的国别化[J].语言教学与研究,2012(5):11-17.

李响.《世界青年说》:"意思"与"意义"的有机融合[J].现代传播,2015(10):96-97.

李修斌,臧胜.近三十年对外汉语教学中文化教学研究述评[J].教育与教学研究,2013(7):73-77.

李雅筝,周荣庭,何同亮.交互式数字教材:新媒体时代的教材编辑及应用研究[J].科技与出版,2016(1):75-79.

李艳丹.汉字节目热对电视节目创新的启示——以《中国汉字听写大会》及《汉字英雄》为例[J].新闻知识,2014(2):68-70.

林国立.构建对外汉语教学的文化因素体系——研制文化大纲之我见[J].语言教学与研究,1997(1):18-29.

刘纪新,周天美.论"汉语桥"在华留学生汉语大赛的"以赛带学"[J].电视研究,2013(11):43-45.

刘乐宁.论汉语国别教材的适用性[J].海外华文教育,2010(2):21-28.

刘立新,邓方.基于"真实"材料的视听说教材编制[J].华文教学与研究,2018(3):31-37.

刘颂浩.关于对外汉语教材趣味性的几点认识[J].语文教学与研究,2008(5):1-6.

刘颂浩.教学模式讨论和对外汉语教学学术环境建设[J].华文教学与研究,2016(1):1-10.

刘颂浩.论阅读教材的趣味性[J].语言教学与研究,2000(3):15-20.

刘颂浩.我们的汉语教材为什么缺乏趣味性[J].暨南大学华文学院学报,2005(2):23-32.

刘颂浩.中国对外汉语教学模式的创建问题[J].华文教学与研究,2014(2):1-8.

刘文燕.浅说国际汉语教师综合评价体系构建——基于"后方法"理论视角[J].教育现代化,2016(2):82-184.

刘珣.结构－功能－文化相结合的汉语教学理念再思考[J].国际汉语教学研究,2014(2):19-27.

刘珣.新一代对外汉语教材的展望——再论汉语教材的编写原则[J].世界汉语教学,1994(1):58-67.

鲁健骥.关于对外汉语教学模式的对话[J].华文教学与研究,2016(1):11-17.

鲁健骥.口笔语分科,精泛读并举——对外汉语教学改进模式构想[J].世界汉语教学,2003(4):82-86.

鲁健骥.有感于"后方法时代"[J].国际汉语教学研究,2016(2):12-15.

陆俭明.汉语国际教育与中华文化国际传播[J].同济大学学报(社会科学版),2015(4):79-84.

罗立祥.信息技术与对外汉语课程的整合[J].长江学术,2008(4):150-155.

罗莲.第二语言测试研究的新趋势[J].中国考试,2008(2):15-18.

罗青松.美国 21 世纪外语学习标准评析:兼谈《全美中小学中文学习目标》的作用与影响[J].世界汉语教学,2006(1):127-135.

罗蓉,邵瑜.电子教材的应用与管理[J].中国电化教育,2005(9):89-91.

马箭飞.汉语教学的模式化研究初论[J].语言教学与研究,2004(1):17-22.

马尚云.主体间性视域下的师生关系:共在、共创、共长、共享[J].内蒙古师范大学学报,2013(1):64-67.

马晓红.对外汉语文化类教材的趣味性探讨[J].语文学刊,2008(11):17-18.

梅德明.大数据时代语言生态研究[J].外语电化教学,2014(1):3-10.

孟繁杰.汉语国际推广形势下对外汉语教学发展新方向——基于网络的远程汉语教学[J].现代远距离教育,2010(1):55-57.

孟国."电视实况视听说"课的教学实践与理论探讨[J].天津师范大学学报,1996(6):74-78.

孟国.趣味性原则在对外汉语教学中的作用和地位[J].语言教学与研究,2005(6):54-60.

彭柳.对外汉语教学综合型电视教材的编制[J].电化教育研究,2001(3):68-71.

齐格辉.电视栏目特色探究——以广东卫视《Hello 中国》展开分析[J].科技传播,2015(11):202-203.

齐沛.对外汉语教材再评述[J].语言教学与研究,2003(1):58-61.

齐亚东.浅析中国汉字文化与现代电视节目的融合——以《中国汉字听写大会》为例[J].新闻研究导刊,2015(5):68-69.

任筱萌.中国汉语水平考试(HSK)的回顾、现状与展望[J].汉语学习,2011(2):63-67.

邵振奇.立足国际视野传承民族文化——央视真人秀《叮咯咙咚呛》的突破与创新[J].电视研究,2016(2):32-34.

时统宇.媒体泛娱乐化现象批评[J].新闻实践,2006(2):23-25.

司红霞."后方法"时代汉语教学模式改革刍议[J].中国大学教学,2017(12):47-55.

陶健敏."后方法时代"语言教学观与对外汉语教学法体系构建[J].暨南大学华文学院学报,2006(3):17-23.

陶健敏.教师赋权:库玛"后方法理论"的核心命题[J].国际汉语教学研究,2016(2):10-12.

陶健敏.库玛"后方法"语言教育理论述评[J].语言教学与研究,2007(6):58-62.

陶健敏.库玛语言教师教育理论研究[J].双语教育研究,2016(3):52-60.

王飙.中国大陆对外汉语视听教材评述与展望[J].世界汉语教学,2009(2):252-253.

王锋.谈《快乐汉语》的"乐中学""学中用"[J].电视研究,2010(2):32-33.

王建勤.对外汉语教材现代化刍议[J].语言文字应用,2000(2):9-15.

王萌.知识娱乐双料综艺《非正式会谈》的节目特色与创新性实践[J].电影评介,2016(5):107-109.

王丕承."后方法时代"的汉语教学顺应走向综合的必然发展趋势[J].现代语文(学术综合版),2016(2):146-147.

王丕承."后方法时代"理念帮助汉语师资超越对教学的传统认知[J].现代语文(学术综合版),2017(3):140-141.

王瑞烽.小组活动的任务形式和设计方式及其在对外汉语教学中的应用[J].语言教学与研究,2007(1):82-88.

王若江.对汉语口语课的反思[J].汉语学习,1999(2):39-45.

王帅.现阶段网上汉语教学平台建设分析[J].国际汉语学报,2013(4):110-117.

王彦琳.电视游戏节目"jeopardy!"在对外汉语教学中的运用[J].科教文汇(中旬刊),2009(9):112-113.

韦小波.从《叮咯咙咚呛》看戏曲艺术推广的真人秀尝试[J].当代电视,2015(6):7-8.

文卫华.电视节目的价值引领与形态创新——《中国汉字听写大会》热播的启示[J].中国电视,2013(10):15-17.

吴方敏.从后方法视角看对外汉语课堂专题讨论交际任务的实施[J].科教文汇,2018(8):67-68.

吴方敏.后方法视野下的小组合作学习与教学策略研究[J].云南师范大学学报(对外汉语教学与研究版),2016(6):1-7.

吴克宇,潘东辉.央视节目创新的新方向——《叮咯咙咚呛》节目创新特点分析[J].现代传播(中国传媒大学学报),2015(7):96-99.

吴勇毅,段伟丽.后方法时代的教师研究:不同认知风格的汉语教师在课堂教学策略运用上的差异[J].语言教学与研究,2016(2):40-52.

吴勇毅.汉语作为第二语言/外语教学模式的演变与发展[J].华东师范大学学报(哲学社会科学版),2009(2):89-93.

吴岳军.论主体间性视角下的师生关系及其教师角色[J].教师教育研究,2010(2):40-43.

邢思珍.从文化变迁看教师权威的走向及其确立[J].教育探索,2011(4):101-103.

邢思珍.社会学视角下的教师话语权[J].当代教育科学,2004(7):15-18.

徐海铭.二语习得研究的九大主流理论和研究走向[J].外语教学与研究,2009(3):234-236.

许琳.汉语加快走向世界是件大好事[J].语言文字应用,2006(4):8-12.

杨国章.文化教学的思考与文化教材的设计[J].世界汉语教学,1991(4):217-239.

杨晓.后现代教育学中的师生关系重构[J].教育科学,2004(5):47-50.

杨翼.对外汉语教学测试与评估的历史演变与发展趋势[J].中国考试,2008(4):45-50.

杨跃.网络时代教师教育意识的转换[J].南京师范大学学报(社会科学版),2001(1):69-75.

叶继海.全球化时代中国文化传播力的构建[J].海外华文教育动态,2012(2):86-89.

于海阔,李如龙.关于汉语国际教育国别化教材几个问题的探析[J].民族教育研究,2012(6):91-97.

余胜泉.数字教材的立体化出版[J].现代远程教育研究,2008(3):10-16.

原鑫.后方法视角下学生及教师对汉语课堂活动感知的对比研究[J].华文教学与研究,2017(1):75-86.

袁斐.试论在对外汉语网络教学中激发与保持学习者的学习动机[J].暨南大学华文学院学报,2001(1):24-28.

曾丹,吉晖.增强现实技术的汉语教学研究[J].语文学刊,2017(5):163-166.

曾新.论主体性教育中的主体间性[J].华中师范大学学报(人文社会科学版),2001(5):134-139.

翟艳.后方法时代的汉语语法教学方法分析[J].华文教学与研究,2017(2):52-61.

张爱凤,李钧."电视娱乐化批判"之批判[J].电视研究,2009(1):47-49.

张德鑫.电视汉语教学片的原理和设计——兼说《你好,北京》[J].语言教学与研究,1995(3):106-114.

张健.文化"走出去"视域下的汉语教材出版[J].出版参考.2017(10):5-10.

张晋军,李佩泽,李亚男,等.对新汉语水平考试的新思考[J].中国考试,2012(2):50-53.

张璐,彭艳丽.基于影视作品改编的中高级汉语视听说教材语料难度分析[J].世界汉语教学,2013(2):254-266.

张维忠,唐慧荣.可视化教学内容设计的五大原则[J].电化教育研究,2010(10):99-102.

张义兵.文化传递模式与教育价值取向:一种社会学分析[J].南京师范大学学报(社会科学版),2000(5):53-60.

赵金铭.对外汉语教材创新略论[J].世界汉语教学,1997(2):54-61.

赵金铭.对外汉语教学法回视与再认识[J].世界汉语教学,2010(2):243-254.

赵金铭.对外汉语教学理念管见[J].语言文字应用,2007(3):13-18.

赵金铭.跨越与会通——论对外汉语教材研究与开发[J].语言文字应用,2004(2):109-118.

赵金铭.论对外汉语教材评估[J].语言教学与研究,1998(3):4-19.

赵雷.任务型口语课堂汉语学习者协商互动研究[J].世界汉语教学,2015(3):362-376.

郑通涛,曾小燕.大数据时代的汉语中介语语料库建设[J].厦门大学学报(哲学社会科学版),2016(2):53-63.

郑通涛.复杂动态系统与对外汉语教学[J].国际汉语学报,2014(2):1-16.

郑艳群.技术意识与对外汉语教学模式创建华[J].华文教学与研究,2014(2):14-18.

郑艳群.新时期信息技术背景下汉语国际教育新思路[J].国际汉语教学研究,2015(2):26-33.

周红.对外汉语教学情境的立体化探讨[J].语言文字应用,2006(4):96-102.

周健.论汉语教学中的文化教学及教师的双文化意识[J].语言与翻译,2004(1):64-67.

周璐璐,周明哲.《世界青年说》:打造世界青年文化偶像男团[J].现代传播,2015(10):101-103.

朱尉.数字复合出版平台应用于教育出版的案例研讨——以对外汉语教材的数字化开发为例[J].编辑之友,2011(11):67-70.

朱晓萌.从电视媒介的传播特性出发——浅谈对外汉语教学节目的内容设置[J].中国电视,2009(10):57-59.

宗世海.我国汉语教学模式的历史、现状和改革方向[J].华文教学与研究,2016(1):18-39.

三、学位论文

陈玮.由2013年"汉语桥"比赛看跨文化交际中的文化差异[D].长沙:湖南师范大学,2014

陈小玲.师生话语权丧失及其原因分析[D].广州:华南师范大学,2007.

范恩超.影视资源在对外汉语教学中的应用[D].长春:吉林大学,2013.

冯芳.对外汉语教材评价研究[D].长沙:湖南师范大学,2009.

郭望皓.对外汉语文本易读性公式研究[D].上海:上海交通大学,2009.

何睿弘.对外汉语教材适切性评价[D].广州:暨南大学,2011.

厚瑞瑞.库玛"后方法"教学理论在汉语口语教学中的应用研究[D].兰州:兰州大学,2018

黄嘉伟.我国文化真人秀节目研究[D].广州:暨南大学,2014.

黄子丞.对外汉语文化教学实践[D].南宁:广西大学硕士论文,2013.

计昭贤.电视娱乐节目语言研究[D].济南:山东大学,2013.

蒋吉闽.从电视教育节目角度谈汉语推广[D].长春:吉林大学,2011.

兰孝媛."后方法"理论指导下的专门用途汉语教学[D].长春:华侨外国语学院,2017.

李楠.从快乐汉语看对外汉语电视教学节目的发展和推广[D].武汉:华中师范大学,2013.

李倩.对外汉语教学中的文化教学[D].武汉:华中师范大学,2014.

李芮佳.汉字竞赛类节目的传播特性和发展研究——以《中国汉字听写大会》为例[D].长春:吉林大学,2015.

李珊珊.电视综艺节目对语文教学的启示[D].长沙:湖南师范大学,2014.

梁宇宽.文化的标签娱乐的本真——以《中国汉字听写大会》为例[D].福州:福建师范大学,2015.

林敏.以学习者为评估者的对外汉语教材评估模式研究[D].上海:华东师范大学,2006.

刘小漫."汉语桥"竞赛设置及其在初级汉语口语教学中的应用[D].广州:广东外语外贸大学,2017.

刘洋.电视教学节目《快乐汉语》的汉字教学研究[D].哈尔滨:黑龙江大学,2016.

刘奕彤."汉语桥"中文大赛文化考查对文化活动教学的导向作用研究[D].锦州:渤海大学,2016.

潘玮珏.互联网环境下的对外汉语电视教学节目应用[D].南京:南京大学,2015.

裴洋.远程网络技术在对外汉语教学中的应用研究[D].长春:吉林大学,2013.

汤婧.对外汉语电视教学节目文化内容的体现——以对外汉语电视教学节目《快乐汉语》为例[D].广州:暨南大学,2012.

王博.中国电视汉字文化益智类节目研究[D].长春:吉林大学,2016.

王大海.汉语国际教育视野下的"汉语桥"节目分析[D].长春:吉林大学,2013.

王晶.师生主体间性视域下的中学德育课教学过程探析[D].济南:山东师范大学,2011.

王默.以影视作品为内容的对外汉语教材分析及教学设计[D].北京:北京外国语大学,2014.

王溪.电视综艺节目在对外汉语口语课中的应用[D].北京:北京外国语大学,2014.

王越.电视教学节目《旅游汉语》研究[D].哈尔滨:黑龙江大学,2016

谢东.课文编选的趣味性标准研究[D].长沙:湖南师范大学,2002.

徐艳艳.电视汉语教学节目在课堂教学中的应用探析[D].长春:吉林大学,2013.

许诺."宏观策略框架"教学理论研究及其在对外汉语教学中的应用设想[D].石家庄:河北师范大学,2013.

许世友.高级口语的任务型课堂活动设计——结合"汉语桥"试题的教学尝试[D].沈阳:辽宁大学,2012.

鄢萍.电视汉语教学节目汉语教学现状与对策分析——以《快乐汉语》为例》[D].成都:四川师范大学,2015.

杨玉茹.汉语教学节目与对外汉语课堂教学——以《快乐汉语》为例[D].哈尔滨:黑龙江大学,2017.

尹晓菲.对外汉语教学网站的现状分析与设计构想[D].扬州:扬州大学,2015.

喻坤.汉语桥比赛及其对对外汉语教学的启示[D].开封:河南大学,2012.

曾怡兰.对外汉语网络教学与虚拟教室的调查研究[D].苏州:苏州大学,2012.

郑雨辉.后方法理念下基于四种组合策略的速成汉语教学研究[D].沈阳:辽宁大学,2015.

周丽.中国传统文化的对外传播研究——以中国文化的对外教学为例[D].重庆:重庆大学,2012.